学術英語教育のための技能統合型タスク

シリーズ　言語学と言語教育

第28巻　現代日本語のとりたて助詞と習得……………………………中西久実子 著
第29巻　学習者の自律をめざす協働学習―中学校英語授業における実践と分析
　　　　　………………………………………………………………………津田ひろみ 著
第30巻　日本語教育の新しい地平を開く―牧野成一教授退官記念論集
　　　　　……………………………………筒井通雄, 鎌田修, ウェスリー・M・ヤコブセン 編
第31巻　国際英語としての「日本英語」のコーパス研究―日本の英語教育の目標
　　　　　………………………………………………………………………藤原康弘 著
第32巻　比喩の理解……………………………………………………東眞須美 著
第33巻　日本語並列表現の体系………………………………………中俣尚己 著
第34巻　日本の英語教育における文学教材の可能性………………髙橋和子 著
第35巻　日・英語談話スタイルの対照研究―英語コミュニケーション教育への応用
　　　　　………………………津田早苗, 村田泰美, 大谷麻美, 岩田祐子, 重光由加, 大塚容子 著
第36巻　日本語教育における「のだ」の研究…………………………戴宝玉 著
第37巻　初級韓国語学習者の学習態度の変容に関する研究………齊藤良子 著
第38巻　文学教材を用いた英語授業の事例研究……………………久世恭子 著
第39巻　日本語教育におけるメタ言語表現の研究…………………李婷 著
第40巻　日本語教育の新しい地図―専門知識を書き換える
　　　　　………………………………………………青木直子, バーデルスキー・マシュー 編
第41巻　漫画に見られる話しことばの研究―日本語教育への可能性………福池秋水 著
第42巻　外国語としての日本語の実証的習得研究…………………玉岡賀津雄 編
第43巻　日本語学習者による多義語コロケーションの習得…………大神智春 著
第44巻　移住労働者の日本語習得は進むのか
　　　　　―茨城県大洗町のインドネシア人コミュニティにおける調査から………吹原豊 著
第45巻　日本語学習から見た〈機能語〉の類の研究
　　　　　―日本語能力試験1級 '〈機能語〉の類' の分類に基づいて………松原幸子 著
第46巻　作文教育の日中対照研究……………………………………前川孝子 著
第47巻　外国人日本研究者の古典日本語の学習支援………………山口真紀 著
第48巻　モノリンガルとバイリンガルが混在する地域における説得研究
　　　　　―キルギス語とロシア語の文章に基づく言語使用の実際………西條結人 著
第49巻　学術英語教育のための技能統合型タスク…………………細越響子 著

シリーズ 言語学と言語教育 49

学術英語教育のための技能統合型タスク
字幕と事前学習を中心に

細越響子 著

ひつじ書房

目次

序論　学術英語教育のための技能統合型タスク　　1
1. はじめに　　1
2. 技能統合型タスクの可能性　　2
3. 日本の大学生の英語運用能力の現状　　4
4. 学術英語教育のための技能統合型タスクモデルの提案　　7
5. 本書の構成　　9

理論編

第1章　学術目的の英語教育　　13
1. はじめに　　13
2. 学術英語の理論的枠組み　　13
   - 2.1 学術テキストの特徴　　15
   - 2.2 学術英語のジャンル分析　　16
   - 2.3 学術英語の語彙とコーパス研究　　18
3. アカデミックリスニングの理論的枠組み　　20
   - 3.1 リスニングの認知処理　　21
   - 3.2 アカデミックリスニングの特徴　　24
4. まとめ　　28

第2章　タスク重視の言語教育　　31
1. はじめに　　31
2. タスク重視の言語教育の枠組み　　31
3. 技能統合型タスクの概要　　34
4. 日本における技能統合型タスク　　35
5. 技能統合型タスクの実例　　38
   - 5.1 ディクトグロス　　38

5.2	口頭再生	39
5.3	再話	40
5.4	要約	41
5.5	統合	42
6.	まとめ	43

第3章　字幕と事前学習によるインプット足場かけ　45

1.	はじめに	45
2.	足場かけの定義	45
3.	学習にともなう足場かけ——字幕	48
3.1	字幕の内容理解への影響	49
3.2	字幕の聴解過程への影響	51
3.3	本書があつかう字幕の研究課題	52
4.	学習に先だつ足場かけ——事前学習（先行オーガナイザー）	55
4.1	見出しの事前学習	56
4.2	語彙の事前学習	57
4.3	事前学習（先行オーガナイザー）の比較	57
4.4	本書があつかう事前学習の研究課題	59
5.	まとめ	61

II　基礎研究編

第4章　字幕のリスニング方略への効果　65

1.	はじめに	65
2.	方法	66
2.1	協力者	66
2.2	使用素材	66
2.2.1	習熟度テスト	66
2.2.2	講義映像および字幕素材	66
2.2.3	リスニング方略の質問紙	67
2.2.4	内容理解テスト	70
2.3	調査手順	70
2.4	分析方法	71
3.	結果	72

3.1	内容理解テスト	72
3.2	リスニング方略の個別の使用度	72
3.3	リスニング方略の相補的な使用度	74
4.	考察	77
4.1	聴解学習における個別のリスニング方略	77
4.2	聴解学習における相補的なリスニング方略	79
5.	まとめ	80

第5章　字幕の音声知覚への効果　83

1.	はじめに	83
2.	方法	84
2.1	協力者	84
2.2	使用素材	84
	2.2.1　講義教材	84
	2.2.2　英語および日本語字幕	86
	2.2.3　口頭再生テスト	87
2.3	調査手順	88
2.4	分析方法	88
3.	結果	91
3.1	設問全体の結果	91
3.2	内容語／機能語の結果	92
3.3	品詞別の結果	95
4.	考察	101
4.1	英語字幕によるインプット足場かけ	101
4.2	日本語字幕によるインプット足場かけ	103
5.	まとめ	105

第6章　事前学習の内容理解への効果　107

1.	はじめに	107
2.	方法	107
2.1	協力者	107
2.2	使用素材	108
	2.2.1　講義教材	108
	2.2.2　先行オーガナイザー	109
	2.2.3　習熟度テスト	111
2.3	調査手順	111

2.4	分析方法	112
3.	結果	114
3.1	習熟度テスト	114
3.2	筆記要約の総語数	115
3.3	講義からの情報の再生率	117
	3.3.1　主情報の再生率	117
	3.3.2　補助情報の再生率	122
	3.3.3　付加情報の再生率	128
4.	考察	131
4.1	見出しの事前学習によるインプット足場かけ	131
4.2	重要語の事前学習によるインプット足場かけ	132
4.3	低頻度語の事前学習によるインプット足場かけ	133
5.	まとめ	134

III 効果検証編

第7章　技能統合型タスクの開発と実践　139

1.	はじめに	139
2.	方法	140
2.1	協力者	140
2.2	使用素材	140
	2.2.1　習熟度テスト	140
	2.2.2　技能統合型タスクの教材	141
	2.2.3　インプット足場かけ	143
2.3	調査手順	146
2.4	分析方法	148
	2.4.1　習熟度テスト	148
	2.4.2　要約データ	149
3.	結果	151
3.1	習熟度テスト	151
3.2	技能統合型タスクの6つの構成要素	151
	3.2.1　元テキストからの情報の掘り出し	152
	3.2.2　情報の選択	153
	3.2.3　複数の元テキストからの情報の統合	155
	3.2.4　元テキストの表現の変換	157
	3.2.5　情報の構成	158

		3.2.6　文体の規範の遵守	159
3.3		言語使用の正確性	161
4.		考察	162
4.1		技能統合型タスクにおけるインプット処理	162
4.2		技能統合型タスクにおけるアウトプット処理	163
5.		まとめ	165

第8章　技能統合型タスクの効果検証　　167

1.	はじめに	167
2.	方法	167
2.1	協力者	167
2.2	使用素材	168
2.3	調査手順	168
2.4	分析方法	169
3.	結果	169
3.1	授業開始時の習熟度テスト	169
3.2	クラス全体の変化	170
3.3	上位群の変化	172
3.4	中位群の変化	173
3.5	下位群の変化	175
4.	考察	176
4.1	講義を理解するための聴解力の育成	176
4.2	会話を理解するための聴解力の育成	177
5.	まとめ	178

IV　教育応用編

第9章　英語講義における論理展開のメタ談話標識　　183

1.	はじめに	183
2.	先行研究	184
2.1	アカデミックリスニングと談話知識	184
2.2	談話知識とメタ談話標識	184
2.3	英語講義におけるメタ談話標識	186
3.	方法	187

4.	結果と考察	189
4.1	連結(transitions)	189
4.2	文構造(frame markers)	191
	4.2.1　a) 順序(sequencing)	191
	4.2.2　b) ステージ分け(label stages)	193
	4.2.3　c) 目標設定(announcing goals)	194
	4.2.4　d) 話題転換(shift topic)	195
4.3	内部照応(endophoric markers)	197
4.4	引用(evidentials)	198
4.5	例示・言い換え(code glosses)	199
5.	講義ジャンルにおける論理展開の表現	201
5.1	平易で短い接続詞や接続副詞の活用	202
5.2	動詞的叙述の選択的使用	202
5.3	間テキスト性を示す引用表現	203
6.	まとめ	204

第10章　英語講義における話者態度のメタ談話標識　207

1.	はじめに	207
2.	方法	207
3.	結果と考察	208
3.1	評価・態度(attitude markers)	208
3.2	ブースター(boosters)	212
3.3	自己言及(self mentions)	215
3.4	関与表現(engagement markers)	217
3.5	ヘッジ(hedges)	221
4.	講義ジャンルにおける話者態度の表現	225
4.1	基本的で簡潔な内容語の選択	225
4.2	聞き手や話者自身に言及する代名詞	227
4.3	ブースターとヘッジの助動詞	228
5.	まとめ	228

終章　まとめと今後の展望　231

1.	まとめ	231
2.	本研究からの示唆	236
3.	今後の展望	238

あとがき			*243*
資料1	第4章	リスニング方略の質問紙	*245*
資料2	第4章	リスニング内容理解テスト	*249*
資料3	第4章	リスニング方略の相関係数	*251*
資料4	第5章	口頭再生テスト問題	*254*
資料5	第8章	習熟度テストの素点	*256*
資料6	第9・10章	MICASE 講義サブコーパスの概要	*258*
参考文献			*261*
索引			*275*

序論　｜　学術英語教育のための技能統合型タスク

1. はじめに

　近年、国内外の外国語教育において、学習者の実践的コミュニケーション能力を育成するためにリスニング、リーディング、スピーキングそしてライティングからなる四技能を統合的に教育することがますます重要視されている。とりわけ大学などの高等教育機関における言語教育では、学術英語 (English for Academic Purposes: EAP) の専門的かつ高度な言語運用能力を向上させるために、四技能を総合的に涵養することが求められている。Flowerdew and Peacock (2001) によると、大学レベルの学術英語教育においては、講義を聞き、教科書を読み、授業で発言し、レポートを書くといった活動を、すべて学習者の第二言語 (second language: L2) である英語で行える程度の熟達が到達目標となる。ここで列挙した四技能は、実際の学術場面では独立して運用されることはほとんどなく、複数を組み合わせて用いられるのが通常である。たとえば、学生が講義の内容を適切に理解しているかどうかは学期末に課されるレポートの文章から判断されることが多く、そのレポートの執筆には関連する文献を読み解くことも必然的に要求されるだろう。学習者の興味関心に応じた専門的な探究を支える高度な英語運用能力を包括的に育成することが、学術英語教育の主要な目的であると言える。

2. 技能統合型タスクの可能性

　大学生を中心とする学習者の総合的な英語運用能力を育成するために、技能統合型タスク（skill-integrated tasks）が外国語教育の指導実践や TOEFL iBT (Plakans & Gebril 2013) をはじめとする標準化された英語技能試験などで世界的に採用されている。技能統合型タスクとは、リスニングやリーディングといったインプットの理解活動とスピーキングやライティングによるアウトプットの産出活動の組み合わせによって構成される学習タスクである。タスクにおいて統合される四技能の設定は、学習の目的や学習者の習熟度によってさまざまである。いくつか例をあげると、読んで書く（read-to-write）タスクは、要約（summary）や情報源にもとづいたライティング（source-based writing）とも呼ばれるが、ある文章を読んでその概要について目標言語を用いて執筆するという活動である（Hirvela 2016）。再話（story-retelling）はある物語を読んでその内容を口頭で話すというタスクであり、インタビュー（interview）タスクでは相手に質問を口頭で投げかけ、その答えを聞くとともにメモに書き出すといった活動がすべて目標言語で行われる（望月・深澤ほか 2015）。

　このように技能統合型タスクにはさまざまな形態が存在するが、その典型的な構成はつぎの図1のモデルに集約できる。一般的に、技能統合型タスクにおいてはまずリスニングおよびリーディングというインプットの理解活動が行われ、その内容にもとづくスピーキングやライティングによるアウトプットの産出活動がつづく（望月・深澤ほか 2015）。同タスクにおける学習者のパフォーマンスはしばしば最終成果物として産出されるアウトプットの質で評価されることが多い。読んで書く（read-to-write）タスクの場合であれば、その達成度は学習者が執筆した文章の内容面や言語使用に着目して評価されるのが一般的であり、再話タスクでは元の物語をどのくらい理解できているかを学習者が読後に行うスピーチの内容によって判断するのが通例である。

図1　技能統合型タスクの形式

日本の学術英語教育の一層の充実に向けて、本書では技能統合型タスクの導入を推進することを提唱する。なぜならこの学習形態により、実際の学術場面と同様の場面設定で、英語を用いて情報を受け取ったり（decoding）、表現したり（encoding）する実践的なコミュニケーション能力の鍛錬が実現するからである（Oxford 2001）。また技能統合型タスクは認知プロセスの外化（溝上 2014）を可能にし、学習者がタスクにより得た知識を実際の学術場面でも使用可能な言語レパートリーとして習得することにつながる。溝上は引用（1）のアクティブ・ラーニングの定義のなかで、インプット活動にもとづくアウトプット活動の有効性に触れている。

(1) 一方向的な知識伝達型講義を聴くという（受動的）学習を乗り越える意味での、あらゆる能動的な学習のこと。能動的な学習には、聞く・話す・発表するなどの活動への関与と、そこで生じる認知プロセスの外化を伴う。（溝上 2014: 7）

　ここでは、講義を聞いて理解したことや考えたことという通常は観察できない内面の認知プロセスを、自分なりに言語化して話したり書いたりといった表現活動を行うことにより学習者自身で確認することができるという、技能統合型タスクの強みが説明されている。なおアクティブ・ラーニングは、引用（2）の中学校学習指導要領（平成 29 年版）の総則に関する解説（文部科学省 2017b）でも言及されているように、外国語教育の分野にとどまらず、学習者主体の他者とのコミュニケーションを通した探究的な学びを標榜する日本の教育政策全体においても推進されている。

(2) 我が国の優れた教育実践にみられる普遍的な視点である「主体的・対話的で深い学び」の実現に向けた授業改善（アクティブ・ラーニングの視点に立った授業改善）を推進することが求められる。
「中学校学習指導要領（平成 29 年告示）解説　総則編」（文部科学省 2017b: 3）

　また技能統合型タスクは、言語についての学習（learn *about* language）にとどま

らず、言語の使い方（learn *how to use* language）を教授することに重きを置く、外国語教育の世界的な基本理念にも叶う学習形態である（Murray & Christison 2011）。実践的なコミュニケーションに資する英語運用能力を涵養するために適した活動形式であると言えよう。学習者はインプット教材の内容を理解するために目標言語の語彙や文法などの言語的特徴への気づきを活性化するとともに、自らの理解や考えをアウトプットの形で産出することで学習した言語知識や技能の定着を図ることが期待できる。

3. 日本の大学生の英語運用能力の現状

しかしながら英語を外国語として（English as a foreign language: EFL）学習する日本においては、大学生はそれまでの学習経験をふり返っても、小学校から高等学校までの公教育における教室場面での英語学習をのぞいては英語に触れる機会が十分であるとは言いがたい。これまでの研究でも、学術英語が要求する高度な英語運用能力と日本の大学生の実際の習熟度の間には大きな乖離のあることが報告されている。鈴木・原田（2011）は、約500名の学部1年生の英語能力試験 Versant のスコアを6年間追跡した調査から、日本の大学生の平均的な英語力をヨーロッパ言語共通参照枠（Common European Framework of Reference: CEFR, Council of Europe 2014）のA2レベル相当であると試算した。このCEFRは6段階で記述される言語能力指標で、A1とA2が基礎段階の言語使用者（Basic User）、B1とB2が自立した言語使用者（Independent User）、そしてC1とC2が熟達した言語使用者（Proficient User）として分類される（笹島・大橋ほか 2014）。

(3) [c]an communicate in simple and routine tasks requiring a simple and direct exchange of information on familiar and routine matters（Council of Europe 2014: 24）
簡単で日常的な範囲なら、身近で日常の事柄についての情報交換に応ずることができる。（笹島・大橋ほか 2014: 15）

(4) [c]an use language flexibly and effectively for social, academic and professional

purposes（Council of Europe 2014: 24）
社会的、学問的、職業上の目的に応じた、柔軟な、しかも効果的な言葉遣いができる。（笹島・大橋ほか 2014: 15）

引用（3）は CEFR における A2 レベルの全体的尺度の記述文（一部）とその日本語訳である。A2 レベルでは日常的な場面で平易な表現を用いたやり取りを行う能力が期待されている。一方、学術英語の難易度は CEFR では少なくとも C1 レベルに相当する。引用（4）が示すように、C1 レベルでは場面や目的に応じた適切な表現を駆使する力が目標となる。鈴木・原田（2011）の実証データからは、日本の大学生の多くは、残念ながら学術英語を学ぶ前提となる準備段階にも達していないことがうかがえる。

つぎに日本の大学生の言語技能別の英語運用能力を検証した事例として、Saida（2008）は DIALANG というオンラインの英語能力診断システムを用いて 113 名の学部 1 年生の英語習熟度を分析した。DIALANG では、リスニング、リーディング、ライティング、文法、語彙の 5 つの言語技能ごとに CEFR レベルを推定することができる。この研究では、学習者の 3 分の 2 が文法と語彙の分野で A2 から B1 レベル、リーディングとライティングは A1 から A2 レベル、そしてリスニングは A1 レベルであったと報告されている。この実証データからは、英語習熟度が総じて低く、文法や語彙などの言語知識はやや高いもののリスニングをはじめとする音声面の能力に大きな課題があるという、日本の大学生の典型的な学習者像が浮かび上がってくる。

大学生の英語運用能力の実態については、高等教育機関には高等学校までの学習指導要領に相当するような統一された教育目標が存在しないためか、大規模な実証研究は近年あまり実施されていない。例外として、大学 IR コンソーシアム（2024）による同会員校の 55 の大学に在学する 38,311 名を対象とした「一年生調査 2023 年度」では、大学入学時の技能別の英語運用能力についての貴重なデータが報告されている。この調査では、選択式の質問紙による自己評価ではあるものの、聞く力（listening）、読む力（reading）、会話力（interaction）、表現力（presentation）、書く力（writing）という四技能五領域の英語運用能力を CEFR の 6 段階の習熟度レベルを参照しながら回答させている。図

2に示すように、A1またはA2の基礎段階であると自己評価した割合が88.5パーセントと圧倒的だったのは会話力で、ついで聞く力、書く力、表現力、読む力の順であった。一見するとリスニング力にもっとも困難を抱えているというSaida (2008) の結果と矛盾しているように思われるが、この会話力とは、英語を用いて相手の発話を聞いたうえで自己の考えを話すという、まさに技能統合的な言語活動を指す。したがって大学IRコンソーシアムの調査からは、日本の大学生は総じて口頭でのコミュニケーションに苦手意識を持っており、聞いて話すことや聞くこと自体に困難を抱えているという傾向が示されたと解釈できる。一方、学術英語に相当するC1およびC2レベルの割合はどの技能・領域でも5パーセント以下で、大学入学時に高度な英語を学習するレディネス (readiness) のある学習者はきわめて少ないと言わざるを得ない。

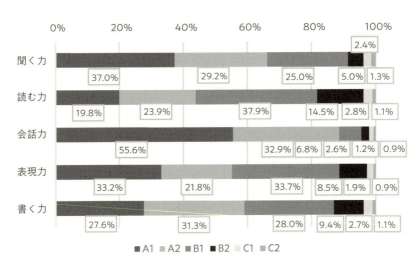

図2　大学入学時の英語運用能力の自己評価
　　（大学IRコンソーシアム（2024）にもとづく）

このように現状には課題が多くあるものの、本書は日本の大学生に対する学術英語教育はやはり推進すべきだという立場に立つ。大学の専門教育における学術的な探究を遂行するためには、英語を用いて関連資料を参照することが必要不可欠だからである。Hyland (2006) は、全世界の学術論文のおよそ90

パーセント以上が英語で刊行されている実状をふまえ、英語は学界（academia）における世界共通語（lingua franca）の働きを持つと主張している。これに対し、日本の大学の学部生は母語（native language: L1）である日本語の文献さえ読むことができれば卒業するには問題ないのではないかといった反論があがるかもしれない。しかしながら、最先端の研究成果はまずは英語で執筆された研究論文として学術誌に掲載されることが大半であり、学習者が最新の学術的知見を得るためには、やはり学術英語の運用能力を涵養することは不可欠であると言えよう。つづく第1章で詳述するように、この学術英語の語彙や文体などの言語的特徴は、大学生が高等学校までの教育で学んだ一般目的の英語（English for General Purposes: EGP）とは大きく異なる（田地野・水光 2005）。したがって日本の大学生は、専門用語や談話展開などの EAP の特徴を学術英語教育において新たに学習することが求められよう。

4. 学術英語教育のための技能統合型タスクモデルの提案

　日本の大学生に向けた学術英語教育において活用可能な学習活動として、本書では技能統合型タスクの有効性を提唱する。同タスクでは、学術場面に近い（quasi-academic situation）条件で、英語を用いた専門的なやり取りが実践できる。リスニングのみやライティングのみなどの技能独立型の学習タスクと比較して、複数技能の組み合わせからなる包括的なタスクでは、専門教育や研究における学術的探究において必要となる英語運用能力に関する学習者のニーズ（needs）に合致した、本物らしい（authentic）活動が演習できるだろう。

　ここで課題となるのは、学術英語をあつかう高度な技能統合型タスクを実施する際に、学習者の英語習熟度の低さとの乖離をどのように埋め合わせるかである。そこで本書では図3として、タスクの高い要求と学習者の英語力の不足との差に対処できるような、新たな技能統合型タスクモデルを提案する。このモデルは、図1に示した技能統合型タスクの標準的な形式に、インプット学習を支援するインプット足場かけ（input scaffolding）をくわえたものである。

図3 技能統合型タスクの新モデル

　インプット足場かけとは本書が新たに提唱する概念で、リスニングやリーディング教材の学習にあたりその内容や使用される言語表現に関する情報を足場かけとして提供するものである。Saida (2008) や大学IRコンソーシアム (2024) の調査から、日本の大学生はリスニング能力を中心とする口頭コミュニケーションに課題が多いことが示されていることをふまえ、本書では、技能統合型タスクを遂行する際に困難となることが想定される、リスニングのインプット処理に着目する。具体的には、リスニング教材にともなって画面上に表示される文字情報である字幕 (captions and subtitles) と、リスニング教材の見出しや重要語などの関連情報を学習に先だって提示する先行オーガナイザー (advance organizers) をインプット足場かけの事例としてあつかう。

　これまでの研究では、さまざまな技能統合型タスクの教育効果の実証や（例 Knoch & Sitajalabhorn 2013）、異なるインプット足場かけの学習補助としての働きの検討（例　字幕: Perez, Noortgate, & Desmet 2013; 事前学習: Jafari & Hashim 2012）が盛んに行われている。しかしながら、技能統合型タスクの支援としてのインプット足場かけのあり方については検討が進んでいない。技能統合型タスクには複数の技能の理解や産出といった複雑な要因が絡むこと、さらにインプット足場かけについてもその提示量や使用言語、提示時期といった変数が関わるため、結果の解釈が難しいというのがその一因であろう。

　本書では、日本の大学生を対象とした学術英語教育の充実に向けた四技能統合型のタスク開発について論じる。聞いて書く要約 (summary) や、聞いて読んで話す統合 (synthesis) などをタスクの事例としてあつかい、教材の真正性や専門性は保持したうえで字幕や事前学習などのインプット足場かけを採用し、音声知覚、内容理解、長期的な英語運用能力育成といった観点から教育効果を実証することを目的とする。

5. 本書の構成

　本書は、第Ⅰ部　理論編、第Ⅱ部　基礎研究編、第Ⅲ部　効果検証編、そして第Ⅳ部　教育応用編の全4部で構成される。

　第Ⅰ部　理論編では、本書の理論的背景を概説する。まず第1章では、英語教育全体における学術英語の位置づけや文体・語彙といった言語的特性を概括する。リスニング技能に着目して認知プロセスの特徴をまとめ、アカデミックリスニングでは全体的な理解を形成するためにトップダウン型の処理を行う活用の段階が重要になることを指摘する。

　第2章では、タスク重視の言語教育の理念を確認し、技能統合型タスクの効用について議論する。中学校および高等学校の学習指導要領でも複数の言語技能・領域の統合的な学習が標榜されていることに言及したうえで、タスク例としてディクトグロス、口頭再生、再話、要約、そして統合といった活動を概観する。

　第3章では、発達心理学に端を発する足場かけの定義を参照したうえで、本書が提起するインプット足場かけの概念について説明する。これまでの研究動向をふまえ、学習にともなう足場かけである日本語・英語字幕については、内容理解にくらべて聴解過程への影響をあつかった研究が不足していること、学習に先だつ足場かけである事前学習については、見出しや重要語など複数の学習形式の教育効果を比較した研究が進んでいないことを指摘する。

　第Ⅱ部　基礎研究編では、インプット足場かけの効果を比較した研究について報告する。第4章では、講義聴解タスクにおける字幕（英語、日本語、なし）の聴解過程への影響を検討する。聴解中に使用されるリスニング方略に着目して質問紙調査を実施し、日本語字幕が映像化と要約の方略を活性化すること、英語字幕は複合的な方略使用につながることを報告する。

　第5章では、講義聴解と口頭再生のタスクにおける字幕（英語、日本語、なし）の音声知覚への効果を比較する。講義教材で使用された例文の口頭再生率を品詞ごとに分析し、英語字幕がもっとも音声知覚を補助できること、表意文字である日本語字幕にも一定の補助効果があることを論じる。

　第6章では、講義聴解と筆記再生のタスクにおける事前学習の形式（見出し、

重要語、低頻度語)が内容理解に与える影響を検討する。学習者を2つの習熟度群に分けて講義内容の筆記再生率を比較し、講義の見出しの学習が主情報および補助情報の保持につながる一方、低頻度語の事前学習は習熟度の低い学習者に対しては論旨の誤解につながることを報告する。

第III部　効果検証編では、インプット足場かけを活用した独自の技能統合型タスクモデルを開発し、教育実践のうえで効果検証を行う。第7章では、講義聴解、資料読解、要約作成(筆記または口頭)で構成される技能統合型タスクモデルを開発する。半年間の学術英語授業で同タスクを計4回実施し、技能統合型タスクの構成要素(情報の掘り出し、選択、統合、言い換え、構成、引用)を参照しながら学習上の成果や困難点を詳述する。

第8章では、前章で議論した教育実践の成果を標準化された聴解テストにより検証する。学習者を3つの習熟度群に分けて事前・事後テストのデータを比較した結果、クラス全体で総得点が有意に向上し、習熟度の高い学習者はまとまった長さの講義、低い学習者は短い一般会話の聴解に関する成績が改善したことから、開発した技能統合型タスクモデルが学術英語の運用能力の長期的な育成に資することを実証する。

第IV部　教育応用編では、第II部　基礎研究編でインプット教材の概要を示す見出しの事前学習の有効性が示唆されたことをふまえ、ミシガン米口語コーパスの講義を取り上げ修辞的特徴を議論する。第9章では、論理展開に関するメタ談話標識を分析し、平易で短い接続詞や接続副詞の活用、動詞的叙述の好用、間テキスト性を示す引用表現の少なさを報告する。

第10章では、話者態度を示すメタ談話標識に着目し、基本的で簡潔な内容語の選択、聞き手や話者自身に言及する代名詞の顕著な使用、ヘッジの助動詞の多用といった特徴を指摘する。以上の教育応用編で行ったコーパス分析から得られた、英語講義ジャンルに特徴的な談話表現の実例を見出しのインプット足場かけの開発に応用することを提案する。

終章では、第1章から第10章までの結果を概観し、本書の意義として「本物らしい」教材と学習活動による学術英語の高度な学びを実現しながら、多様な足場かけで学習者を支援し英語力の向上へと導く新たな指導観を提唱する。

I

理論編

第 1 章　学術目的の英語教育

1. はじめに

　第1章では、本書の背景となる学術目的の英語 (English for Academic Purposes: EAP) の特徴を概観する。EAP の理論的枠組みを参照したうえで、ジャンル分析やコーパス研究の成果を手がかりに学術テキストの語彙や文体といった言語的な特徴を詳述する。その後アカデミックリスニングに焦点をあて、Vandergrift and Goh (2012) が提唱するリスニングの認知プロセスモデルを参照したうえで、アカデミックリスニングの下位技能 (Richards 1983) ではインプット音声の文字通りの理解にもとづき話者の真の意図を解釈するような高次の認知処理に比重が置かれていることを確認する。

2. 学術英語の理論的枠組み

　Hyland (2006) によると、学術目的の英語 (EAP) とは "teaching English with the aim of assisting learners' study or research in that language" (Hyland 2006: 1)、すなわち学習者の学びや研究を支援するために英語を教育することを指す。一般的には高等教育における英語教育が相当するが、英語圏留学を予定する学習者のための準備教育などの形式もある。
　EAP はしばしば特定目的の英語 (English for Specific Purposes: ESP) の下位概念と

して説明されることがある。これは EAP では基本的に学習者の学術的なニーズにもとづいて教育が計画され進行するためである (Charles & Pecorari 2016)。この学習目的の特定性によって、ESP は一般目的の英語 (English for General Purposes: EGP) とは区別される。一方、EGP は明確な目的を前提とせずに学習が成立するため、目的なしの英語教育 (the Teaching of English for No Obvious Reason: TENOR) と揶揄されることもある (Jordan 1997)。Alexander, Argent, and Spencer (2008) は、学習者の現在の習熟度にもとづいて教育が計画実施される点において EGP は習熟度主導型 (proficiency-driven) である一方、EAP は学習者の習熟度にかかわらず学術場面での学びに対応できる英語力を目指す点で目標主導型 (goal-driven) であると説明している。

　このように英語教育とひとくちに言っても、その目標や学習の実態はさまざまである。そこで田地野・水光 (2005) は、大学での英語教育の目的を分類し整理する指針として EAP に焦点をあてた概念図 (図1) を提示している。

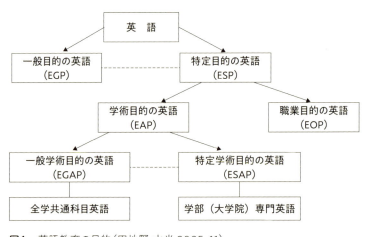

図1　英語教育の目的 (田地野・水光 2005: 11)

(点線は連続体を表す)

　この概念図では、学習者の英語運用能力が熟達するにつれて英語教育の目的も焦点化されていくという立場から、EGP と ESP が連続体として点線で描かれている。学習段階が進み EGP から ESP に移行すると、学術的な探究

(EAP) と、職業準備 (English for Occupational Purposes: EOP) に目的が分化する。さらに、EAP は一般学術目的の英語 (English for General Academic Purposes: EGAP) と特定学術目的の英語 (English for Specific Academic Purposes: ESAP) に分類される。前者の EGAP はあらゆる専門分野に普遍的な学術的言語技能の習熟を目指すもので、アカデミックライティングでは剽窃 (plagiarism) を避けるための引用法、アカデミックリスニングでは講義を理解するための時系列や因果関係などの談話構造について学習する。他方、後者の ESAP は特定の専門分野に特徴的な学術的言語技能の涵養を目指す。医学生ならば人体の構造を表現する解剖学の語彙を学習したり、化学を専門とする学生は実験レポートを英語で執筆する方法を演習したりすることがあてはまる。田地野・水光 (2005) は、一般に EGAP は大学の学部 1・2 年次を対象とする一般教養教育、ESAP は学部 3・4 年次および大学院生を対象とする専門教育に相当すると述べている。

2.1 学術テキストの特徴

これまでの研究では EAP の言語的な特性を探究する手だてとして、学術場面で使用される英語の話し言葉や書き言葉のデータを日常場面でのテキストと比較しながら検討してきた。Hyland (2006) は EAP の言語使用域 (register) はフォーマル度 (formality) が高いことを指摘し、アカデミックライティングを例に以下の 3 つの特徴を詳述している。

まず、学術テキストは語彙密度が高い (high lexical density) とされる。大学で使用される教科書や学術論文では、事物や動作、様態など実質的な意味内容を示す名詞、動詞、形容詞、副詞といった内容語 (content words) の占める割合が、文法的機能を伝達する前置詞、冠詞、代名詞、助動詞などの機能語 (function words) にくらべて大きい傾向がある。以下の例文はともに「鉄道施設への投資は長期的な関与を意味する」という文意であるが、書き言葉の (1) では内容語と機能語の割合が 6:3 であるのに対し、話し言葉の (2) では 7:13 となっている。このように EAP のテキストは学術的知識を伝達するという役割を果たすため、まさに内容が濃縮された言語的構造を有している。

(1) Investment *in a* rail facility implies *a* long-term commitment.

(2) *If you* invest *in a* rail facility *this* implies *that you are going to be* committed *for a* long term.

（Halliday 1989: 61、機能語はイタリック）

　2つ目に、学術テキストは名詞的文体を好む（high nominal style）傾向がある。本来ならば動詞を用いて叙述するような出来事（コト）を、名詞で目的語（モノ）のように表現することで1つの節により多くの事象を埋め込もうとする文体がしばしば観察される。たとえば、"The train leaves at 5.00 p.m." (Hyland 2006: 14) における動詞 leaves を "The train's 5.00 pm. departure..."（同上）と名詞 departure で表現し、動詞句が後続できるようにする。1つ目の語彙密度と同じく、短い文章により多くの情報を盛り込もうとする性質を反映している。

　学術テキストのさいごの特徴は、無生物構文（impersonal construction）の使用である。一人称代名詞の I を避けるために、"the solution was heated" (Hyland 2006: 14) と無生物を主語とする受動態を用いたり、形式主語の it で "it was possible to interview the subjects by phone"（同上）と表したりするような用法を指す。発信者の主観性が強調されることを避けるとともに、記述される命題（モノゴト）自体を議論の前面に出すことが学術テキストの傾向であるとされる。

　大学生の英語学習者にとっては、これまでの日常生活での経験や中学校、高等学校での EGP 教育で培った英語に関する知識を持ってしても、このような専門的な研究論文や講義の言語的特徴は未知のものであるだろう。したがって EAP の教育実践においては、とりわけ学術場面であつかわれる英語テキストの言語的特徴をていねいに指導することが重要であろう。

2.2　学術英語のジャンル分析

　EAP の特徴を捉える視点としてジャンル（genre）に関する研究も蓄積されている。Swales (1990) は、ジャンルを "a class of communicative events, the members of which share some sets of communicative purposes" (Swales 1990: 58) と定義する。この考え方にもとづくと、ある学術分野における標準的な言語使用とは、当該のディスコースコミュニティー（discourse community）の構成員によって協同で構築されると解釈される。Hyland (2009) によると、ディスコースコミュニ

ティーとは同じ研究分野に関心を持つ人々で構成されるもので、その小集団内で学術的知識をやり取りする際に共通理解された言語使用の規範がつくられ、自らをほかの集団から差別化する働きを持つ。EAP 教育においては、大学生が独自の知的関心に応じて専門分野の探究を進めるにあたり、当該分野に共通の言語規範を習得することを支援することが期待される。具体的にはジャンル分析（genre analysis）により特定の学術テキストの修辞的な典型性を解明するといった研究が行われている。その対象は学術講義や個別チュートリアル、口頭発表などの話し言葉ジャンルから、研究論文や書評、教科書などの書き言葉ジャンルまで多岐にわたる（Hyland 2006）。

　ジャンル分析の黎明期における研究の代表例である Swales（1990）は、書き言葉の事例として研究論文の序論（Introduction）セクションを対象に言語分析を行い、Create a Research Space（CARS）モデルを提唱している。このモデルでは、学術論文の序論セクションがたどる典型的な 3 つのムーブ（move）が提示されている。まず、先行研究ですでに得られた学術的知見に言及しながら当該研究のテリトリーを明確化することから書き出し（establishing a territory）、これまでの研究でまだ明らかにされていないことをニッチ（niche）として指摘したうえで（establishing a niche）、そのニッチを埋める可能性があるものとして当該研究の目的を提示する（occupying the niche）という流れである。

　このムーブの考え方を基礎として、その後もさまざまな EAP ジャンルを対象とした探究が報告されている。ESAP の分野ごとに特色のある言語規範を比較検討したものには Samraj（2002）がある。この研究では研究論文という同一の EAP ジャンルに着目し、環境保護生物学と動物行動学という自然科学分野の 2 つの異なる専門分野の間で、要旨（Abstract）セクションの修辞的な組み立て方に違いはみられるかを分析した。その結果、環境保護生物学という比較的応用に比重のある分野では当該研究の意義について説得するような動的なムーブが多く観察された一方、基礎的な学問分野である動物行動学では当該研究について状態動詞を用いて静的に叙述する傾向があったことを明らかにしている。同様に、EGAP と ESAP の修辞的な異同を考察するためにもジャンル分析は援用されており、学術英語の実態を記述する試みが進んでいる。

2.3 学術英語の語彙とコーパス研究

　EAP のテキストで用いられる語彙に着目したコーパス研究も進展している。ICT の発展にともないコンピュータを用いて大規模な言語データを分析することが可能となったことがその一因である。大学で使用される教科書や講義などの言語データを大量に収集し、そこで頻出する表現を抽出して学術語彙リストに編纂する試みも行われている（Browne, Culligan, & Phillips 2013; Coxhead 2000）。

　Coxhead（2000）は、EAP のテキストでもっともよく使用される 570 の見出し語で構成される Academic Word List（AWL）を編纂した。この研究では、英語圏の大学で採用されている 4 つの分野（芸術、経済、法律、科学）の教科書より約 350 万語の言語データを抽出し、そのうち日常場面でも頻用される約 2,000 語を、West（1953）の General Service List（GSL）を参照しながら除外したうえで、570 語からなる AWL を特定した。以下の表 1 のように、AWL は頻度順に 10 のサブリストに分かれ、各サブリスト中ではアルファベット順に見出し語が掲載されている。見出し語の基準としてはワードファミリー（word family）が採用されており、関連する語形として屈折形（inflection）と派生形（derivative）も付記されているため、それらをすべて合計すると 3,109 語をカバーするリストである。

表1 Academic Word List（AWL）（Coxhead 2019より一部抜粋）

見出し語	サブリスト	関連する語形
analyse	1	analysed, analyser, analysers, analyses, analysing, analysis, analyst, analysts, analytic, analytical, analytically, analyze, analyzed, analyzes, analyzing
approach	1	approachable, approached, approaches, approaching, unapproachable
area	1	areas
assess	1	assessable, assessed, assesses, assessing, assessment, assessments, reassess, reassessed, reassessing, reassessment, unassessed
assume	1	assumed, assumes, assuming, assumption, assumptions
（中略）		
reluctance	10	reluctant, reluctantly
so-called	10	

straightforward	10	
undergo	10	undergoes, undergoing, undergone, underwent
whereby	10	

　Nation（2013）によると、学術的なテキストのうち、約77.7パーセントがGSL掲載の一般語彙約2,000語で占められ、AWLに該当する学術語彙570語は13.1パーセント、残り9.2パーセントがそれ以外の語彙で構成される。このデータはHyland（2006）が論じた学術ジャンルの語彙密度の高さ（本章2.1参照）をまさに反映している。GSLとAWLの単語を知っていれば、EAPテキストの9割近くをカバーできることとなる。またインプット中のどのくらいの単語を知っていれば十分な内容理解が成立するのかという点に関しては、リーディングでは98パーセント（Hu & Nation 2000）、リスニングであれば95パーセント（Bonk 2000）という目安が提案されている。以上の知見を生かし、大学での教育研究に必要な英単語に集中して効率よく学習することを目指して、学部生向けの教科書（Scanlon 2015など）やオンラインの学習者向け辞書（Oxford University Press 2017など）において、AWLが英語表現の索引事項としてひろく採用されている。

　近年では、Browne, Culligan, and Phillips（2013）がNew Academic Word List（NAWL）を公開している。このリストでは、2億8,800万語からなる学術英語コーパスを言語分析したうえで963の見出し語を同定している。CoxheadのAWLは書き言葉のテキストのみが分析対象であったが、BrowneらのNAWLが依拠する学術コーパスには、全体の1.1パーセントにとどまるものの300万語の話し言葉データがふくまれている。また彼らはWestのGSLの更新版として、2,809語からなるNew General Service List（NGSL）も発表しており、NGSLとNAWLの単語をどちらも学習することで、学術テキストの92パーセントのカバー率を達成できると解説している。NAWLは話し言葉と書き言葉の両面から学術場面で頻出する単語をまとめたものとして、EAPの教育実践においても関心が高まっている。

　EAPの大規模なコーパス研究として有名なのが、Biber（2006）によるSpoken and Written Academic Language（TSK-SWAL）Corpusである。このコーパスは、

授業（class sessions）、授業運営（classroom management）、実験・グループ学習（labs/in-class groups）、オフィスアワー（office hours）、勉強会（study groups）、相談窓口（service encounters）の6つの話し言葉の言語使用域と、教科書（textbooks）、授業教材（course packs）、授業運営（course management）、機関配布物（institutional writing）の4つの書き言葉の言語使用域からの言語データを大量に収集したものである。Biberはこれら全10ジャンル、計273万語からなるTSK-SWALを対象に品詞や構文の出現傾向を比較したうえで、EAPの話し言葉では動詞が多く選択されているのに対し、書き言葉では名詞が大きな割合を占めることを指摘している。とりわけ講義などの授業では教科書にくらべて約2倍の動詞が使用されているが、授業中の発話で用いられる名詞は教科書の文章の場合より60パーセントも少ない。また一人称代名詞のIやweは話し言葉の約15パーセントを占めるにもかかわらず、書き言葉では1パーセントにも満たないことも報告されている。

　本章2.1で参照したように、Hyland（2006）では学術ジャンルの特徴として語彙密度の高さ、名詞的文体の選択、無生物構文の使用があげられているが、BiberのTSK-SWALにもとづくコーパス研究の成果もふまえると、授業などの話し言葉よりも教科書などの書き言葉において、EAPジャンルの文体的特徴が顕著に現れると言えよう。

3. アカデミックリスニングの理論的枠組み

　ここからは英語四技能のうちリスニングに焦点化してEAPの特性をさらに概観する。前節のまとめでは、話し言葉よりも書き言葉の方がEAPの文体的特徴を反映していると結んだため、ライティングやリーディングをあつかうのが自然ではと疑問に思われるかもしれない。序論でも述べたように、日本の大学生は四技能のなかでもリスニングをはじめとする口頭コミュニケーションに大きな課題を抱えているという報告もあり（大学IRコンソーシアム 2024; Saida 2008）、本書では技能統合型タスクを実践するにあたりリスニングの段階にインプット足場かけを支援することを目標する。そこでアカデミックリスニングの理論的知見を参照することは有益であろう。

リスニングは日常生活でコミュニケーションに費やす時間のうち45パーセントをも占めるとされ、スピーキング (30%)、リーディング (16%)、ライティング (9%) をしのぐ根源的な言語技能である (Feyten 1991)。このような実践面での圧倒的な必要性に反して、研究面では四技能のなかでもっとも研究が進んでいない分野とも言われている (Vandergrift 2006)。Lynch (2011) は EAP の教育研究をあつかう主要な国際雑誌である *Journal of English for Academic Purposes* の初号から第9号までに掲載された147件の研究論文のトピックを分析し、リスニングをあつかった研究はわずか9件であったことを報告している。Lynch によれば、聴解が学習者の脳内で行われる複雑で暗示的な認知処理であることや、研究者がその過程を外的に観測するのは難しいことがその理由としてあげられる。本節ではまずリスニングの認知処理の理論的枠組みを確認したうえで、アカデミックリスニングの具体的な特徴を概観する。

3.1 リスニングの認知処理

リスニングの認知プロセスを説明するためにもっともよく用いられるのは、トップダウン型 (top-down) とボトムアップ型 (bottom-up) で構成される枠組みであろう。Rost (2011) によると、リスニングの内容理解においてトップダウン型は意味レベルでの処理を指し、ボトムアップ型は形式レベルでの処理に相当する。トップダウン型の処理とは "their pre-existing knowledge to interpret the text and to create plausible expectations of what they are about to hear" (Tsui & Fullilove 1998: 433)、すなわち聞き手が聞き取ったテキストを解釈したりつぎに伝達される内容を予測したりするために既有知識を活用することを指す。この処理モデルでは、学習者の長期記憶 (long-term memory) に貯蔵されている事前知識や語用論的知識、文化知識や談話知識などを活性化させることによってインプットの理解が達成される (Vandergrift & Goh 2012)。その特徴は、知識駆動型 (knowledge driven) と表現される (鈴木・門田 2018)。一方、ボトムアップ型の処理とは "to decode the linguistic input rapidly and accurately, and to map the input against these expectations to confirm consistencies and to refute implausible interpretations" (Tsui & Fullilove 1998: 433)、すなわち言語インプットを迅速かつ正確に解析し、真実性の低い解釈を排除しながら一貫性のある解釈を確定す

ることを指す。ここでは、音韻的知識、語彙的知識、そして統語的知識を順に活性化することでインプットの文字通りの理解を形成する（Vandergrift & Goh 2012）。そのためインプット駆動型（input driven）と形容されることもある。現在では Rumelhart（1975）が提唱する相互交流モデル（interactive model）に代表されるように、トップダウン型とボトムアップ型の処理は相反するものではなく、相補的にインプット理解の形成に寄与するという捉え方が一般的になっている（Flowerdew & Miller 2005）。

　認知心理学の分野において Anderson（1985）が提唱した情報処理の枠組みを援用してリスニングの認知処理を捉える試みもある。この立場ではリスニングの認知処理を音声知覚（perceptional processing）、言語分析（parsing）、活用（utilization）という互いに関連する3つの段階で構成するものと説明する。まず1つ目の音声知覚の段階では、聞き手の注意は空調の音などの無関係なノイズのなかから話者が発した音響メッセージのみに向けられ、選択された音声情報は脳内の音響記憶（echoic memory）へと転送される（Goh 2000）。ここでは貯蔵されたひとつづきの音声情報を構成する母音や子音などの音素（phoneme）や、強勢やリズム、イントネーションなどの韻律（prosody）からなる音韻的構造を分節し、つぎの処理段階に向けて保持する（Ueda 2015）。2つ目の言語分析の段階では、保持された音韻的表象が聞き手の意味論的知識に照らして単語のかたまりに分節され、さらに統語論的知識にもとづいて単語のかたまりどうしの文法的関係性について言語分析がなされる（Siegel 2015）。ここでは単語のまとまりの文字通りの意味が形成され、心的表象（mental representation）として最終段階を迎える。3つ目の活用の段階では、心的表象について学習者の既有知識と照らして話者が伝えたい意図や真意が解釈され、元の音声情報に対応する一定の意味表象（meaningful representation）が長期記憶に貯蔵される（O'Malley, Chamot, & Kupper 1989）。この段階において聞き手は音声情報にこめられた真の意味の理解にいたり、話者の質問に対して口頭またはジェスチャーで応答するなどのさらなる行動をとる（Anderson 1985）。

　ここまで概観したトップダウン型処理、ボトムアップ型処理、そして Anderson の情報処理の枠組みを統合したのが、Vandergrift and Goh（2012）の第二言語リスニングの認知プロセスモデルである（図2）。このモデルの左側に描かれるよ

うに、リスニングの音声知覚と言語分析という前半 2 つの段階は、音韻や意味、統語などの言語知識に依拠して言語インプットの字義通りの理解を逐次的に創出しようとする点でボトムアップ型の処理に相当する。一方で、最終段階の活用の過程は、言語インプットが示す命題を語用論や談話などに関する既有意識を活用しながら俯瞰的に解釈しようとする点でトップダウン型の処理と符合すると説明される。さらに第二言語におけるリスニングを全体的に司る視座として、メタ認知（metacognition）が図の右側に配される。Vandergrift and Goh は、聞き手は効果的な聴解を達成するために、計画（planning）やモニタリング（monitoring）、問題解決（problem-solving）や評価（evaluating）などのメタ認知方略を援用しながら自己の認知プロセスを統制していると述べている。

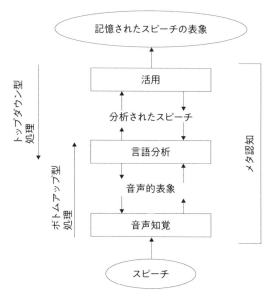

図2 第二言語リスニングの認知プロセス（Vandergrift & Goh 2012をもとに筆者作成）

Vandergrift and Goh（2012）のモデルは、既存の理論的枠組みを有機的に取り入れながら、聞き手が能動的に音声インプットに関わり既有知識を活用して伝達されたメッセージを理解しようとするリスニングの複雑さや暗示性（Rost & Wilson 2013）を包括的に整理している。ゆえに本書では、このモデルに依拠

して学術英語教育のための技能統合型タスクにおけるリスニング処理を検討することとする。

3.2 アカデミックリスニングの特徴

アカデミックリスニングとは、一般に大学などの高等教育機関における教育研究を英語で行うために必要なリスニング技能を指す。そのジャンルは、学術講義 (lectures)、小集団ディスカッション (small-group discussion)、グループ活動 (team project)、演習 (seminars)、指導教員との面談 (tutorial) まで多岐にわたる (Lynch 2011)。このうち EAP の教育実践としてもっとも研究が進んでいるのが学術講義ジャンルである。Ferris and Tagg (1996a) は、米国の 234 の高等教育機関を対象とした調査を行い、EAP の教室場面でもっとも多く採用されている形態は講義 (61.7%) で、演習やディスカッションがこれにつづくと報告している。また Flowerdew (1994) による当該分野の古典的な研究書 *Academic Listening* においても、そのすべての章が講義をケーススタディとして議論を展開していた。そこで本書では、アカデミックリスニングの多様なジャンルのなかでも講義を研究対象に設定し、学術英語のための技能統合型タスクについて論じる。

先行研究では、Richards (1983) のリスニング技能の分類を起点にアカデミックリスニングの構成要素を議論することが多い (例 Ferris & Tagg 1996b; Taylor & Geranpayeh 2011)。この分類では、日常会話のリスニングに資する 33 の下位技能と、講義を中心とするアカデミックリスニングに関連する 18 の下位技能が整理されている。以下に、後者の講義の内容理解に関わる項目を抜粋する。

1. ability to identify purpose and scope of lecture
   （講義の目的と範囲を特定する能力）
2. ability to identify topic of lecture and follow topic development
   （講義の主題を特定しその展開に対応する能力）
3. ability to identify relationships among units within discourse (e.g., major ideas, generations, hypotheses, supporting ideas, examples)
   （談話のまとまり間の関係性を特定する能力 ［例 主情報、一般化、仮説、補助情報、具

体例])

4. ability to identify roles of discourse markers in signaling structure of a lecture (e.g., conjunctions, adverbs, gambits, routines)
(講義の構造を標識するディスコースマーカーの役割を特定する能力　[例　接続詞、副詞、切り出し表現、定型表現])

5. ability to infer relationships (e.g., cause, effect, conclusion)
(関係性を推測する能力　[例　原因、結果、結論])

6. ability to recognize key lexical items related to subject/topics
(主語・主題に関連するキーワードを認識する能力)

7. ability to deduce meanings of words from context
(文脈から単語の意味を推論する能力)

8. ability to recognize markers of cohesion
(結束性のマーカーを認識する能力)

9. ability to recognize function of intonation to signal information structure (e.g., pitch, volume, pace, key)
(情報構造を標識するイントネーションの機能を認識する能力　[例　ピッチ、音量、速度、音調])

10. ability to detect attitude of speaker toward subject matter
(主題に対する話者の態度に気づく能力)

11. ability to follow different modes of lecturing: spoken, audio, audio-visual
(口頭、音声、視聴覚などの異なる講義の形態に対応する能力)

12. ability to follow lecture despite differences in accent and speed
(方言や発話速度の違いにかかわらず講義に対応する能力)

13. familiarity with different styles of lecturing: formal, conversational, read, unplanned
(改まった、会話、読みあげ、即興などの異なる講義の文体への親しみ)

14. familiarity with different registers: written versus colloquial
(書き言葉と話し言葉という異なる言語使用域への親しみ)

15. ability to recognize irrelevant matter: jokes, digressions, meanderings
(冗談、脱線、とりとめのない話などの無関係な事項を認識する能力)

16. ability to recognize function of non-verbal cues as markers of emphasis and attitude

    （強調や態度のマーカーとしての非言語的手がかりの機能を認識する能力）

17. knowledge of classroom conventions (e.g., turn taking, clarification requests)

    （教室場面での慣行に関する知識　［例　発話交替、明確化要求］）

18. ability to recognize instructional/learner tasks (e.g., warnings, suggestions, recommendations, advice, instruction)

    （教授上の／学習者のタスクを認識する能力　［例　注意、提案、勧誘、助言、指示］）

（Richards 1983: 229-230、拙訳）

　Vandergrift and Goh（2012）の第二言語リスニングの認知プロセスモデルと勘案すると、Richardsの提唱するアカデミックリスニングの下位技能は学術場面での聴解処理のうち3つ目の活用の段階に大きく関わると言える。本章3.1で確認したように、活用の段階とは聞き手の世界や談話、語用論などに関する背景知識を活性化させてトップダウン型の処理を行い、話者が伝えたい意図の解釈にいたる認知プロセスである。RichardsがあげるEAPリスニングの下位技能の多くは、この活用の段階で重要な役割を果たす聞き手の背景知識（background knowledge）に言及している。まず下位技能の項目1、2、6、7、11、13、14、15、17、18は、世界知識に関係している。項目1、2、7は講義のトピックに関する知識を要求するものであり、講義の会話的側面に関する知識（項目11、13、14、15）や、教室場面に関する知識（項目17、18）も講義ジャンルに取り組むために必要となる。つぎに談話知識については、項目2、3、4、5、8、9に関連している。これらの下位技能はディスコースマーカーやイントネーションをはじめとする韻律情報といった言語的手がかりによって講義の談話展開を特定し順次理解する力に言及している。第3に、項目10、16、17、18は語用論的知識をあつかっている。前者の2つは言語を介して伝達される話者の態度の理解にまつわるものであり、後者の2つは言語の機能に関連している。

　もちろんRichardsが提唱するアカデミックリスニングの下位技能のなかには、リスニング処理の前半である音声知覚や言語分析の認知段階に関わるも

のもある。だがそれらも後半の活用の段階と結びつけて解釈されている。たとえば項目6は、任意の表現の文字通りの意味を導き出すという言語分析の段階のみならず、講義全体の主題と照らしてその重要性を評価するという活用の段階もあつかう。項目9は音声情報をインプットとして検知することから音声知覚の段階に関わるものであるが、その韻律情報のコミュニケーション上の機能を理解するためにはやはり活用の段階も必須であろう。

Richards（1983）の分類では、おもにリスニング処理の前半である音声知覚や言語分析に関わる項目は、先に引用した18のアカデミックリスニングの下位技能ではなく、33の日常会話のリスニングの下位技能の方に整理されている。たとえば以下に一部引用する日常会話に関する項目では、1から3が音声知覚、13から15が言語分析に関連している。

1. ability to retain chunks of language of different lengths for short periods
   （異なる長さの言葉のかたまりを短期間保持する能力）
2. ability to discriminate between the distinctive sounds of the target language
   （目標言語の弁別的な音を区別する能力）
3. ability to recognize the stress patterns of words
   （語の強勢パターンを認識する能力）

（中略）

13. ability to recognize grammatical word classes
    （語の文法的な品詞を認識する能力）
14. ability to recognize major syntactic patterns and devices
    （おもな統語的パターンや言語装置を認識する能力）
15. ability to recognize cohesive devices in spoken discourse
    （話し言葉における結束装置を認識する能力）

（後略）

（Richards 1983: 229-230、拙訳）

ここまでの議論から、Richardsの分類はボトムアップ型の処理をアカデミックリスニングに無関係なものとして捉えていると結論づけるのは早計であ

ろう。講義の聴解という高次の認知活動には、音声インプット中の個別の言語情報を等価にあつかい文字通りの意味を解釈することはもちろん大前提であるが、そのうちもっとも重要な命題と些末な情報とを差別化して大意を掴むことがとりわけ重要であることを示唆していると考えられる。リスニング処理の後半である活用の段階に注力するという講義ジャンルの特性は、ほかの研究でも指摘されている。Flowerdew (1994) は、講義では日常会話の場面にくらべて発話の主題に関する専門知識が要求されることや、音声インプットのなかでも主情報にとりわけ集中して聴解するという傾向が観察されることを説明している。

さいごに、講義ジャンルの特徴として発話速度に着目する。Tauroza and Allison (1990) は、イギリス人の英語母語話者による講義の平均的な速度は125から160wpm (word per minute: 1分あたりの語数) であると報告している。この研究ではさまざまな話し言葉ジャンルが比較されているが、ラジオやインタビュー、日常会話にくらべて講義の発話速度はもっとも遅いことが示されている。その一因として、講義ジャンルではしばしば発話内容の準備や口頭リハーサルが事前に行われることや、学生からの質問を受け付けるために沈黙がつづくことがあげられている。Nesi (2001) は British Academic Spoken English Corpus を利用して、英国の大学のさまざまな専門分野の講義の発話速度を分析した。その結果、平均的な速度は150wpmで、領域別では人文学 (156wpm)、社会科学 (147wpm)、自然科学 (146wpm) の順であったと報告している。EGAPの場面における平均的な速度は150wpmであり、ESAPでは146から156wpmと分野によってばらつきがみられることがうかがえる。

4. まとめ

本章では、学術英語教育のための技能統合型タスクについて議論する出発点としてEAPの理論的な位置づけを確認し、語彙密度の高さ、名詞的文体の選択、無生物構文の使用といった言語的特徴について詳述した。またジャンル分析やコーパス研究による知見から、学術英語教育において各専門分野のディスコースコミュニティーで共有された典型的な文体や語彙の使用に配慮

することの重要性を議論した。

　さらに日本の大学生の学習上の課題であるリスニング技能に着目し、音声知覚・言語分析・活用からなる認知プロセスモデル（Vandergrift & Goh 2012）を参照した。学術場面でのリスニングにおいては、音声知覚や言語分析によるインプット音声の文字通りの理解のみならず、そこから話者の真の意図を解釈するという活用の認知処理に比重が置かれることを考察した。

第 2 章　タスク重視の言語教育

1. はじめに

　第2章では、本書の主題となる技能統合型タスク (skill-integrated tasks) の特徴を概観する。まず本書の教育観の礎となるタスク重視の言語教育 (Task-Based Language Teaching) の定義をふまえ、学習タスクの5つの要件について関連文献を参照しながら詳述する。日本の教育政策に議論を転じ、中学校・高等学校の学習指導要領においても統合型の言語指導が提唱されていることを確認する。さいごに技能統合型タスクの実践例として、ディクトグロス、口頭再生、再話、要約、統合を取り上げ、活動のねらいや期待される教育効果について議論する。

2. タスク重視の言語教育の枠組み

　学術英語教育のための技能統合型タスクのあり方について論じる本書は、言語教育のなかでも学習活動の形態に焦点をあてている点で、タスク重視の言語教育 (Task-Based Language Teaching: TBLT) の分野をあつかっていると言える。松村 (2017) によればタスクの基本概念は、1970年代にコミュニカティブな言語教育 (Communicative Language Teaching: CLT) が隆盛するなかで形成された。以降、タスクの定義と構成要素をめぐってはさまざまな議論（例 Nunan 1989; Willis

1996）がなされてきたが、Bygate, Skehan, and Swain（2001）はタスクの定義はその使用目的に照らしてなされるべきだと主張している。本書は、対象とする大学生の英語運用能力の向上を目指す点で教育的目的、開発したタスクモデルの効果検証を行うという点では評価目的を有することから、引用（1）の定義を採用する。

(1)　[a] task is a contextualised, standardised activity which requires learners to use language, with emphasis on meaning, and with a connection to the real world, to attain an objective, and which will elicit data which can be used for purposes of measurement
（タスクとは文脈化され標準化された学習活動であり、学習者はある目的を達成するために意味を重視し現実世界とのつながりをもちながら言語を使用することが求められ、評価測定の目的で活用しうるデータを引き出すものである）(Bygate, Skehan, & Swain 2001: 12、拙訳）

　Bygateらの定義にしたがうと、ある言語活動がタスクと呼ばれるためには、以下の少なくとも5つの要件を満たしている必要がある。
　1つ目に、タスクは現実世界と照らして文脈化（contextualized）されたものでなくてはならない（Long 2015）。Oxford（2001）は、タスクの設定は教室外における実際のコミュニケーションを反映したものであるべきで、聞くこと、話すこと、読むこと、書くことの4つの言語技能は、それぞれが独立したものではなく互いに結びついたものとして教えられるべきだと提案している。
　2つ目に、タスクの形式は学習者が理解と産出のために当該言語を十分に使用する機会（opportunity to use）を確保するものでなくてはならない。学習者は、学んだ知識を応用する経験を得てはじめてその内容を反芻することができるのであり、ひいては自己の第二言語知識へと統合させ、その後の言語使用の実践に生かせるのである。この学習者が能動的に自己の学習へと関わることを重視する立場は、日本の教育政策において近年注目を集めているアクティブ・ラーニング（溝上 2014、序論参照）の考え方とも符合する。
　3つ目に、タスクは本来、言語形式（form）ではなく意味（meaning）を重視

するものでなくてはならない。なぜなら現実世界のコミュニケーションでは、対話者間の情報格差（information gap）を埋めるために意味交渉を行うのが通例だからである（Van den Branden 2006）。Long and Norris（2009）は言語形式を重視した（focus on forms）伝統的な指導では、実際の発話から特定の言語項目を切り出し、文脈や言語機能が削がれた堅苦しい"stilted language"として教えていることを批判している。1つ目の文脈化を重視する要件と同様に、ここでも言語を意味のやり取りのための補助的な道具とみなす教育観が強調されている。

　4つ目に、タスクは特定の非言語的な目的を達成するためのもので、目標志向型（goal-oriented）でなくてはならない。Ellis（2003）が説明するように、タスクの最終的な成果は、一般に言語の使われ方自体ではなく言語を介してやり取りされる内容によって評価される。たとえばあるタスクの目標が京都駅までの道順を対話者に口頭で尋ねることと設定された場合、学習者がその道順を対話者から適切に聞き出すことができれば肯定的な評価は与えられる。一方、学習者がいかに高尚な表現や複雑な構文を駆使して道を尋ねたとしても、実際に京都駅までたどり着くための情報を対話者から引き出すことができなければ意味がないとみなされるのである。タスクの遂行にあたっては、明確化要求（clarification requests）や理解確認（confirmation checks）などのコミュニケーション方略（Dörnyei & Scott 1997）の活用や、注意集中（directed attention）や学習者知識（person knowledge）をふくむ情意面（Vandergrift, Goh, Mareschal, & Tafaghodtari 2006）を統制してコミュニケーション上の困難に立ち向かう姿勢が求められる。

　5つ目に、タスクは最終成果物として学習者のパフォーマンスに関する具体的なデータを生み出すという点で評価目的（assessment purposes）に資するものでなくてはならない。要約（summarization）タスクの場合であれば、元テキストに関する理解度はタスクで作成された要約の文章にもとづいて評価できる。Norris, Brown, Hudson, and Yoshioka（1998）は、学習者が目標言語を現実世界において運用できる能力を評価するためにはタスクによる評価が必須であるとまで主張している。タスクでは目に見えるパフォーマンスの形で成果物が得られるため、教師や研究者は学習者のインプット情報の理解度やアウトプットした言語や内容の質を適切に評価することができるのである。

ここまで概括したように、タスクは実際のコミュニケーション場面に即した状況で目標言語を使用する機会を提供することで、学習者が英語運用能力を向上させることを助けるという教育上の目的に資する。また目標志向型であるために、学習課題に対応した発話（話し言葉）や英作文（書き言葉）、非言語的行動といった形式で学習者のパフォーマンスを最終成果物として引き出すことができ、それを評価検証することで研究上の目的にも寄与する。ここからはタスクの一形態である技能統合型タスクに焦点をあて、学習者の学術英語運用能力の育成に向けた可能性についてさらに論じていく。

3. 技能統合型タスクの概要

　技能統合型タスク（skill-integrated tasks）とは、その学習過程において聞くこと、読むこと、話すこと、書くことのうち2つ以上の言語技能の活用が求められるような学習活動を指す。このタスク形式は統合技能型の指導実践（integrated-skill instruction）において採用されてきた（Oxford 2001）。Oxfordは英語の教授法を独立技能型（segregated-skill）と統合技能型（integrated-skill）のアプローチに大別し、前者をコミュニケーションから内容伝達の要素を排除し言語形式のみに偏った指導法であると断じている。さらにタペストリー（tapestry）という比喩を用いて、さまざまな言語技能が互いに強く関連しながら運用されている現実世界のコミュニケーションに対応できるような学習者を育成するためにも、言語の四技能は複合的に導入されるべきだと主張している。次節で詳述するが、統合技能型の教授アプローチは現行の中学校、高等学校向けの外国語科の学習指導要領（文部科学省 2017a, 2018）をはじめとして日本の教育政策でも採用されており、海外の国や地域でも台湾（Su 2007）などでひろく実践されている。

　さらに技能統合型タスクは、TOEFL iBT（ETS Japan 2024）やIELTS（日本英語検定協会 2020）、TEAP（日本英語検定協会 2024）といった主要な標準化テスト（standardized test）でも学習者の英語習熟度を測定するための問題形式として採用されている。このうちTOEFL iBTでは大きく3つの種類の技能統合型タスクが課される（ETS Japan 2024）。まず、読んで聞いて話す（read-listen-to-speak）

タスクは、学生生活または講義に関連する文章を読み、それに対するある話者の意見を聞き、この2つのインプットを要約して話す課題である。同様に、聞いて話す（listen-to-speak）タスクは、長めの講義を聞き、その内容を簡潔に要約して話す課題である。3つ目の読んで聞いて書く（read-listen-to-write）タスクは、1つ目の課題の書き言葉版といったところであるが、インプットとなるリスニングとリーディングのテキストが比較的長いという傾向がある。Cumming et al. (2005) の調査では、このような技能統合型タスクは学習者がより複雑な形式の言語を産出するのを促すことが実証されている。先述した読んで聞いて書く統合型の課題とエッセイ作成（essay writing）の独立型課題というTOEFL iBT の旧ライティングセクションの2つの設問の解答例を比較し、技能統合型の課題では総語数がより多く、使用される単語のバラエティが豊かであり、節の数も多かったことが報告されている。

　以上のことから、技能統合型タスクはインプットのより深い理解と洗練されたアウトプットを創出する力の両方を育成する可能性を有する学習活動の形態であると言えよう。

4. 日本における技能統合型タスク

　先述したように、日本の英語教育政策においても統合技能型の指導が推進されている。現行の中学校・高等学校向けの外国語科の学習指導要領において、複数の言語領域を統合した言語活動が標榜されている。

　引用（2）では、中学校において四技能の基礎的な運用と、基本的な情報や考えに関して理解したことにもとづいて表現するという、統合技能的な力を涵養することが提起されている。高等学校版（引用3）では外国語科の冒頭の目標において「統合的」という表現が直接盛り込まれており、四技能を結びつけた発展的な言語活動をあつかうことが明確に提言されている。

（2）第9節　外国語　第1　目標
　　外国語によるコミュニケーションにおける見方・考え方を働かせ、外国語による聞くこと、読むこと、話すこと、書くことの言語活動を通して、

簡単な情報や考えなどを理解したり表現したり伝え合ったりするコミュニケーションを図る資質・能力を次のとおり育成することを目指す。(中略)

(2) コミュニケーションを行う目的や場面、状況などに応じて、日常的な話題や社会的な話題について、外国語で簡単な情報や考えなどを理解したり、これらを活用して表現したり伝え合ったりすることができる力を養う。(後略)

「中学校学習指導要領（平成29年告示）」（文部科学省 2017a: 144）

(3) 第8節　外国語　第1款　目標
外国語によるコミュニケーションにおける見方・考え方を働かせ、外国語による聞くこと、読むこと、話すこと、書くことの言語活動及びこれらを結び付けた統合的な言語活動を通して、情報や考えなどを的確に理解したり適切に表現したり伝え合ったりするコミュニケーションを図る資質・能力を次のとおり育成することを目指す。(後略)

「高等学校学習指導要領（平成30年告示）」（文部科学省 2018: 163）

このように現行の中等教育レベルにおける外国語教育政策では、統合技能型の活動が主導されているが、文部科学省（2017b）はそのねらいを引用（4）のように説明している。すなわち、これまでの外国語授業の課題は、文法・語彙に関する知識の理解に終始し、聞いたり読んだりして理解したことふまえて話したり書いたりするという有機的なコミュケーション活動にいたっていないことにあった。

(4) 一方、授業では依然として、文法・語彙等の知識がどれだけ身に付いたかという点に重点が置かれ、外国語によるコミュニケーション能力の育成を意識した取組、特に「話すこと」及び「書くこと」を意識した言語活動が十分ではないこと、読んだことについて意見を述べ合うなど、複数の領域を統合した言語活動が十分に行われていないことなどの課題がある。

「中学校学習指導要領（平成29年告示）解説　外国語編」（文部科学省 2017b: 6）

これに対し中森（2018）では、人間の言語習得の自然な順序を勘案したうえで図1に示すような四技能の段階的な学習配分が提案されている。小学校から高等学校にわたる長期的な枠組みである点が特徴で、小学校に相当する入門期には目標言語を聞くことや発音することなど、音声に親しむことが主眼となる。中学校では聞いて文字を読んだり、文字を読んで発音したりといった統合的な活動や、書くことが導入される。高等学校においては、聞いてから関連内容を読んで話したり書いたりする活動や、読んでから関連内容を聞いて話したり書いたりするといった発展的な活動に進む。中森（2018）では、各学習段階に有効な活動例や授業設計上の留意点についても議論されている。

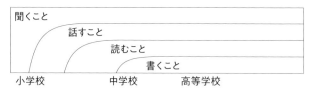

図1　四技能の比率（中森 2018: 38）

　本書が対象とする日本の大学における英語教育では、その学習目標や指導内容は各高等教育機関の裁量に任されており、技能統合型タスクのあつかいに関する統一的な指針はない。一方、大学生を対象とした教育実践にもとづく技能統合型タスクの効果を論じた研究はいくつか報告されている。

　Onoda（2013）は86名の中級レベルの学部2年生を対象に、四技能統合型（新聞の読解、ニュースの聴解、要約と意見の作文、口頭討論）と三技能統合型（新聞の読解、ニュースの聴解、口頭再生、口頭討論）という2種類の技能統合型タスクを1年間実施した。その前後で口頭再生タスクを実施し発話の流暢さを比較したところ、両者とも成績は向上したが、その伸びは四技能統合型の学習群でより顕著であったという。このことから複数の技能をさまざまな組み合わせで関連づけることの重要性を論じている。

　横川（2016）の実践報告では、学部1年生向けの半期の英語科目においてExtensive Listening Shareと呼ばれる四技能統合型のスピーキング活動について詳述している。授業外課題として任意の英語素材を聞き、授業活動として

ペアでその内容に関するスピーチを行うことを基本形態とし、各回でスピーチの内容を書き出すなどの発展活動をくわえた。この実践により、学習者は再話することを念頭に情報収集する意識など、他者とのコミュニケーションを成立させようとする心構えを身につけられたことが報告されている。

　このような大学生を対象とした技能統合型タスクの実践的探究や、その長期的な効果をあつかった研究はまだ発展の途上にある。そこで本書では、次節でまとめるタスクの実例を参照しながら、学術英語教育のための技能統合型タスクモデルを開発し、英語運用能力育成における効果を検討することを目指す。

5. 技能統合型タスクの実例

　技能統合型タスクは、その遂行のために四技能のうち2つ以上の使用を前提とするもので、技能の組み合わせが何通りも想定できるようにその形式もさまざまである。本節ではそのうち主要なタスクの実例を5つ取り上げ、四技能の組み合わせ方の可能性や期待できる英語運用能力の伸長について概説する。はじめの4つは受容技能と産出技能をそれぞれ1つずつ組み合わせたものであり、5つ目として受容技能2つと産出技能1つを統合した発展的な活動形式を紹介する。

5.1 ディクトグロス

　ディクトグロス（dictogloss）とは、聞いて書く（listen-to-write）タスクの一種で、Wajnryb（1990）によって開発されたものである。一般に、事前準備、ディクテーション、復元、分析という4つの段階で構成され、リスニングとライティングの技能が必要とされる（Nabei 1996）。活動の形態に関して興味深いのは、学習者一人ひとりによる個人学習ではなくグループによる集団学習が推奨されている点である。これは学習者間の意味交渉の機会を確保することにより、コミュニケーション能力を育成することが目標に据えられているためである。実際の手続きは以下の通りである。まず事前準備として、学習者は小グループに分かれ、トピックに関連する単語の意味を確認するなどしてリスニング

に備える。つぎにディクテーションでは、リスニング音声を聞き、再生された文章をできるだけ正確に記憶することに努める。この段階では個別にメモを取りながら聞くことはかまわないが、グループ内で相談することは認められない。またディクテーションと名づけられているものの、この段階で英文を一字一句書き出すことは推奨されていない（前田 2021）。その後、復元の段階として各自が聞き取った内容をグループで持ち寄り、それぞれのメモをもとに相談しながら元の文章に一字一句近づけられるように英文を書き出す。さいごに分析の段階として、グループで復元した文章と元の文章とを比較する。この段階において学習者は新たな言語項目に気づき（noticing）、その形式や機能を学習することが期待されている。このようにディクトグロスは、リスニング教材の大意を掴むという意味を重視した活動のなかに、語彙や構文の使用についても気づきを促すような文法重視の活動が織り込まれており（Nabei 1996）、言語知識の正確性と適切性を有機的に育成しうる活動である。

　Wilson（2003）は、ディクトグロスがリスニングのボトムアップ型処理の指導に有効であるかを確かめるために、中級レベルの大学生英語学習者の 3 グループを比較した調査を行っている。この研究からは、ディクトグロスが学習者の音声認識能力を育成することや、リスニング中に自身の理解度を確認し、コミュニケーション上の重要度を勘案しながら、理解が不十分な箇所に対処できる力を養うことにつながったことが明らかになっている。

5.2　口頭再生

　口頭再生（oral recall）とは、聞いて話す（listen-to-speak）タスクの一種で、音声インプットを聞いた直後に、その内容に関して記憶していることをできるだけ口頭で復元する活動を指す（Mergler, Faust, & Goldstein 1985）。インプットに対する自身の理解をアウトプットすることで認知プロセスの外化（溝上 2014）を促し、学習者の音声知覚能力を育成しようとする点でディクトグロスと似たタスクと言える。

　ディクトグロスが教育目的のタスクとして実践されてきた一方（Storch 2001; Swain & Lapkin 2001）、口頭再生は学習者の音声インプットの理解度を測る評価目的でしばしば利用されてきた。たとえば Lund（1991）では、米国でドイツ語

を学ぶ60名の大学生を対象に口頭再生タスクを実施した。この研究では、口頭再生タスクと並行して同一のテキストを使用した読んで書く（read-to-write）形式の筆記再生（written recall）タスクを同時に実施し、受容技能の習熟度への影響を比較した。口頭再生タスクで産出された発話データの方が筆記再生タスクの作文データよりも長い情報を再現できており、質的にも主情報をより適切に言及できていたことから、初級の学習者は書き言葉よりも話し言葉に秀でている傾向があったことを論述している。

Mitterer and McQueen（2009）の研究でも、口頭再生タスクを用いて母語と目標言語の字幕が付与された条件でのリスニングの理解度を比較検討している。字幕の効果についての先行研究であるため、詳細については第3章で述べる。

5.3 再話

再話（story retelling）タスクとは、アウトプットが発話によってなされる点では口頭再生と類似しているが、インプットが文章によって提示される点が異なっており、読んで話す（read-to-speak）タスクの一種に分類される。この活動では課題となる物語文（narrative）を読み、その登場人物や物語中に起こった出来事を口頭でまとめて表現することが求められる（Morrow 1985）。平井（2015）は、聞き取ったことをおうむ返しにするような口頭再生とは異なり、再話タスクでは物語の文章を読み込んだうえで学習者独自の表現に言い換えることを促せると論じている。

再話は、文章によるインプットの理解度を測るという評価目的でしばしば利用されている。Hirai and Koizumi（2013）は、評価目的と教育目的の両方に資するものとしてStory Retelling Speaking Test（SRST）を開発した。このテストでは課題となる物語文を2分間読み、内容理解問題に解答したうえで、2分間で物語の内容について口頭で再話をする。43名の日本人英語学習者を対象に質問紙調査を行ったところ、学習者はとくに言い換えや要約といったスピーキング力を育成する点で再話が英語学習に有効であると認識していたことを報告している。

Han（2005）は8名の小学生の英語学習者を対象とした実践研究を行い、再

話タスクがより長い発話を構成できるようなスピーキング力や、文章インプットを適切に理解するためのリーディング力を養うのに寄与したと考察している。また再話を用いた学習活動を継続するなかで学習者のタスク不安が軽減されたことも報告されており、このような技能統合型タスクが教育目的でも有効であることを示唆している。

5.4 要約

　要約（summary）タスクとは、読んで書く（read-to-write）タスクの一種で、内容に一貫性のある文章を読みその主情報を書いてまとめるという活動である。情報源にもとづいたライティング（source-based writing）とも呼ばれ（Hirvela 2016）、学術リテラシーの基礎技能として高等教育における英語教育でひろく実践されている。Leki and Carson（1994, 1997）は、EAP のライティング科目における学習活動のうち 58 パーセントもが参考資料の読解にもとづく英作文の執筆で占められていることを報告している。一方、EGP のライティング科目では情報源にもとづくライティング活動は 28 パーセント程度であり、要約の EAP 教育における重要性を強調している。

　要約タスクには言い換え（paraphrasing）や引用（citation）の技術も必要となることから、剽窃（plagiarism）を避けるための学術リテラシー教育の一環としての実践が多い（Keck 2006）。McDonough, Crawford, and Vleeschauwer（2014）は、要約タスクの指導を中心とした EAP 授業を 46 名のタイの大学に通う英語学習者に 1 学期にわたって実施し、その教育効果を検討した。学期の前半では元テキストの表現を逐語的に借用した要約例が多かったものの、言い換えの技法を学習したのちには元テキストの借用は減少し、情報源を明記してライティングする意識も浸透したことを報告している。このように、要約タスクはとりわけアカデミックライティングの力を育成するために EAP 教育において盛んに実践されている技能統合型タスクであると言える。

　Yu（2009）は、要約タスクにおいて情報源となる文書の要約しやすさについて検証を行った。157 名の中国の大学に通う英語学習者を対象とした調査から、タスクの最終成果物となる要約の質には、学習者の習熟度よりも元文書の言語的特徴の方が顕著に影響することを論じている。なかでもリーディングす

る対象となる文書の談話構造や語彙カバー率、トピックの親密度やテキストの長さが、産出される要約の出来に影響することを考察している。要約の質を豊かなものにするためにも、学習者の英語習熟度に適したリーディング文書を教授者が選定することが重要であると提起している。興味深いのは、この研究が技能統合型タスクのなかでも要約作成というアウトプット産出に注目したものであり、元文書の読解というインプット理解はその補助として位置づけられている点である。情報源にもとづいたライティング（Hirvela 2016）という別名が象徴しているように、概して要約タスクではインプット技能よりもアウトプット技能を重視する傾向があると言える。

5.5 統合

　統合（synthesis）タスクとは、アウトプット活動の前提として複数のインプット活動をふくむ学習形態を指す。たとえば、TOEFL iBT テストでは2種類の統合タスクが採用されている。学術テキストを読んだうえで同じトピックに関する講義を聞いたのち、口頭で両者の要約を行うのが聞いて読んで話す（listen-read-to-speak; integrated speaking）タスク、文章で両者の要約をまとめるのが聞いて読んで書く（listen-read-to-write; integrated writing）タスクとされる（ETS Japan 2024）。これまでの統合タスクに関する研究では、スピーキングよりもライティングを産出活動とする形態をあつかったものが多い（例　Cumming 2013; Li 2014; Plakans & Gebril 2013）。

　Knoch and Sitajalabhorn（2013）は、これまでの技能統合型タスクに関する文献を網羅的にレビューしたうえで、統合ライティングタスクの構成要素をつぎのように定義している。

(5) 　(1) mining the source texts for ideas（元テキストからの情報の掘り出し）

　　(2) selecting ideas（情報の選択）

　　(3) synthesising ideas from one or more source texts（1つ以上の元テキストからの情報の統合）

　　(4) transforming the language used in the input（インプットで使用された言語の変換）

(5) organizing ideas（情報の構成）
(6) using stylistic conventions such as connecting ideas and acknowledging sources（情報の接合や出典の確認など文体の規範の遵守）
（Knoch & Sitajalabhorn 2013: 306、拙訳）

　このうち前半の3つの構成要素は、リスニングやリーディングといった受容技能に相当する。ここではインプット情報の基本的な理解だけでなく、主情報とそれ以外の補助情報とを差別化して整理する力も求められる。このインプットの情報伝達上の重要度を分析する力は、第1章で概説したアカデミックリスニングの主要な下位技能にも位置づけられている（Richards 1983）。一方、後半の3つの構成要素は、スピーキングやライティングといった産出技能に相当する。ここでは言い換えを活用することや情報源を明示することなど学術的な議論を構成するための規範があつかわれている（Swales & Feak 2004）。Knoch and Sitajalabhorn の定義は直接的には統合ライティングタスクを説明するものであるが、統合スピーキングタスクをふくむ統合タスクに援用可能であろう。統合タスクは教育および評価目的でひろく実施されている（Yang & Plakans 2012）。

6. まとめ

　本章では、タスク重視の言語教育の教育観に依拠し、文脈化、言語使用の機会、意味重視、目標志向型、評価目的という学習タスクの5つの要件を確認した。つぎに現行の中学校・高等学校の学習指導要領を参照し、コミュニケーション能力の育成を目指す日本の外国語教育政策において、統合型の技能指導が推進されていることを確認した。一方、大学における学術英語教育には統一の指針がなく、技能統合型タスクのあり方について実証的な探究が必要であることを指摘した。さいごに技能統合型タスクの実践例として、ディクトグロス、口頭再生、再話、要約、統合をあつかい、それぞれの活動のねらいや教育効果について考察した。

第 3 章　字幕と事前学習による
インプット足場かけ

1. はじめに

　本章では、技能統合型タスクに資する学習補助としてインプット足場かけ（input scaffolding）の可能性を提起する。まず発達心理学の概念である足場かけ（scaffolding）の概念を参照したうえで、リスニングをはじめとするインプット学習への補助として、字幕と事前学習の効果に関するこれまでの研究動向を概括する。インプット足場かけを技能総合型タスクに活用するという本書の研究課題を設定し、字幕については聴解過程への影響を論じる必要があること、事前学習については提示する情報の質を検討する余地があることを指摘する。

2. 足場かけの定義

　本書では、日本の大学英語教育において技能統合型タスクによる学びを最適化するために、インプット足場かけを活用することを提案する。このインプット足場かけとは、任意の学習タスクを遂行するために学習者に提供される学習補助を指す用語である「足場かけ」から派生した概念である。以下ではまず一般的な足場かけの定義や構成要素について先行研究を参照しながら確認したうえで、本書が提起するインプット足場かけのねらいについて詳述

する。

　足場かけ（scaffolding）とは、発達心理学の分野ではじめに提唱された概念である。発達心理学者の Bruner（1983）は、7 か月から 1 歳半の子どもを対象とした長期的な研究にもとづき、足場かけを "a process of 'setting up' the situation to make the child's entry easy and successful and then gradually pulling back and handing the role to the child as he becomes skilled enough to manage it"（Bruner 1983: 60）、すなわち初学時の子どもの学びが平易で成功するものであるように学習環境を設定し、独力でも学びに関われるようになるにつれ徐々に子どもに学びの場を引き渡す過程と定義している。ここでは、足場かけは任意の学習タスクを達成するために子どもの不得手を埋め合わせる補助輪のようなもので、他者によって提供される支援を指す。この外的な補助は、子どもがタスクに対処するための技能を培うにつれて減らしていくことが推奨されている（Berk & Winsler 1995）。Bruner によれば、子どもの発達とは親をはじめとする世話人（caretakers）による支援、すなわち足場かけによって促されるのである。子供が独力で遂行できる現在の発達段階と、能力のある仲間（more capable peer）による助けを足がかりとして達成できるような高次の段階との差は、Vygotsky（1978）が提唱する最近接発達領域（Zone of Proximal Development: ZPD）に相当する。Vygotsky によると、この ZPD において学習は最大効率化される。社会的な相互交渉（Hogan 1997）や、ジグソーパズル（Gibbons 2015）といった他者との協働活動によって、子どもはその学習のために必要な高次の認知プロセスを内在化できるからである。

　この足場かけの考え方を用いて、現在まで、歴史（Saye & Brush 2002）、数学（Anghileri 2006）、第二言語教育（Donato 1994）などさまざまな分野の教育において実践を通した探究が進められている。足場かけの概念について、二分法を用いてより詳細に整理する理論的な試みも重ねられている。これまで、ハードな足場かけ（hard scaffolding）とソフトな足場かけ（soft scaffolding）（Saye & Brush 2002）、道具（tool）と技法（technique）（Rosenshine & Meister 1992）、支援的枠組み（supportive structure）と協働的構築作業（collaborative construction work）（Walqui 2006）、そして設計された足場かけ（designed-in scaffolding）と必要に応じた足場かけ（point-of-need scaffolding）（Sharpe 2001）などの分類が提案されている。それぞれの二項対立に

おける前者の用語は、すべて足場かけを "static supports that can be anticipated and planned in advance based upon typical student difficulties with a task" (Brush & Saye 2002: 2)、すなわち任意の学習タスクにおいて学習者が経験しうる典型的な困難を事前に想定し、それに応じて計画された静的な支援として捉える。学習タスクであつかわれるトピックに関する情報を事前に周知するために、教授者が先行オーガナイザー (advance organizers: 本章第4節で後述) や、単語リスト、配布資料などをあらかじめ準備するのはこの一例であろう。一般的に、これらの足場かけは教室場面でまとまった人数の学習者に向けて一斉教授する場合に採用されることが多い (Sharpe 2001)。一方、先述した二分法における後者の用語は、足場かけを "dynamic, situation-specific aid provided by a teacher or peer to help with the learning process" (Brush & Saye 2002: 2)、つまり学習の過程を援助するために教師や仲間によって与えられる動的で場面特定的な支援として説明する。こちらの定義は、足場かけを個別の学習者のパフォーマンスに応じて他者から即興的に与えられるものとする点でBrunerが提唱した本来の概念により近いと言える。タスクの遂行中に教授者が具体例や補足説明、ヒントを提示することなどがこの一例である。学習者の困難に個別に対処することがそのねらいであり、学習の状況に応じて最大限の学習成果を引き出すことに焦点があてられている (Azevedo, Cromley, & Seibert 2004)。

　本書は日本における大学英語教育に対して教育的示唆を提示することを目的としているため、ここまで概観した足場かけの二分法のうち前者のハードな足場かけ (hard scaffolding) を中心に議論を進める。一般に大学の教室場面では30から40名の学生が対象となることが多く、その全員に対して教師1名が相互交渉を十分に行いながら臨機応変にソフトな足場かけを提供するのは非現実的であろう。むしろ本書では、事前にどのような形式の足場かけを一斉に準備しておけば、教室に参加する多様な学習者の学びを総体として最適化することにつながるのかを検討することを目指す。

　ハードな足場かけの考え方にもとづき、本書ではインプット足場かけ (input scaffolding) という新たな概念を提唱する。ここまで概観したように、足場かけとは特定の言語技能に対する限定的な概念ではなく、四技能すべてに適応可能である。たとえば先行オーガナイザーはリーディングの文章に関する背景

情報を与えるものであるし、配布資料はスピーキング活動で使える文法や定型表現を事前にまとめて提示するなどの働きがある。本書では、技能統合型タスクのなかでもインプット理解の段階に足場かけを活用することを提案する。技能統合型タスクにおいてはインプット活動が先に設定されることが一般的だが、日本の大学生はこの受容技能の一種であるリスニングを苦手としていると報告されているからである（大学 IR コンソーシアム 2024; Saida 2008）。学術英語教育において技能統合型タスクに取り組む学習者は、その前半の活動であるインプットの処理に何らかの助けを必要とする可能性が高いのである。

本書では Brush and Saye（2002）によるハードな足場かけの定義を参照し、インプット足場かけを「任意の学習タスクにおいて学習者が経験するであろう典型的な困難を事前に想定しそれに応じて計画されたインプット活動に対する静的な支援」と位置づける。

リスニング分野の著名な研究者である Vandergrift（2004）は、インプット足場かけという用語こそ明示的に言及していないものの、リスニング研究の包括的な文献レビューのなかで、聴解を支援する形式として先行オーガナイザー（advance organizers）、視覚的支援（visual support）、字幕（captions and subtitles）、単語学習（vocabulary instruction）、そしてリスニング方略指導（listening strategy instruction）をあげている。このうちリスニング方略指導は、一般的な聴解における認知行動の調整について教授するものであるため、特定の学習タスクへの補助を目的とするインプット足場かけの概念にはあてはまらないであろう。また、これまでの研究では視覚的支援と単語学習は先行オーガナイザーの下位項目としてあつかわれることが多かった。ゆえに本書では技能統合型タスクのリスニング活動のためのインプット足場かけとして、字幕と先行オーガナイザー（事前学習）に着目して探究を進めていくこととする。

3. 学習にともなう足場かけ—字幕

映像を用いたリスニング学習において画面上に付与される字幕は、学習にともなう（in tandem）インプット足場かけの代表例である。これまで多くの研究がこのような文字情報が学習者の聴解に正の効果を与えることを明らかに

している。日本語では「字幕」と一括りにされるが、厳密には目標言語音声と同じ言語で画面上に同期される文字情報を目標言語字幕（captions）、目標言語音声に合わせて表示される母語による文字情報を母語字幕（subtitles）と呼ぶ（Markham 1999）。目標言語および母語による字幕は、インプット音声の速度や言語的特徴を改変することなく真正性の高い（authentic）教材で学習することを実現し、リスニング能力の向上に寄与できることが実証されてきた（Gambier, Caimi, & Mariotti 2015）。

3.1 字幕の内容理解への影響

　外国語学習における字幕の教育効果についての探究は、管見の限り Price (1983) によるクローズドキャプション（closed-captions）の研究に端を発する。クローズドキャプションとは、音声が聞こえない、または聞こえにくい人向けにテレビ番組の音声やセリフを文字で表示したものである。Price はこの文字情報が第二言語の学習にも活用可能であることを論証した。それ以降さまざまな先行研究が、目標言語および母語による字幕は第二言語の聴解、語彙学習、スピーキング能力の向上に貢献し、同時に学習中に学習者が感じる不安を軽減できることを論じている。

　Perez, Noortgate, & Desmet (2013) は、およそ 30 年の字幕関連の研究動向を検証するため、150 例もの字幕をあつかった実証研究を対象としてメタ分析を行った。分析に必要なデータが十分にそろっていない事例が多く、実際には 18 の研究をメタ分析するにとどまったが、その結果からはリスニングの内容理解と語彙学習に対する字幕活用の効果量は大であることが示された。Perez らは、視聴覚教材を用いた学習の際に画面上に同期される文字情報を活用することで、その教材の内容のより深い理解につながるだけでなく、教材中で使用される個別の表現をより正確に認識することも可能になると考察している。字幕のインプット足場かけによって音韻的処理（phonological processing）や言語分析（parsing）などのリスニングの認知処理（Field 2008）が活性化されることが実証されたと言えよう。

　Perez らのメタ分析からは除外された研究でも、同様の傾向が報告されている（例　Bird & Williams 2002: Garza 1991: Guichon & McLornan 2008）。たとえば Garza

(1991) は、米国の 2 つの大学に在学する 70 名の上級レベルの英語学習者と 40 名の大学レベルのロシア語学習者を対象に、映像教材をそれぞれの目標言語字幕あり／なしの条件で視聴させ、その内容に関する多肢選択式の内容理解テストに解答させた。その結果、目標言語の字幕つきで視聴した群が字幕なし群よりも有意にテストの成績が高いことが示された。Bird and Williams (2002) は、音声または文字のみという単一インプットと、音声と文字による二重インプットが教材中で使用される単語の認識にどのように影響するかを比較した。インプットの学習後に記憶した限りの単語を復唱させる口頭再生タスクを行ったところ、二重インプットを用いて学習した場合により多くの単語を適切に保持できていたことがわかった。Bird and Williams は、文字による (orthographic) インプットは、音声による (auditory) インプット処理を阻害せずむしろ促進する効果があり、字幕は聴解の足場かけとして有効であると結論づけている。

　Borras and Lafayette (1994) は、44 名の中級から上級レベルのフランス語学習者を対象として、字幕つきで映像教材を視聴したうえで教材の内容について目標言語で口述する口頭再生タスクを実施した。その結果、目標言語と母語のどちらの字幕を使用した場合でも、学習者のスピーキング力が向上したと述べている。学習者はとりわけ母語字幕に肯定的な反応を示していたことも報告されており、"[S]ubtitles could make both the comprehension of 'authentic' input and the production of 'accurate' oral/written output less 'painful'" (Borras & Lafayette 1994: 71)、すなわち母語字幕は本物らしいインプットの理解と正確なアウトプットの産出を無理なく実現することができると考察されている。同様に Vanderplank (1988) も字幕の付与が学習者の不安 (anxiety) を下げる働きを有することを示唆している。15 名の英語学習者の目標言語つきの映像教材を用いた学習を観察し、字幕は言語学習に有益であり学習者はリラックスして教材により注意深く取り組む傾向があったことを報告している。

　字幕のリスニング教材の内容理解への正の効果が実証されるにつれ、聴解を最適化するためにどのように文字情報を活用したらよいか、その使用条件を特定する試みも行われている。具体的には、文字情報の使用言語、文字情報の提示量、そして学習者の目標言語の習熟度についての探究が進んでいる。

総じて多くの研究が、リスニングの内容理解には目標言語字幕の方が母語字幕よりも有効であると報告している（Mitterer & McQueen 2009; Stewart & Pertusa 2004）。字幕として映像の画面上に表示する文字の分量に関しては、Perez, Peters, and Desmet（2014）は映像の詳しい内容の理解にはキーワード字幕がフル字幕と同等の効果があったと述べている。ただしキーワード字幕は気が散ると感じた学習者が多くフル字幕の方が好まれたとも付記されている。学習者の習熟度については、先行研究ではこの学習者依存の要因が字幕の教育効果に影響をおよぼすのかについて見解の一致をみていない。いくつかの研究では、学習者の習熟度と字幕の効果には有意な相関はみられないと報告されている（Chung 1999; Winke, Gass, & Sydorenko 2010）。他方、初級レベルの学習者の場合には教材のレベルを注意深く調整しないと、目標言語による字幕は有効に働かないとの見解も示されている（Guillory 1998; Neuman & Koskinen 1992; Taylor 2005）。

　学習者の聴解学習をより効果的に足場かけするため、字幕の使用言語や分量、タイミングなどの条件を追究する試みはその後も続いている。しかしながら、字幕を活用したことによる結果としてのパフォーマンスだけでなく、字幕を活用しながら聴解を行っている最中に学習者は実際どのような認知（mental process）を経験しているのかという点も検討することが重要であろう。文字情報付与下での実際の学習行動を分析することで、インプット足場かけとしての字幕の機能をより包括的に理解できると思われる。

3.2　字幕の聴解過程への影響

　リスニングのインプット処理における字幕の機能に関する先行研究では、実際の認知過程を実証的に観察するよりも、情報処理に関する理論や仮説を参照した議論が一般的であった。たとえばDanan（1992）はPavio（1986）が提唱した二重符号化理論（dual coding theory）にもとづき、文字情報が示す言語的内容（verbally coded items）が映像の表す非言語的な内容（nonverbally coded items）の記憶を活性化するという、字幕の内容理解促進のメカニズムを説明している。ほかにも音韻的符号化仮説（phonological coding hypothesis）や気づき仮説（noticing hypothesis）、チャンキング（chunking）などの概念的枠組みが字幕のインプット足場かけとしての効果を裏づけるために援用されてきた。

インプット教材の質に着目して文字情報の効果を論じた研究もある。Huang and Eskey (1999-2000) は Krashen (1985) によるインプット仮説 (input hypothesis) を引用し、字幕の働きとは元の教材を学習者にとって理解可能なインプット (comprehensible input) になるよう調整することにあると主張している。単純に音声と文字という二重インプット (bimodal input) が提供できること自体が単語の認識を助け内容の深い理解につながると示唆する研究もある (Chung 1999; Guillory 1998; Koolstra & Beentjes 1999)。このように理論的枠組みの裏づけを得て字幕の教育効果を考察する先行研究は数多くあるものの、実際のリスニングの認知過程において、学習者がどのように文字情報を活用しているのかを具体的に実証した研究は比較的少ない (Vanderplank 2010)。

例外として Winke, Gass, and Sydorenko (2013) による調査では、視線計測 (eye-tracking) の技術を用いて学習者の字幕の視聴行動を分析している。英語を母語としてアラビア語、中国語、ロシア語、そしてスペイン語を学習する参加者を対象に目標言語字幕付与下の映像学習時の視線計測を行い、字幕の機能は、"(a) recognize words they know, (b) chunk streams of speech, (c) understand novel words, and (d) resolve ambiguity" (Winke, Gass, & Sydorenko 2013: 266)、すなわち既知語の認識、音声のチャンク化、新出語の理解、そして曖昧さの解消にあることを解明した。また、母語および目標言語の書記体系をはじめとする言語的特徴の組み合わせによって、字幕への注視行動は異なることも指摘されている。ただしこの研究では、字幕の使用言語による具体的な効果の違いの比較はなされていない。

3.3 本書があつかう字幕の研究課題

字幕の効果をあつかったこれまでの研究では、そのメカニズムについて情報処理などの理論的枠組みを参照しながらの考察は多く提示されているものの、聴解の過程で学習者がどのように文字情報を参照しているのかという点については、視線計測の試みをのぞいては実証研究が不足している (Vanderplank 2010)。インプットの理解とは、聴解の場合は耳より入力された音声情報、読解の場合は目より入力された文字情報をもとに学習者の脳内で遂行される認知活動であり、研究者から直接見えるものではないために、その実態に迫る

のが難しいからというのが一因であるかもしれない。

　そこで次章の基礎研究編　第4章では、字幕の聴解過程への影響を包括的に探究する手がかりとして、聴解中に学習者がとる意図的な学習行動であるリスニング方略に着目する。これまでの研究動向をふり返ると、Vanderplank (1988) は、英国の大学に在籍する15名の英語学習者が目標言語字幕つきの教材で9時間学習を行った結果、チャンキングや選択的注意、理解確認などのリスニング方略をより活用できるようになったことを報告している。Taylor (2005) は米国の初級スペイン語学習者による字幕付与学習の実践研究のなかで、学習者のうち35パーセントが目標言語字幕を気が散ると評価し、音声と映像そして文字という3種類の入力情報に戦略的に注意を払うことを困難に感じた学習者は77パーセントにものぼると述べている。以上のように、聴解中に学習者がとる意図的な学習行動に対して字幕の果たす役割はいくつか論じられているが、先行研究では認知方略とメタ認知方略といったリスニング方略の枠組み (Vandergrift 2003) にもとづいて、字幕の学習補助としての働きを総合的に考察するにはいたっていない。

　したがって次章ではこのリスニング方略に着目して、学習にともなうインプット足場かけである字幕の使用が聴解過程にどのような影響をおよぼすかを実証研究の成果をふまえて考察することとする。

　つづく基礎研究編　第5章では、より具体的な論点として字幕によるインプット足場かけがリスニングの認知処理の初期段階である音声知覚に与える影響を検討する。このテーマに関しては Mitterer and McQueen (2009) が、目標言語の音声学習において目標言語字幕は音声知覚を促進するものの、母語字幕は語彙的な干渉となるため有効ではないという見解を提示している。この研究では、オランダ語を母語とする121名の英語学習者を対象に聞いて話す（listen-to-speak）技能統合型タスクを実施した。まず英語の映像教材を1）英語字幕、2）オランダ語字幕、3）字幕なしで視聴させた。その後、映像教材のなかからいくつかの文を抜粋しできるだけ正確に口頭再生させた。その結果、英語字幕つき学習群の成績がもっともよかったことから、英語の音素（phoneme ≒ 音声）および書記素（grapheme ≒ 文字）による二重インプットが英語教材の音声知覚をもっとも強化できたと考察している（Chung 1999; Guillory 1998;

Koolstra & Beentjes 1999)。一方、母語字幕条件下では、オランダ語の書記素が示す音声情報が実際の英語の音素によるインプットと合致しないために、英語教材の音声知覚が阻害されていた。以上の結果から Mitterer and McQueen は、母語字幕はリスニングの認知段階のなかでも後半の言語分析や活用において意味情報を解釈する際には有効であるものの、前半の音声知覚には有益でないと結論づけている。

　しかしながら本書が対象とする日本語を母語とする英語学習者の場合には、目標言語と母語の間の言語的距離 (linguistic distance) が Mitterer and McQueen の事例とは異なるため、結果の解釈は注意深く行う必要があるだろう。英語母語話者にとっての学習容易性を示した研究によると（Hart-Gonzalez & Lindermann 1993; Chiswick & Miller 2004 にもとづく）、日本語のスコアは 1.00 で韓国語と並んでもっとも学習が困難な言語である一方、オランダ語のスコアは 2.75 でアフリカーンス語、ノルウェー語、ルーマニア語、スウェーデン語につづき 5 番目に学習しやすい言語として位置づけられている。言語類型論では英語とオランダ語はともに西ゲルマン語群に属し、語彙や構文にも共通する点が多い (Lyovin 1997)。さらにオランダ語は、英語にはない IJ をふくむことをのぞいては、両者の書記体系ともに 26 のラテン文字を採用している。ラテン文字は 1 つの文字で音素を表象する表音文字 (phonogram) の一種とされる。音韻的符号化仮説 (Meyer, Schvaneveldt, & Ruddy 1974) によると、表音文字ではその処理の過程で文字情報を心内で音韻情報に転換することが必要となる。したがって Mitterer and McQueen の研究の場合、英語の音声とオランダ語の文字が示す 2 種類の音韻情報がわずかに異なっていることが、むしろ学習者の音声知覚を阻害したのだと考えられる。日本の英語学習者の場合には、目標言語と母語の言語的特徴は音韻論、形態論、統語論、そして書記体系いずれの観点でも大きく異なっている。一例をあげると、日本語は通常カタカナで表記される借用語 (loan words) をのぞいては英語と共通する語彙はほとんどない。また日本語の書記体系では、表音文字であるひらがなとカタカナのほかに、1 つの文字がある事物の概念を表象する表意文字 (logogram) という 3 種類の文字が混用されている。表音文字とは異なり、表意文字は必ずしも音声を介した音韻符号化処理を必要とせず、記号から表象する意味概念を直接想起させる

ことも可能であると考えられている (Coulmas 2003)。

　よって第5章では、日本語の母語字幕のうち漢字が提供する意味論的 (semantic) な概念表象は英語音声教材の音韻的 (phonological) な知覚を阻害しないのではという仮説をたてて研究を進める。ここでひらがなとカタカナは表音文字であり、総合的には日本語による母語字幕が目標言語字幕と同等のインプット足場かけとしての効果があるかは定かではない。そこで日本語を母語とする英語学習者を対象に聞いて話す技能統合型タスクを実施し、母語および目標言語の字幕が音声知覚の段階にどのような影響を与えるかを比較検討することとする。

4. 学習に先だつ足場かけ
　——事前学習（先行オーガナイザー）

　前節では学習にともなう足場かけである字幕に着目したが、本節では学習に先だつ (precedes) 足場かけとして先行オーガナイザーを活用した事前学習を概観する。先行オーガナイザー (advance organizers) とは、1960年代に教育心理学者の David Ausubel によってはじめて提唱された概念である。その定義は、"appropriate and relevant subsuming concepts (organizers) are deliberately introduced before the learning of unfamiliar academic material, to ascertain whether learning and retention are enhanced" (Ausubel 1960: 267)、すなわち学習とその内容の保持が強化されるようになじみのない学術教材を学習するまえに適切かつ関連性のある包摂的な概念（オーガナイザー）を周到に導入することである。先行オーガナイザーは、学習タスクに先がけて提供される学習内容に関連する情報で、その目的は学びに必要な知識や技能を事前に活性化させることにあると言えよう。インプット足場かけとしての先行オーガナイザーの効果については、数学や物理学、生物学や社会科学などの分野で研究が進んでいる（先行研究のレビューは Luiten, Ames, & Ackerson (1980) に詳しい）。本節ではこのうち第二言語学習に先行オーガナイザーを活用した研究にしぼってその成果を参照する。本書の目的である技能統合型タスクのためのインプット足場かけのあり方を検討するため、以下ではとりわけリスニング学習における先行学習の効果を分析

したものを概観する。

4.1　見出しの事前学習

　先行オーガナイザーの一例として、学習するインプット教材の見出し (outline) の事前学習がトップダウン型の処理を促進できるかを検証する試みが行われている。しかしながら、見出しを事前に知っておくとリスニングの認知処理にどのような影響があるかは十分には検討が進んでいない。

　リスニングの内容理解に関する先行オーガナイザーの影響を検討した研究は、Carrol Herron による米国の大学に在学するフランス語学習者を対象としたものに端を発する。Herron (1994) は大学生の参加者に映像教材の学習に先がけてその話題の流れをまとめた見出しを提示し、映像教材の学習後に自由記述式の内容理解テストを行い、その成績を統制群と比較した。その結果、学習言語であるフランス語で時系列に6文で記述された見出しを先行学習した実験群は、リスニングの内容理解度が有意に高かったことを報告している。Herron, Cole, York, and Linden (1998) は、1) 平叙文のみ、2) 疑問文と選択肢からなる2種類の見出しを設定し、それらの先行学習の効果を比較した。疑問文と選択肢による見出しでは主題 (topic) のみをあつかい、対応する題述 (comment) は意図的に除外されているため、題述を求めた注意深い聴解につながると仮説づけられていたが、実際にはリスニングの内容理解度に両者の有意差はみられず、統制群よりはともに高かったことが明らかとなった。

　一方、Sarandi (2010) は見出しの事前学習が具体的な情報の理解までにはつながらないと疑問を呈している。イランの大学に通う英語学習者を対象とした同研究では、講義の要点について見出しの形式で先行学習をした学習者が、講義をリスニングする課題のあとに詳細情報の聞き取りを確認する多肢選択式の内容理解テストに解答した。見出しの先行オーガナイザーを与えられた実験群のスコアは統制群と差がなかったことから、Sarandi は見出しの事前学習で得られる背景知識は、リスニング教材中の事実情報の精緻な理解を要求するボトムアップ型の聴解には有効でないと主張している。

4.2 語彙の事前学習

インプット教材中で使用される語彙の知識を先行オーガナイザーとして提供する試みも多く行われており、これまでの研究ではボトムアップ型の処理を促進しうる事前学習の形式として検討されている。Mehpour and Rahimi (2010) は、イランの大学に在籍する 58 名の英語学習者を対象とした研究から、リスニング教材にふくまれる、難易度は高いが内容理解には不可欠な単語の意味を事前に学習することで、リスニング学習後の多肢選択式のスコアが向上したと報告している。学習者がもともと有する単語知識の差は内容理解テストの結果に影響しなかったことも付記されている。以上から教材中のトピックに関する言語知識を事前に指導しておくことは、学習者の単語力にかかわらずインプット理解を強化することが実証された。さらに Chang (2007) では、語彙の事前学習に十分な準備時間を保証することの重要性が指摘されている。この研究では 1 週間、1 日、30 分という 3 種類の準備時間が設定され、事前の学習時間が長ければ長いほど、タスク後にリスニングで使用される語彙の知識を確認するテストと内容理解テストの両方の成績がよかったことが明らかになった。リーディングと異なる点として、リスニングは制限時間のある (online) インプット活動であるため、とりわけ十分な準備時間を確保するべきことが教育的示唆として提示されている。

4.3 事前学習(先行オーガナイザー)の比較

ここまで概観した事前学習の効果に関する先行研究は、ある特定の先行オーガナイザーを与えた実験群の学びを統制群と比較して論じたものが多かったが、ここからは複数の先行オーガナイザーの形式を設定しその役割を比較検討した事例を紹介する。まず Jafari and Hashim (2012) では見出しと語彙の事前学習という 2 種類の先行オーガナイザーを与え、それらの働きを統制群と比較した。学習者の目標言語の習熟度にかかわらずどちらの形式も統制群とくらべると教育効果が高かったが、見出しと語彙の働きに有意差はみられなかった。この結果から、Jahari and Hashim は先行オーガナイザーを提示すること自体が学習者のリスニング学習への動機づけを高めると考察している。

Chung and Huang (1998) は、1) トピック、2) 語彙、3) トピックと語彙の

両方という3種類の先行オーガナイザーの形式を比較した。トピック条件では映像中の主人公とそれ以外の登場人物の関係性について先行学習し、語彙条件では学習者の習熟度を考慮し研究者が映像中から選定した語彙の意味を先行学習した。その結果、事前に語彙のみを学習した群がリスニングの内容理解テストの成績がもっとも高く、トピックと語彙の両方について先行学習した群の成績が最低であった。先行オーガナイザーとして提供する情報の量を単に増やすことがインプット足場かけの最適解ではないことが示唆された。
この研究を発展させ、Chung（2002）は語彙の事前学習の教育効果を内容理解テストの設問を事前に学習した場合と比較した。台湾の大学に在籍する188名の英語学習者を対象とした調査からは、先行オーガナイザーの効果は内容理解テストの形式によって異なることが明らかとなった。すなわち、多肢選択式の場合には内容理解テストの設問を事前に見ていた学習者が語彙を先行学習した場合より有利であったが、自由記述式の確認テストでは両者に有意差はみられなかったのである。リスニングの内容理解テストの設問を先読みすることの教育効果についてはElkhafaifi（2005）でも報告されている。この研究は米国の大学に通う111名のアラビア語学習者を対象にしており、リスニング学習前に問題文を先読みすることは、学習者がインプット教材の要点に関わるような情報を優先して把握しようとする選択的注意のリスニング方略を活性化することにつながることを実証している。

　Chang and Read（2006）は、1）トピック、2）語彙、3）内容理解設問、4）インプット教材のくり返しという4種類の先行オーガナイザーの役割を比較した。台湾の大学に在学する160名の中級英語学習者を対象とした調査から、リスニング教材のトピックに関連したリーディング資料を読むというトピックの先行学習がもっとも教育効果が高く、以降はインプット教材のくり返し、内容理解テストの設問の先読み、内容に関する語彙の事前学習という順であったことを報告している。トピックに関連したトップダウン型の知識を学習する方が、インプットで使用される語彙のカバー率を上げるボトムアップ型の学習よりも有効であることが示唆される。Chang and Read（2008）では、先行オーガナイザーが学習者のタスクに対する不安にどのような影響を与えるかをさらに検証している。先述した調査（2006）を踏襲し4種類の先行オーガ

ナイザーを同一の学習者に提供した結果、不安の軽減につながったのはトピックに関する知識の事前学習とインプット教材のくり返しであることを報告している。ゆえに単語知識の事前学習というボトムアップ型の先行オーガナイザーは学習者の不安を高めるだけであり、聴解のパフォーマンスの向上にはつながらないと論じている。

さいごに紹介する Wilberschied and Berman（2004）は、見出しの事前学習に合わせて視覚情報を活用することの教育効果を検討している。ここでの視覚情報とは映像教材から切り出されたカラー画像で、見出しとしては映像教材の概要に関する文が学習者の母語を用いて時系列で提示したものが採用された。調査では 1）見出し、2）見出しと視覚情報という 2 種類の先行オーガナイザー条件が映像学習に与える効果が比較された。見出しと視覚情報の両方を先行学習した場合に映像教材の内容理解度が高かったことから、見出しで説明された場面が映像教材に出現するタイミングを掴むために視覚情報の示す情景が役立ったのではと考察している。視覚に着目した先行オーガナイザーがリスニングの認知処理に与える影響については、以降あまり研究が進んでいない。

4.4 本書があつかう事前学習の研究課題

ここまで概観したように、さまざまな研究において先行オーガナイザーが言語学習に有効であることが実証されてきた。しかしながら事前学習がリスニングの認知処理に与える影響をあつかった研究はいまだ数少なく、リスニングの内容理解を支援するための適切な先行オーガナイザーの形式ついては理解の一致をみていない。

そこで基礎研究編　第 6 章では、聞いて書く（listen-to-write）という技能統合型タスクにおいて異なる形式の先行オーガナイザーを設定し、インプット足場かけとしての教育効果を比較する。これまでの研究からは、インプット教材の見出しやトピックをあつかうようなトップダウン型の事前学習が概して有効であることが示唆されている（Chang & Read 2006, 2008; Herron 1994; Herron, Cole, York, & Linden 1998）。ただしそのような文脈や背景情報に着目した先行学習は、インプット教材の具体的な情報の理解を促進するまでにはいたらないと

いう指摘もある (Sarandi 2010)。Chung and Huang (1998) が語彙の事前学習はトピックに関する先行オーガナイザーより有効だと主張する一方で、Chang and Read (2006, 2008) の研究ではその反対の傾向が報告されている。Jahari and Hashim (2012) は、語彙の先行学習と見出しの事前学習はリスニング教材のインプット処理を同等に促進すると論じている。このように、適切な先行オーガナイザーの形式については先行研究により見解が分かれている。

　さらに重要なことに、これまでの研究では先行オーガナイザーの設定条件についても十分な統一がなされていない。見出しの事前学習の場合では、リスニング教材の内容を紹介する文を学習者の母語を用いて時系列でいくつか与える方法や (Herron 1994; Herron, Cole, York, & Linden 1998)、同様の情報を母語と目標言語の両方を用いて時系列で提示する方法 (Wilberschied & Berman 2004) があり、表示言語や表示順を報告していない研究例もある (Jafari & Hashim 2012; Sarandi 2010)。したがって見出しのインプット足場かけの効果は、情報の提示順にあるのか表示する言語の影響によるのかを今後検討する必要があろう。

　語彙に関する事前学習の場合は、これまでの研究ではリスニング教材から特定の基準にしたがって複数の単語を選定し、それらの訳語を母語で併記して提示する手法が大多数であった。しかしながら、リスニング教材からの単語の選定基準が研究により異なっているために、それぞれ得られた知見を比較しながら一般化するのが難しいという問題が残っている。Chung (1999) では、学習者の目標言語の習熟度を勘案してリスニング教材の内容理解を支援しうるような単語が研究者によって任意に選定されていた。Chung (2002) では新出表現 (new words) に着目していたが、その詳細な選定基準は明記されていない。Elkhafaifi (2005) にいたっては、選定した学習語彙の総数も選定基準も触れられていない。Chung and Read (2006, 2008) はリスニング教材のトピックに関連した単語を選定したと述べている。しかしながら、それらの語彙が教材の主情報の理解にどのように関連しているかまでは説明がなされていない。Mehrpour and Rahimi (2010) と Jahari and Hashim (2012) の各研究では、難易度は高いがリスニングの内容理解に欠かせない単語を学習対象としている。以上のように、先行研究では語彙の事前学習はボトムアップ型のリスニング処理を支援するものと位置づけられているが、リスニング教材の主情報

に関わるキーワードを学習対象とした場合には、むしろトップダウン型の認知処理を喚起する可能性もあると考えられるだろう。

　これらの研究動向をふまえて第6章では、先行オーガナイザーとして提示する情報の質に着目した比較研究を行う。語彙の先行学習を細分化し、重要語と低頻度語の2種類を設定したうえで、既存の研究であつかわれることの多い見出しの先行学習とあわせて3種類のインプット足場かけを設定し、聞いて書くタスクに先がけて提供する。仮説としては、インプット教材を概観する見出しの先行学習はトップダウン型の処理を支援する一方、学習者にとって未知語である可能性の高い低頻度語はボトムアップ型の処理を助けると予想する。キーワードに関するインプット足場かけは、リスニングの全体的な (global) 主情報に関連しながら単語という個別的な (local) 単位に働きかける点で両者の中間的な働きをすると想定する。

5. まとめ

　以上の第I部　理論編では、本書がおもな対象とする学術目的の英語教育の理念および学術英語の言語的特徴を概観し、専門性の高い英語の運用能力を本物らしい教材やタスクを活用しながら涵養することの重要性を確認した。その有効な教育観としてタスク重視の言語教育の理念に則り、複数の言語技能を組み合わせて運用することが試される技能統合型タスクを採用し、学習者の学びを最適化するためにインプット足場かけを使用することを提案した。とりわけ、学習にともなう字幕と学習に先だつ事前学習（先行オーガナイザー）に着目してこれまでの研究動向を概括し、本書で検討するべき課題を確認した。これらをふまえて、つぎの第II部　基礎研究編では、字幕や事前学習の教育効果について実証研究を進める。

II

基礎研究編

第 4 章　字幕のリスニング方略への効果

1. はじめに

　本章では、リスニングをふくむ技能統合型タスクにおけるインプット足場かけとしての字幕の役割を論じる基礎研究として、講義を題材とした学習におけるリスニング方略の使用の実態を検討する。まとまった長さの講義を母語や目標言語による文字情報の補助つきで聴解したのちに、学習中に使用していたリスニング方略の程度を質問紙により調査することで、聴解の各認知プロセスにおける字幕の影響を分析する。
　第 3 章でも議論したとおり、これまでは字幕を使用したうえでの内容理解度を分析するなど結果重視型（product-oriented）の研究が多く、字幕を活用した聴解の過程（process-oriented）における学習行動については考察の余地がある。本調査では、11 のリスニング方略に着目し、114 名の日本人英語学習者を対象に字幕のインプット足場かけとしての役割をリスニング処理の過程に応じて比較した。具体的には、目標言語字幕群、母語字幕群、字幕なし群の 3 条件に参加者をふり分け、講義教材を一度視聴させたのちに、リスニング方略の使用度を問う質問紙調査を実施し分析した。本章では、リスニングというインプット処理への足場かけとして文字情報を活用することが、学習者の認知行動にどのような影響を与えるのかを議論する。

2. 方法

2.1 協力者

本調査には、日本の大学で外国語としての英語科目を履修する114名の学部1年生が参加した。その所属は法学部、工学部、理学部で、同一のシラバスおよび教師による必修の教養英語科目を履修していた。学期中に実施したTOEFL Practice Test (Educational Testing Service 1997) にもとづくと、調査協力者の英語力はTOEFL PBT 換算で平均466点程度であった。このスコアは、TOEFLを作成するEducational Testing Service (2014) が提供する換算表によると、ヨーロッパ言語共通参照枠（Common European Framework of Reference for Languages: CEFR）のB1レベル、すなわち独立した言語使用者に相当する。習熟度テストの詳細は次項で述べる。

2.2 使用素材

2.2.1 習熟度テスト

リスニング技能の観点から調査協力者を3つの等質な群に分類するため、TOEFL Practice Test のリスニング問題 (Educational Testing Service 1997) を実施した。このテスト形式はTOEFL PBTに準拠しており、問題数は全50問、所要時間は約40分で構成されていた。学習者は会話や独話を聞いたあとで関連する設問を聞き、4つの選択肢からもっとも適切だと思われる解答を選択することが求められた。Part 1 の短い会話（全30問）では会話のつぎの展開を予測すること、Part 2 の長い会話（全10問）と Part 3 の短い講義（全10問）では主情報と関連する具体例を聴解することがおもな出題意図となっている。

この習熟度テストの結果、英語運用能力の等質な3群ができあがった（$F(2, 111) = 0.07$, $p = .93$: 字幕なし群: $n = 38$、$M = 22.61$、$SD = 36.65$; 英語字幕群: $n = 38$、$M = 23.11$、$SD = 36.63$; 日本語字幕群: $n = 38$、$M = 22.87$、$SD = 30.11$）。

2.2.2 講義映像および字幕素材

本調査のリスニング教材として、マサチューセッツ工科大学がオンライン上で無償公開している MIT Open Course Ware から、New York Times の記者

Thomas Friedman によるグローバル化に関する講義映像（Friedman 2007）を選定した。具体的には、グローバル化の三大時代（three great eras of globalization）について説明したうえで、革新的なものの見方を掴むためには複数の専門分野を混ぜ合わせる（mush up）ことが重要だと述べた箇所（4分27秒）を抜粋し、筆者自身で英語音声を文字起こししたうえで日本語に翻訳した。作成した翻訳の正確性については、日本語と英語の二言語話者に確認を受けた。英語スクリプトを英語字幕、日本語翻訳を日本語字幕として設定し、Apple QuickTime 7 Pro を用いて講義映像の下部に個別に字幕の文字情報を貼り付け、独自のリスニング教材を作成した。

2.2.3 リスニング方略の質問紙

本調査にあたり、まず聴解の3つの認知プロセス（Anderson 1985）と、対応するリスニング方略を整理した Goh（2000）を参照した（表1）。この表では、必要な音のみに選択注意しその音韻的な情報を音響記憶に保持する 1) 音声知覚（perceptual processing）、入力された音の語彙や文法を分析し意味のある心的表示（mental representation）を形成する 2) 言語分析（parsing）、心的表示と既有知識や文脈情報とを照応し全体的な理解にいたる 3) 活用（utilization）という、聴解の3つの認知プロセスに関わるリスニング方略をそれぞれ記号＊で整理した[1]。

表1 リスニング方略と認知プロセスの対応（Goh 2000にもとづく）

リスニング方略	方略カテゴリー	認知プロセス		
		音声知覚	言語分析	活用
認知方略				
文脈や当該テキスト、既有知識を用いて不足している／なじみのない語を推測する	推測、精緻化	＊		＊
文脈や既有知識を用いて聴解のまえに全体的な内容を予測する	推測、精緻化	＊		＊
文脈や当該テキスト、既有知識を用いて不完全な発話を推測する	推測、精緻化	＊		＊

解釈を精緻化し完成させるために既有知識を用いる	精緻化			*
重要な内容語を短いメモにまとめる	要約		*	*
限定的な解釈をより広い社会的／言語的な文脈に関連づける	推測			*
テキストのある部分を別の部分と関連づける	推測			*
描かれた場面やモノ、出来事などを視覚化する	映像化		*	*
聞こえた語を用いて意味を再構築する	推測		*	*
メタ認知方略				
さまざまな形式で内容を予想する	計画	*		
使用されるかもしれない内容語の発音を予習する	計画	*		
聴解の目的を設定する	計画	*		*
目的に応じて選択的に聞く	計画	*	*	*
ディスコースマーカーに注意する	計画		*	*
視覚情報やボディランゲージに注意する	計画、（推測）	*		*
語調やポーズに注意する	計画、（推測）	*	*	
文脈や既有知識を用いて理解をモニターする	モニタリング			*
文脈や既有知識、外的資源を用いて理解を評価する	評価			*
困難があっても明確化を求めて聞きつづける	計画	*		
問題のある箇所の重要性を評価し無視するかどうかを判断したり積極的に明確化を求める	計画、問題把握	*		
つづきの部分の価値を見定めそれに応じて集中度を変える	計画	*		

　聴解における学習者の方略使用を分析した先行研究では、発話想起法 (think aloud protocols)、回想インタビュー（retrospective interview）や質問紙調査などの手法

が用いられてきたが、本研究ではつぎの2つの意図から、聴解直後に質問紙調査を実施することとした。まず質問紙は、発話想起法のように聴解中に自らの学習行動をアウトプットすることを求めない点で、リスニングへの集中を阻害しにくい。つぎに質問項目を網羅的に配置することによって、これまでの文献が提案するさまざまなリスニング方略を包括的に問うことが可能となる。回想インタビューは特定の聴解行動にしぼって探究を深めることを可能とするが、本研究のように3つの異なる学習条件下での方略使用を全体的に比較したい場合には、リッカート法による質問紙が効率的であろう。ただし質問紙で得られた結果を議論する際には、回答データはあくまで「自分は○○していたと思う」という学習者の自己評価によるものであり、実際の認知プロセスとは異なっている場合があることに十分留意しなくてはならない。

　学習者の自己評価による方略使用を問うためにこれまでさまざまな質問紙が開発されてきたが、その多くは Vandergrift（2003）が提案するリスニング方略の総括的な分類を十分に網羅できていないため本調査には適さないと考えた。したがって本調査では、先述した Vandergrift（2003）の11のリスニング方略分類に則り、75項目からなる多項目尺度を用いた質問紙を新たに開発した（巻末資料1）。質問項目は、既存の質問紙（Nakatani 2006; Vandergrift, Goh, Mareschal, & Tafaghodtari 2006; Zhang & Goh 2006 など）からそのまま援用するか、リスニング方略に関する先行研究での記述をもとに設定した。各設問について英語講義を視聴するというタスクにおける当該の方略の使用度を5件法のリッカート尺度（1 = 全くあてはまらない、2 = あまりあてはまらない、3 = どちらともいえない、4 = ややあてはまる、5 = とてもあてはまる）で選択させた。すべての設問は調査協力者の母語である日本語で記述された。また、答えが不明確な質問には同意をしてしまう傾向があるという同意バイアス（acquiescence bias: Dörnyei 2003）を避けるため、「○○しなかった」という否定の表現を用いた逆転項目も設定した。

　開発した質問紙の妥当性を検証するため、本調査の参加者とは異なる、同大学の86名の学部1年生を対象に予備調査を行った。ある短い英語の講義映像を視聴したあとに、質問紙に回答させるとともに、不明瞭な質問項目や表現はないかを自由に記述してもらった。この予備調査の結果、質問項目の内的一貫性を示すクローンバックの α 値は α = .78 と十分であり、巻末資料1

に掲載する全75項目からなるリスニング方略の質問紙が完成した。

2.2.4 内容理解テスト

本調査で視聴した英語講義の内容を学習者がどのくらい適切に理解しているかを確認するために、内容理解テスト（巻末資料2）を用意した。本研究の主たる目的は理解度（product）ではなくリスニング方略の使用度（process）を測ることであったが、聴解指導の実践においては事後タスクとして内容理解問題を実施することが一般的であり、学習者を講義視聴という活動に積極的に参加させるためにも理解確認のテストを設定した。全10問からなる多肢選択式の問題で構成され、講義で話者が説明したおもな論点や関連する具体例についての理解を確認するものであった。設問と選択肢はすべて英語で提示され、各設問について学習者は4つの選択肢からもっとも適切だと思うものを解答した。

2.3 調査手順

本研究の調査は、15週からなる学術目的の英語の必修科目のさいしょの2週を利用して実施した。授業はCALL教室で開講されており、各学習者は20インチのモニターとヘッドフォンを備えた同一スペックの学生PCを使用した。第1週には、習熟度テストとしてTOEFL Practice Testのリスニング問題を40分間で実施した。その結果から調査協力者を字幕なし群、英語字幕群、日本語字幕群という3つの等質な実験群にグループ分けした。

つづく第2週に、学習者は各自の学生PCからBlackboardと呼ばれる学習支援システム上に設定されたプログラムにアクセスすることで本テストに取り組んだ。まず英語講義教材を各自が指定された字幕条件（字幕なし、英語字幕、日本語字幕）で約5分間視聴した。講義の視聴は1度のみ許可され、いったん再生がはじまると映像を一時停止したり巻き戻ししたりすることは禁止された。講義の視聴が終わるとすぐに内容理解テストが各PCに配信され、5分間で解答することが求められた。さいごに75項目からなるリスニング方略に関する質問紙が配信され、講義を視聴した活動をふり返りながら15分間で回答した。以上すべての活動を各自の学生PCを用いて個別に進めるよう

指示された。

2.4 分析方法

講義を聴解するというタスクにおける字幕によるインプット足場かけの有無や提示言語の効果を検討するため、質問紙調査の回答をリスニング方略の11のカテゴリーごとに比較した。なお表2に示すように、質問紙の項目数は下位カテゴリーがある場合には多く設定されている。たとえば「1. 推測」カテゴリーには言語的推測、語調の推測、言語外的推測、部分間の推測という4つの下位カテゴリーがふくまれるため、設問数は13項目と多い。

表2 質問紙の項目数

認知方略	設問数	メタ認知方略	設問数
1. 推測 (inferencing)	13	A. 計画 (planning)	15
2. 精緻化 (elaboration)	15	B. モニタリング (monitoring)	8
3. 映像化 (imagery)	3	C. 評価 (evaluation)	3
4. 要約 (summarization)	3	D. 問題把握 (problem identification)	3
5. 翻訳 (translation)	4		
6. 転移 (transfer)	3		
7. くり返し (repetition)	5		
計	46	計	29

まず、字幕なし群、英語字幕群、日本語字幕群での回答傾向に有意差がみられるかを検証するため、各カテゴリーについて一元配置の分散分析を行い多重比較としてチューキー検定をくわえた。

つぎに字幕提示条件ごとにリスニング方略の11のカテゴリー間でピアソンの積率相関係数を求めた。よい言語の聞き手 (good language listeners) はさまざ

なリスニング方略を組み合わせて使用する傾向がある (Berne 2004; Chamot 2004) という先行研究からの示唆をふまえて、この相関分析によって聴解行動をより相補的に探究することを目指した。

3. 結果

3.1 内容理解テスト

　調査協力者が英語講義の聴解タスクに集中できるように、事後タスクとして内容理解テスト (10点満点) を実施した。一元配置の分散分析を用いて、内容理解テストの成績に対する3種類の字幕条件 (字幕なし、英語字幕、日本語字幕) の主効果を検証した。

表3　内容理解テストの一元配置の分散分析

	字幕なし群 (n = 38)	英語字幕群 (n = 38)	日本語字幕群 (n = 38)	F値
平均	4.08	4.92	6.13	15.08*
標準偏差	1.53	1.72	1.66	

*p < .05

　表3に示すように、日本語字幕つきで講義を聴解した群が平均6.13点と成績がもっともよく、ついで英語字幕群の4.92点、字幕なし群の4.08点であり、字幕条件の有意な主効果が認められた。チューキー法による多重比較の結果、このうち日本語字幕群と字幕なし群の差のみが有意であった。

3.2 リスニング方略の個別の使用度

　つぎに、講義の聴解タスクと内容理解テストが完了したのちに実施した、聴解中のリスニング方略の使用度に関する質問紙調査の結果を表4に示す。11の方略カテゴリーの使用度を1 (全くあてはまらない) から5 (とてもあてはまる) で自己評価したデータを、字幕なし、英語字幕、日本語字幕という3つのインプット足場かけ条件群で平均化するとともに、一元配置の分散分析 (F値) により字幕条件の主効果を検証した。なお表中に、各方略カテゴリーにおける

質問項目の内的一貫性をクローンバックのα係数で示す[2]。

表4 リスニング方略に関する質問紙の一元配置の分散分析

	字幕なし群 ($n = 38$)	英語字幕群 ($n = 38$)	日本語字幕群 ($n = 38$)	F値
認知方略 ($\alpha = .72$)	2.91 (0.48)	2.92 (0.44)	2.89 (0.40)	0.03
1. 推測 ($\alpha = .80$)	2.93 (0.73)	2.92 (0.64)	2.79 (0.60)	0.56
2. 精緻化 ($\alpha = .78$)	3.19 (0.47)	3.03 (0.51)	2.96 (0.61)	1.88
3. 映像化 ($\alpha = .73$)	2.82 (0.98)	2.65 (0.92)	3.22 (0.95)	3.61*
4. 要約 ($\alpha = .60$)	2.49 (0.80)	2.85 (0.96)	3.20 (0.99)	5.66*
5. 翻訳 ($\alpha = .82$)	2.54 (1.07)	2.96 (0.96)	2.91 (1.03)	1.95
6. 転移 ($\alpha = .47$)	3.03 (1.03)	3.18 (1.07)	3.09 (0.98)	0.23
7. くり返し ($\alpha = .57$)	2.54 (0.70)	2.58 (0.76)	2.44 (0.60)	0.43
メタ認知方略 ($\alpha = .87$)	2.90 (0.60)	2.99 (0.61)	2.90 (0.34)	0.41
A. 計画 ($\alpha = .69$)	3.12 (0.53)	3.19 (0.60)	3.11 (0.32)	0.29
B. モニタリング ($\alpha = .80$)	2.68 (0.78)	2.81 (0.70)	2.73 (0.67)	0.30
C. 評価 ($\alpha = .62$)	2.78 (1.10)	2.85 (0.87)	2.71 (0.72)	0.23
D. 問題把握 ($\alpha = .68$)	2.50 (0.78)	2.66 (1.04)	2.49 (0.70)	0.46

上段は平均、下段カッコ内は標準偏差を示す。 *$p < .05$

表4に示すように、リスニング方略の11のカテゴリーのうち、インプット足場かけとして提示する字幕の言語によって使用度に有意差がみられたのは、映像化と要約の方略であった。多重比較によると、映像化方略の使用度は日本語字幕群では3.22だったのに対し英語字幕群では2.65でその差は統計的に有意であった。字幕なし群では2.82と英語字幕群よりもやや高かったが

その差は有意ではなかった。つぎに要約方略については、日本語字幕を用いて学習した群が3.20ともっとも使用度が高く、字幕なしで学習した群の2.49にくらべて有意な差がみられた。英語字幕群も2.85と字幕なし群よりもやや数値が高かったが、多重比較からはその差は有意とみなされなかった。

以上、映像化と要約の2つの認知方略をのぞいては、字幕提示の3条件で使用度が有意に異なる方略カテゴリーはないことが明らかとなった。

3.3 リスニング方略の相補的な使用度

つぎに、リスニングの処理過程に関係する方略の使用度を検証するため、本章2.2.3の表1でまとめた音声知覚、言語分析、活用という3つの段階に関連する方略カテゴリーについて相関分析を行った。表5から7が概括するように、リスニングの各段階に対応する方略どうしは、字幕なし群と英語字幕群では有意な相関を示している場合が多かったが、日本語字幕ではあまり関連していなかった（相関分析表は巻末資料3に掲載）。

とくに日本語字幕条件では、音声知覚の段階に関わる認知方略（推測、精緻化）とメタ認知方略（計画、問題把握）がまったく有意な相関を示しておらず、言語分析の段階においても認知方略（推測、映像化、要約）とメタ認知方略（計画）はいずれも有意な相関を示していなかった。リスニングの3つ目の認知プロセスである活用の段階においては、メタ認知方略の一種であるモニタリングが認知方略である推測、精緻化、映像化と有意な相関を示していたほかは、認知方略（推測、精緻化、映像化、要約）とメタ認知方略（計画、モニタリング、評価）の間の関係性は有意ではなかった。

表5 音声知覚に関わるリスニング方略の相関分析

① 字幕なし群	1	2	A	D
1. 推測				
2. 精緻化	**			
A. 計画	**	**		
D. 問題把握			**	

② 英語字幕群	1	2	A	D
1. 推測				
2. 精緻化	**			
A. 計画		**		
D. 問題把握	*	**	**	

③ 日本語字幕群	1	2	A	D
1. 推測				
2. 精緻化	**			
A. 計画				
D. 問題把握				

$^{*}p < .05$、$^{**}p < .01$

表6 言語分析に関わるリスニング方略の相関分析

① 字幕なし群	1	3	4	A
1. 推測				
3. 映像化	**			
4. 要約	*	**		
A. 計画	**	**		

② 英語字幕群	1	3	4	A
1. 推測				
3. 映像化	**			
4. 要約	**	**		
A. 計画			*	

③ 日本語字幕群	1	3	4	A
1. 推測				
3. 映像化	**			
4. 要約				
A. 計画				

$^{*}p < .05$、$^{**}p < .01$

表7 活用に関わるリスニング方略の相関分析

① 字幕なし群	1	2	3	4	A	B	C
1. 推測							
2. 精緻化	**						
3. 映像化	**	**					
4. 要約	*		**				
A. 計画	**	**	**	*			
B. モニタリング	**	**	**	**	**		
C. 評価	**	**	**	**	**	**	

② 英語字幕群	1	2	3	4	A	B	C
1. 推測							
2. 精緻化	**						
3. 映像化	**						
4. 要約	**	**	**				
A. 計画		**	*	*			
B. モニタリング		**	**	**	**		
C. 評価		**		*	**	**	

③日本語字幕群	1	2	3	4	A	B	C
1. 推測							
2. 精緻化	**						
3. 映像化	**						
4. 要約							
A. 計画							
B. モニタリング	*	**	*				
C. 評価							

*$p < .05$、**$p < .01$

4. 考察

4.1 聴解学習における個別のリスニング方略

　字幕の提示言語というインプット足場かけの設定条件を変えて、講義視聴タスクにおけるリスニング方略の実態を調査した結果、話者が説明した場所や状況を聞き手の心内で描き出す映像化の方略が、日本語字幕を使用した場合に英語字幕の場合よりも活性化されることが明らかとなった。同様に、受け取った情報を聞き手の心内または紙に書き出して整理するという要約の方略も、字幕なし条件にくらべて日本語字幕条件でよく用いられていた。

　ここで興味深いのは、日本語字幕で学習した群で多用されていた映像化と要約の方略が、リスニングの認知プロセスモデル（Goh 2000）のなかでも、2)言語分析と3)活用という後半の段階と関連するものであったことである。これは母語である日本語によるインプット足場かけが、講義のトピックに関するスキーマを活性化させることにつながり、つづく音声情報を捉える助けになったためと考えられる。すなわち聴解の第1段階である音声知覚への認知的負荷を省力化できたことにより、音声インプットの統語的構造の解析（言語分析）や、既有知識を参照した意味解釈（活用）という段階に注力できたと思われる。

この結果は、日本語字幕によるインプット足場かけが音声教材を理解可能なインプット (comprehensible input: Krashen 1985) に調整しうるものであることを示している。母語による文字情報が画面上に表示されることでインプット理解における認知的負荷が軽減され、ひとつづきの目標言語による音声を音節や単語として分節する一助となったと考えられよう。Goh (2000) は、聴解にまつわる10の困難点のうち半数が音声知覚の段階に関わるものだと論じており、日本語字幕によってこの初期の処理段階が省力化できるのは好ましいことだと言える。

　この点について母語字幕つきの教材の場合、単に日本語を読むという活動に終始してしまい肝心の英語音声の聴解はまったく行われないのではという批判もあるかもしれない。しかしながら、英語音声を聞きながら日本語字幕を読むという活動は、教科書の文章を読むといった一般的な読解活動とは異なる。前者の状況では、英語音声と同期して日本語字幕が順次切り替わっていくため、後者の自己ペースの読解活動とは違い、文字情報の表示速度を調整したり任意の位置に巻き戻したりすることは不可能であるからである。このような制限時間内で提示される情報を処理しなくてはならないというオンライン処理 (Danan 2004) は、むしろ聴解に特有の傾向である。さらに講義映像の内容に関する理解確認テストの結果からは、日本語字幕条件がもっとも理解度が高かったことも明らかとなった。このテストでは設問と選択肢はすべて英語で提示されたため、学習者は単に日本語でタスクを完遂したのではなく、やはり目標言語を運用しながら活動に取り組んでいたと思われる。Markham, Peter, and McCarthy (2001) が指摘するように、学習者は一般にリスニング力よりもリーディング力に秀でているため、英語の音声学習の際に適宜日本語の文字情報の恩恵を受けることができたのであろう。

　したがって英語の講義視聴というオンラインの学習活動に取り組む際に、日本語字幕は言語分析や活用といった聴解の後半の段階に注力するために有益であると言える。よい言語の聞き手 (good language listeners) に関する先行研究では、習熟度の高い学習者ほど映像化や要約などの認知方略を使用する傾向のあることが示されている (O'Malley, Chamot, & Kupper 1989; Rost & Ross 1991)。本研究では母語による字幕をインプット足場かけとして用いることの有効性が実

証された。

　目標言語である英語の字幕についても、英語音声にくわえてその文字情報を二重インプット（dual input: Pavio 1986）として提供することで、聴解学習の助けとなることが予想された。しかしながら本研究の結果では学習者の自己評価によるリスニング方略の使用度という点においてはほかの字幕条件とくらべて有意な効果は確認されなかった。その一因として、母語にくらべて目標言語の文字情報は限られた時間内で読むには難易度が高いため、英語字幕がかならずしも内容理解の助けとならなかったという可能性が考えられる。Taylor (2005) をはじめとする先行研究においても、学習者の習熟度を考慮に入れながら目標言語字幕の表示速度や単語レベルなどの言語的特徴を調整することの重要性が指摘されている。

4.2　聴解学習における相補的なリスニング方略

　つぎに、さまざまなリスニング方略の組み合わせを探究してみると、目標言語字幕と母語字幕の場合ではやや異なる見解にたどり着く。相補的な方略の使用に関しては、よい言語の聞き手に関する先行研究において、上級の学習者ほど多様なリスニング方略を統合させながら活用する傾向のあることが報告されている（Berne 2004; Chamot 2004）。そこで本研究では、聴解の特定の認知プロセスに関わる方略間で相関分析をすれば、異なる字幕条件下での相補的な方略使用の実態が明らかになると考えた。

　前節の表5から7にまとめた相関分析の結果が示す通り、多様なリスニング方略を組み合わせるという、よい聞き手に近い傾向がみられたのは、字幕なし群と英語字幕群であった。一方、日本語字幕群は内容理解テストの成績はよかったものの、方略の下位カテゴリー間の有意な相関はあまり観察されなかった。日本語字幕の場合、学習者はさまざまなリスニング方略を駆使するという労を避け、映像化や要約など特定の方略を個別に使用する傾向が高かったと推察される。さらに検証の余地はあるものの、映像化も要約も内容理解にいたる活用の段階に関わる方略であることを考えると、母語字幕は少なくともそれらの選択的使用に寄与できると言えるだろう。

5. まとめ

　本研究の成果から、字幕のインプット足場かけとしての役割について 2 つの教育的示唆が得られるだろう。まず母語字幕によるインプット足場かけは、聴解の限られた時間のなかで入力情報の文法的な特徴を分析し、話者が伝えたい意図を解釈する練習に役立つ。本調査では、英語音声を日本語字幕とともに視聴した場合、学習者は聞き取った情報をイメージとして思い描いたり、把握しやすいようにまとめなおしたりすることで理解を深めようとする傾向のあることが示された。EAP の実践では、まとまった長さの講義や会話を聞き続けることが求められるため、このような映像化や要約の方略は多くの入力情報の大意を把握するのにとりわけ有効であるだろう。日本語字幕というインプット足場かけを、聞きながらメモをとる (note-taking) といった聴解学習に活用することで、講義の典型的な談話の流れやそこで展開される発話行為に親しむことができる。最終的には、制限時間つきの実践的な聴解の際にも有効となる、聞き取ったトピックに関連するスキーマを活性化させながら話者の意図を解釈する力が涵養できると思われる。

　つぎに本物らしい (authentic) 状況を反映した発展的な聴解学習のためには、目標言語字幕や字幕なしのインプット足場かけが適切であろう。1 つ目の示唆としてあげたとおり、母語字幕を活用して講義の規範的な談話構成など目標言語による聴解の一般的な特徴に慣れ親しんだうえで、英語字幕つきで現実世界に近しい聴解活動に取り組み、最終的には文字情報の補助をまったく受けずに音声のみの聴解に挑戦していくとよいだろう。

　以上のように本研究は、字幕として使用するインプット足場かけの言語を変えることで、学習者のリスニング方略の選択という聴解行動に影響を与えることができることを示した。母語字幕は目標言語の音声知覚をするための認知負荷を軽減するためか、言語分析と活用に関わる映像化と要約という方略の使用度を高める。言語分析の段階に関わる認知方略は少数であるため、日本語字幕は学習者が聞き取った情報の統語的な特徴を分析する際の貴重な足場かけとなる。

　一方、リスニング方略間の相関分析では、よい聞き手の特徴である相補的な

方略使用という傾向は、目標言語字幕または字幕なし条件で観察された。とくに直接的な情報処理に関わる認知方略とその学習行動を司るメタ認知方略との相関が高い傾向があった。ゆえに、現実世界と近い状況で聴解学習をする場合には、英語字幕や字幕なしというインプット足場かけ条件が好ましいだろう。以上、本章では異なる条件の字幕をインプット足場かけとして段階的に活用することで、インプット処理中の学習行動に作用できることを実証した。

[注]

1 ── Goh（2000）のリスニング方略の分類は社会・情意方略もふくんでいるが、本研究は学習者個人による独力での聴解活動を対象とするため割愛した。また議論を簡潔に進めるため、方略カテゴリーの名称をVandergrift（2003）を参照して付記した。
2 ── 各方略カテゴリーの内的一貫性を保つため、転移方略に関する設問44と計画方略に関する設問72の回答はデータ分析から削除した。

第 5 章 字幕の音声知覚への効果

1. はじめに

　本章では、リスニングとスピーキングからなる技能統合型タスクにおけるインプット足場かけとしての字幕の効果について比較検討を行う。まとまった長さの講義を聴解したのちに、講義中から抜粋した例文を口頭で再生するという活動を設定し、講義視聴の際に母語や目標言語による文字情報が提示されることで、リスニング処理の第一段階である音声知覚がどの程度促進されるのかを分析する。

　オランダ人英語学習者を対象とした Mitterer and McQueen (2009) の方法論にしたがい、17名の大学生を対象に技能統合型タスクにおける字幕のインプット足場かけとしての役割を比較検討した。具体的には、目標言語字幕群、母語字幕群、字幕なし群の3つの字幕条件に参加者をふり分け、講義教材を一度視聴させたのちに、そのなかから例文を抜粋してどのくらい正確に口頭で再生できるかを分析した。口頭再生のデータは、全体の再生率、内容語／機能語別の再生率、品詞ごとの再生率という観点から3群間で比較した。本章では、技能統合型タスクの足場かけとして文字情報を活用することがリスニングにおける音韻認識の活性化につながるのかを議論する。

2. 方法

2.1 協力者

本研究には、日本の大学で全学共通科目の英語クラスを履修する17名の学部2年生が参加した。6名が英語字幕群、6名が日本語字幕群、5名が字幕なし群の学習条件に無作為に設定された。スケジュール上の制限から、群間の習熟度を統制するためのTOEFLや英検などの標準化テストは実施しなかった。ただし、本書のほかの章で報告する調査の参加者と同じ大学で英語科目を履修しており、習熟度も同等であると想定される。本調査では、リスニングとスピーキングからなる技能統合型タスクを1週間おきに計4回実施した。表1に毎回の参加者を示す。全体の受講者数が17名と限られていたため、各回の人数は調整せず出席者すべてのデータを分析対象にふくめることとした。

表1 各回の技能統合型タスクの参加人数

	タスク1	タスク2	タスク3	タスク4	計
英語字幕群	5名	6名	4名	4名	6名
日本語字幕群	4名	5名	4名	4名	6名
字幕なし群	4名	4名	5名	5名	5名
計	13名	15名	13名	13名	17名

2.2 使用素材

本調査のために全部で4セットの技能統合型タスクを筆者自身で準備した。英語字幕、日本語字幕、字幕なしの3種類のインプット足場かけを付した英語講義映像を編集し、10の問題文を採録した口頭再生テストを作成した。

2.2.1 講義教材

まずイェール大学などがオンライン上で無償公開しているOpen Course

Ware より 4 種類の英語講義の映像を選択し、タスクで使用する場面をそれぞれ抜粋した。表 2 に各回で使用した映像のトピックや総語数、発話速度や語彙レベルなどを示す。EGAP の授業の一環として調査を実施したため、学習者の多様な関心に対応できるよう、さまざまな分野の学術講義から教材を選定した。長さは平均すると 4 分半（700 語程度）で、1 分あたりの発話速度は約 150wpm であった。Nesi（2001）によると平均的な EGAP の講義の発話速度は約 150wpm であるとされており、本調査が採用した 4 つの講義映像もそれと同等であると言える。つぎに言語的特徴としては、テキストの 95 パーセントをカバーするため語彙レベルが複雑性の指標として用いられることが多い。Bonk（2000）によると、聴解を成功させるためにはインプット素材中の 95 パーセントの単語の意味を知っている必要があるとされるからである。Zeeland and Schmitt（2013）はリスニング音声において 95 パーセントのカバー率を保証するためには、ワードファミリー換算で 2,000 語から 3,000 語の単語の知識が必要だとしている。表 2 に示すように、本調査が使用する 4 種類の英語講義の語彙レベルは約 3,000 語レベルであるため、平均的なリスニングと同等の語彙的複雑性を有すると推定できる。

表2　講義教材の特徴

	タスク1	タスク2	タスク3	タスク4	平均
トピック	言語学 (Linguistics)	プレゼンテーション (Presentation skill)	食糧経済学 (Food economics)	人口統計学 (Demographic statistics)	
総語数	720語	663語	775語	611語	692語
長さ	4分57秒	4分09秒	4分52秒	4分06秒	4分31秒
発話速度	145.5wpm	159.8wpm	159.3wpm	149.0wpm	153.4wpm
語彙レベル	4,000語レベル	2,000語レベル	4,000語レベル	2,000語レベル	3,000語レベル
出典	Bloom (2007)	Education First, China (2008)	Brownell (2008)	Wyman (2009)	

講義素材は、つぎの観点から EGAP の学習に適しているものとして選定された。まず4つの講義のトピックは、言語学といった人文科学から人口統計学といった自然科学の話題まで多岐にわたっており、さまざまな学部に所属する調査協力者の多彩な知的好奇心を満たすことをねらいとした。つぎに談話の観点では、どの講義もあるキーワードを主題として導入することからはじまり、その概念を具体的に説明したうえで話者自身の議論を深めていくという、序論、本論、結論という典型的な議論の展開に則した一貫性のある構成となっていた。たとえば、言語学の教材（Bloom 2007）では、話者はまず言語の普遍性を講義全体の主題として提示し、それに関する説明を、言語技能は料理をつくったりお茶をいれたりといった技能と異なり、人間が生まれながらに有するものである点を強調しながら展開している。さらにピジンやクレオールなどかつて奴隷という立場に置かれた人々が互いにやり取りを行うために創出した新たな言語体系についても言及している。このように、発話速度や学術的な内容、談話構成の観点から EGAP の学習に適しているものを、本調査の教材として設定した。

2.2.2 英語および日本語字幕

　技能統合型タスクに付与するインプット足場かけとして、英語字幕と日本語字幕を以下の要領で作成した。まず英語字幕は、タスク1、3および4については Open Course Ware 上で無償公開されている英語スクリプトをそのまま使用したが、タスク2には公開されたテキスト情報がなかったため、映像音声を書き起こした。日本語字幕は、英語スクリプトを日本語に翻訳して作成した。その際、可能な限り元の英語スクリプトの語順を日本語字幕でも踏襲することにつとめた。書き起こしと翻訳の作業は筆者自身が行い、日本語と英語のバイリンガル話者が内容に齟齬がないかを確認した。できあがった字幕情報は、DivXLand Media Subtitler 2.0.7 を用いて講義の映像フレームの下部に重ねて表示させ、VirtualDub 1.8.8 で映像ファイルに統合した。最終的に4種類の講義映像に対して、英語字幕版、日本語字幕版、字幕なし版の3バージョン、計12セットの映像教材を用意した。

2.2.3 口頭再生テスト

　リスニングとスピーキングからなる技能統合型タスクにおける、字幕のインプット足場かけの効果を検証するため、講義教材をもとに10問からなる口頭再生のスピーキング課題を4セット作成した。問題文（→巻末資料4）は講義教材からの表現の抜粋で、大多数は主部と述部を満たす1文であるが、不完全文も一部ふくまれる。以下の例1では、1つ目の名詞句 Type I Diabetes が後続する which 節によって修飾され、さらに that 節で説明されているが、1つ目の名詞句 Type I Diabetes に対応する主動詞はふくまれていない。不完全文が多いという話し言葉の特徴（Flowerdew & Miller 2005）を反映させるため、このような例文も意図的に問題文として採用した。

(1) Type I Diabetes which is a genetic abnormality that usually shows up in childhood or adolescents.（タスク3　問6）

表3　口頭再生テストの特徴

	タスク1	タスク2	タスク3	タスク4	平均
語数 最小値	7語	7語	8語	7語	7.3語
語数 最大値	15語	17語	16語	15語	15.8語
語数 平均	11.3語	12.9語	12.2語	10.9語	11.8語
発話速度 平均	153.1wpm	170.0wpm	168.0wpm	158.1wpm	162.1wpm
語彙レベル 平均	4,000語レベル	3,000語レベル	3,000語レベル	3,000語レベル	3,250語レベル

　表3は、口頭テストで出題した問題文の特徴をまとめている。問題文の平均的な長さは11.8語であった。発話速度（約162.1wpm）と語彙的複雑性（約3,250語レベル）は講義教材と同レベルになるように設定した。この問題文の再現度を1語ずつ評価したうえで、品詞別にその傾向を分析した。そのため、さま

ざまな品詞や内容語／機能語、縮約語を網羅するような文を選定した。

口頭再生テストは、問題文の音声を2度聞いた直後にできるだけ正確にスピーキングで復唱する形式とした。そこで Audacity 1.3.12-Beta という音声編集ソフトを用いて、各10問で構成される4セットのテスト音声ファイルを作成した。各問題文は2秒のポーズをはさんで2度再生され、1秒半のブザー音につづいて15秒のスピーキング録音のための無音時間を設定した。1セットあたりの長さは3〜4分程度であった。

2.3 調査手順

本調査は、協力者が受講する EAP 授業の一環として学生用 PC とヘッドセットが完備された CALL 教室にて実施された。まず日本の大学生に有効な EAP タスクを探究するという研究目的と、Web CT という学習管理システムを介して各学生 PC に配信される技能統合型タスクを学習するという方法を説明したうえで、調査協力への同意を確認した。

タスクの流れとしては、はじめにインプット足場かけのいずれかの条件（英語字幕、日本語字幕、字幕なし）で講義教材を視聴した。講義映像は一度のみ再生され、巻き戻しや早送り、一時停止の使用は認められなかった。講義の視聴が終了したら、口頭再生テストの解答音声を録音するために各学生 PC 上でサウンドレコーダーを起動した。その後、口頭再生テストの問題音声を聞き、10の問題文を口頭で復唱しその音声をサウンドレコーダーで録音した。以上の技能統合型タスクが完了したら、サウンドレコーダーの録音を終了し、保存した解答音声データを Web CT を介して教師 PC に提出した。全体の所要時間は約20分であった。なお一連の作業に慣れるため、技能統合型タスクを実施する前の週に、学生用 PC や WebCT、サウンドレコーダーなど ICT の使用方法について演習する機会を設けた。

2.4 分析方法

講義を視聴してその内容の一部を口頭再生するという技能統合型タスクの解答音声の正確性を分析することで、音声知覚を支援するための3種類のインプット足場かけの効果を比較検討した。まず英語母語話者と筆者の2名の

採点者が、学習者が口頭産出した解答音声の正確性を1語ずつ個別に評価した。問題文の各語について、正確に発話再生できていれば1点、語形などに一部誤りがある場合には0.5点（例 doesn'tをdoesやdon't）、当該語が再生されていないまたはワードファミリーレベルで誤っている場合には0点（例 doesn'tをisやisn't）として採点した。個別評価ののち、2名の評価者による採点の平均値を各語の得点とした。採点者間の信頼性を示すクローンバックのα係数は.97と十分に高かった。その後、各学習者の口頭再生テストの得点を3つの字幕条件ごとに平均化し、3条件間でインプット足場かけの効果に有意な差がみられるかを一元配置の分散分析（α = .05: Bachman 2004）で検証した。必要に応じて、チューキー検定により多重比較を行った。

表4には、3つのインプット足場かけ群を比較する基準とした、問題文の使用語彙を観点別にまとめている。1つ目の観点である設問全体の語数（465語）については、技能統合型タスクにおける総合的なパフォーマンスを比較するために分析した。

2つ目の観点である内容語／機能語については、技能統合型タスクの成果を質的に検討するために設定した。内容語（content words）は lexical words とも呼ばれ、実質的な意味をもち、テキストや発話行為において情報を伝達する役割を果たす（Biber, Conrad, & Leech 2002）。この内容語には、名詞、動詞、形容詞、そして副詞がふくまれ、発話の際には意味論的内容を伝達するため強勢が置かれることが多い。また内容語は明瞭に発音されるため音声変化は比較的少ない。本調査の問題文のうち255語が内容語であった。

表4　口頭再生テストの使用語彙

	内容語		機能語		縮約語		総語数
名詞	99語	代名詞	59語	縮約語	14語	
動詞	84語	冠詞	50語			
形容詞	46語	助動詞	13語			
副詞	26語	前置詞	50語			
		接続詞	23語			
		間投詞	1語			
計	255語		196語		14語	465語

　機能語 (function words) は文中の単語の意味的な関係性を示すもので、内容語をふくむまとまりを解釈する際の助けとなる (Biber, Conrad, & Leech 2002)。品詞としては代名詞、冠詞、助動詞、前置詞、接続詞、間投詞がふくまれる。発話中では内容語に強勢が置かれる一方で、これらの機能語は意味論的にはメッセージを有しないために弱形で発音されることが多い。たとえば代名詞の you の強形は /juː/ であるが、実際の発話においては弱形の /jə/ で発音される (Marks 2007)。本調査では、実際の英語圏の大学での講義音声を使用したリスニング活動が課されるため、内容語にくらべて機能語の音韻認識は困難であることが予想される。本調査の問題文のうち機能語は 196 語であった。

　比較的少数であったが、本調査の問題文は 14 例の縮約語 (contracted words) もふくんでいた。たとえば代名詞 they /ðeɪ/ と be 動詞 are /ɑr/ で構成される they're は、発話内ではまとめて /ðeə/ とか /ðə/ と弱形で発音されることが多い (Marks 2007)。機能語と同じく、これらの縮約語も本調査のリスニングにおいては正確に音声知覚することは困難になると想定される。

　3 つ目の観点として、内容語と機能語に属する品詞ごとに口頭再生率を比較した。具体的には名詞、動詞、形容詞、副詞、代名詞、冠詞、助動詞、前置詞、接続詞という 9 つの品詞カテゴリーごとに 3 つの字幕条件下での再話

の正確性を分析した。なお間投詞は全部で1例のみと、問題文にほとんどふくまれていないため分析から除外した。

以上の単語レベルでの比較分析とともに、インプット足場かけの使用に関する学習者の態度を調査した質問紙への自由回答も考察にくわえた。この質問紙は、英語字幕や日本語字幕の有効性についての主観的評価を把握するためにEAP授業の最終週に実施された。

3. 結果

本節では、講義視聴と口頭再生からなる技能統合型タスクにおける口頭再生テストの結果について、設問全体、内容語／機能語、品詞別の観点で詳述する。日本語字幕、英語字幕、字幕なしの3種類のインプット足場かけの効果を比較する。

3.1 設問全体の結果

まず、3つのインプット足場かけ学習条件での口頭再生テストの総合成績を表5に示す。全部で465語からなる問題文をもっとも正確に再生できていたのは英語字幕群の72.8パーセント、ついで日本語字幕群が65.6パーセント、字幕なし群は55.5パーセントの再現率であった。一元配置の分散分析の結果、インプット足場かけの種類の有意な主効果が認められた（$F(2, 6285) = 80.196$、$p < .01$、効果量小 $\eta^2 = .03$）。チューキー検定による多重比較によると、英語字幕群の口頭再生率がほかの2群よりも有意に高く、日本語字幕群も字幕なし群にくらべて有意に成績がよかった。以上の結果から、技能統合型タスクの第1段階のリスニング活動において文字情報をインプット足場かけとして活用することは、英語の音声認識を支援することになり、とくにインプット音声と同言語の英語字幕がもっとも効果が高いことが明らかとなった。

表5 設問全体の結果

観点	群	平均	標準偏差	F値	多重比較
設問全体	英語字幕	0.728	0.428	80.196**	英語 >** 日本語
	日本語字幕	0.656	0.450		日本語 >** なし
	字幕なし	0.555	0.473		

$^{\dagger}p < .10, \ ^{*}p < .05, \ ^{**}p < .01$

3.2 内容語／機能語の結果

つぎに、観点別の分析として、内容語と機能語、縮約語の別に口頭再生テストで問題文を正確に復唱できた口頭再生率を表6に示す。

表6 内容語／機能語の結果

観点	群	平均	標準偏差	F値	多重比較
内容語	英語字幕	0.783	0.396	51.530**	英語 >** 日本語
	日本語字幕	0.704	0.430		日本語 >** なし
	字幕なし	0.603	0.467		
機能語	英語字幕	0.657	0.457	28.619**	英語 >** 日本語
	日本語字幕	0.592	0.468		日本語 >** なし
	字幕なし	0.492	0.475		
縮約語	英語字幕	0.708	0.427	2.185	$n.a.$
	日本語字幕	0.674	0.444		
	字幕なし	0.549	0.477		

$^{\dagger}p < .10, \ ^{*}p < .05, \ ^{**}p < .01$

設問全体の結果と同様に、内容語の口頭再生率においても字幕学習条件の有意な主効果が認められ（$F(2, 3460) = 51.530$, $p < .01$, 効果量小 $\eta^2 = .04$)、また機能語に関しても字幕学習条件の主効果は有意であった（$F(2, 2640) = 28.619$, $p < .01$,

効果量小 $\eta^2 = .02$）。多重比較によると、英語字幕群、日本語字幕群、字幕なし群の間における内容語と機能語の再生率の差はすべて有意であった。

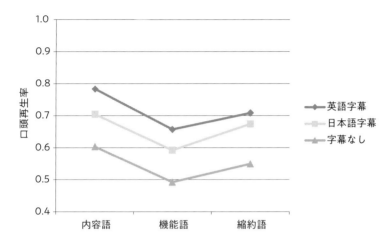

図1 内容語／機能語の口頭再生率

　図1に描出したように、技能統合型タスクにおいて学習者は総じて機能語よりも内容語をより正確に再生できていることがわかった。講義教材を英語の字幕つきで視聴した学習者は約5分の4の内容語を記憶したうえで適切に復唱できていた。一方、字幕なしで視聴した学習者が再生できた内容語は約6割で、機能語にいたっては再生率が50パーセントを下回っていた。以下の例2はタスク2の問題文であり全15語で構成される。なお、ここからの例文では、内容語に下線、機能語に波線を付す。

(2)　［問題文・英語字幕］Actually, as long as you master the key points, you can be a good presenter.
　　［日本語字幕］実際は、キーポイントをつかみさえすれば、よい発表者になれるのである。（タスク2、問2）

　この問題文には、名詞3語（key、points、presenter）、動詞2語（master、be）、形

容詞2語（long、good）そして副詞2語（actually、as）の計9語の内容語をふくむ。また機能語は全部で6語あり、代名詞2語（you、you）、冠詞2語（the、a）、助動詞1語（can）、接続詞1語（as）で構成される。この問題文に対する学習者の解答例として、3つの字幕学習群からそれぞれ1例ずつを以下に抜粋する。なお以下の例文名では、Cが英語字幕（captions）群、Sが日本語字幕（subtitles）群、Nが字幕なし（no-text）群を指し、つづく数字が学習者番号に相当する。また[ ]中の数字はそれぞれの語の得点（0から1）を示している。

(2-C2) Actually[1] as[1] long[1] as[1] you[1] master[1] [0] key[1] points[1], you[1] coul [0.5] be[1] a[1] good[1] presenter[1].

(2-S3) Actually[1] as[1] long[1] as[1] you[1] master[1] the[1] key[1] points[1] you[0.5] can[0.5] [0] [0] good[1] presenter[1].

(2-N4) Actually[1] as[1] long[1] as[1] you[1] have[0] a[0] some[0] points[1] you[1] [0] become[0] a[1] good[1] presenter[1].

　この例2についての内容語の再生得点を小計したところ、C2の学習者が9点、S3は8点、N4は6点であった。英語字幕とともに英語講義を視聴したC2は、9つすべての内容語を復唱できていた一方で、字幕なし学習条件のN4は後続するpointを修飾する名詞keyや、問題文の後半で出現する2つ目の動詞beを適切に発話することができていなかった。6つの機能語に関しては、英語字幕群のC2は4.5点であったが日本語字幕群のS3と字幕なし群のN4の得点は4点であった。この3名のデータは、内容語の方が機能語よりも再生率が高いという全体的な結果の傾向（表6）を反映している。
　一方で、縮約語の口頭再生率に関しては、3種類のインプット足場かけの主効果は統計的に有意ではなかった（$F(2, 179) = 2.185$, $p = .12$, 効果量小 $\eta^2 = .02$）。以下の例3では、It'sとwe'reの2つの縮約語（破線部）がふくまれている。

(3)　［問題文・英語字幕］It's very important if we're thinking about food to take a global view.
　　　［日本語字幕］もし食糧について考えるなら、世界的な視点を持つこと

がごく重要である。(タスク3、問1)

　この例文に登場する2つの縮約語は、どちらも文の主語となる代名詞と述部を構成する主動詞のbe動詞が結びついたものである。日本語字幕ではこれらの縮約を明示的に訳出していないが、実際の英語発話における音声変化に学習者がどの程度対応できるかを評価するため問題文に選定した。またこの問題文は、接続詞のifに導かれる従属節が主節の途中に挿入された構文をとっているため、ひとつづきの音声として伝達されるリスニングに取り組む際に文法解析するのが困難であった可能性がある。

(3-C4)　It's[1] very important if we[0.5] thinking about the food global
(3-S1)　It's[1] very important if we[0.5] think it's that food is global
(3-N5)　It's very…It's[1] very important [0.0] thinking about making global vie…

　上の各字幕条件群における解答例では、問題音声の冒頭に位置していたためか、1つ目の縮約形It'sは全員正確に再生できていた。一方we'reの場合は、字幕なし条件のN5はまったく復唱できていなかった。
　このように内容語と機能語いずれのカテゴリーについても、字幕の補助を受けて技能統合型タスクに臨むことで音声知覚を強化できることが示された。学習者にとっての外国語である英語字幕のほうが、母語である日本語字幕よりも効果が高いことも明らかとなった。一方で、音声変化を多くふくんだり、スピーチの後半に位置するような縮約語に関しては、文字情報の足場かけはあまり参考とならないことがわかった。

3.3　品詞別の結果

　インプット足場かけの効果をさらに検討するために、口頭再生テストのデータを品詞別に分析した。まず内容語に属する名詞、動詞、形容詞、そして副詞の3つの字幕条件ごとの再生率を表7にまとめる。内容語の全体的な傾向と同様に、すべての品詞で英語字幕群の再生率がもっとも高く、72.4から82.0パーセントの成績であった。つづく日本語字幕群が64.5から73.4パー

セントで、字幕なし群は 60 パーセント前後にとどまっていた。

表7 内容語に属する品詞の結果

観点	群	平均	標準偏差	F値	多重比較
名詞	英語字幕	0.820	0.371	28.755**	英語 >** 日本語
	日本語字幕	0.734	0.422		日本語 >** なし
	字幕なし	0.611	0.470		
動詞	英語字幕	0.765	0.406	15.577**	英語 >* 日本語
	日本語字幕	0.677	0.431		日本語 >* なし
	字幕なし	0.591	0.128		
形容詞	英語字幕	0.768	0.409	7.005**	英語 >** なし
	日本語字幕	0.722	0.424		日本語 >* なし
	字幕なし	0.613	0.473		
副詞	英語字幕	0.724	0.423	2.591†	英語 >† なし
	日本語字幕	0.645	0.462		
	字幕なし	0.593	0.476		

†$p < .10$, *$p < .05$, **$p < .01$

　一元配置の分散分析によると、インプット足場かけの種類の主効果は、名詞、動詞、形容詞のカテゴリーで有意であった（名詞 $F(2, 1352) = 28.755$, $p < .01$, 効果量小 $\eta^2 = .04$; 動詞 $F(2, 1128) = 15.577$, $p < .01$, 効果量小 $\eta^2 = .03$; 形容詞 $F(2, 621) = 7.005$, $p < .01$, 効果量小 $\eta^2 = .02$）。副詞についてはインプット足場かけの主効果に有意傾向（†$p < .10$）がみられた（$F(2, 351) = 2.591$, $p = .08$, 効果量小 $\eta^2 = .02$）。多重比較の結果、英語字幕群（72.4%）の再生率が字幕なし群（59.3%）にくらべて有意に高い傾向が確認された。以上、内容語の口頭再生率の傾向を図 2 に描出する。

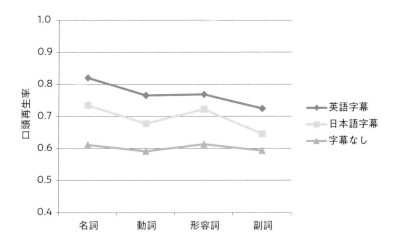

図2　内容語に属する品詞の口頭再生率

　以下の例4は、名詞2語（regard、language）、動詞2語（know、is）、形容詞1語（true）、そして副詞2語（probably、not）と内容語の4つの品詞カテゴリー（下線部）をすべてふくんでいる。日本語字幕にはそのすべてが明示的に訳出されている。つづく3つの引用は各群の口頭再生例である。

(4)　［問題文・英語字幕］Well, we know that this probably is not true with regard to language.
　　［日本語字幕］そして我々は、これが言語についてはおそらく当てはまらないことを知っている。（タスク1、問6）
(4-C2) We know[1] this is[1] not[1] probably[1] true[1] with gard[0.25] language[1]
(4-S4) Well, we know[1] that ...work [0] is[1] not[1] true[1] but with [0] language[1]
(4-N1) Well, we know[1] this [0] [0] not[1] true[1] wit t guarge[0.5].

　これらの解答例は、英語字幕群、日本語字幕群、字幕なし群の順に口頭再生率が高いという全体的な傾向を反映している。まず2つの名詞については、英語字幕群のC2はlanguageを正確に、regardを一部正確に、日本語字幕群のS4はlanguageのみを正確に、そして字幕なし群のN1はlanguageのみを一部

正確に復唱できていた。動詞に関しては文字情報の支援をうけていた C2 と S4 のみが know と is を正確に再生できていた。形容詞 true については 3 者とも適切に復唱できていた。しかしながら 2 つの副詞の解答傾向は一貫しておらず、3 者ともに not は復唱できていたものの、probably は英語字幕の補助を受けた C2 のみが正確に再生できていた（ただしその位置は問題文とは異なっていた）。このように、副詞のカテゴリーのみインプット足場かけの主効果は有意ではなく、いずれの条件でも再生率に差はなかった。

　つぎに、機能語に属する代名詞、冠詞、助動詞、前置詞、接続詞そして間投詞の品詞カテゴリーの結果を表 8 にまとめる。先述した内容語の結果とは異なり、機能語に属する品詞の結果は一貫しておらず、日本語字幕の学習効果があまり高くなかった。機能語をもっともよく再生できていたのは英語字幕群で 59.8 から 69.5 パーセントであり、つづく日本語字幕群が 54.5 から 64.7 パーセント、字幕なし群は 42.3 から 54.6 パーセントであった。

表8　機能語に属する品詞の結果

観点	群	平均	標準偏差	F値	多重比較
代名詞	英語字幕	0.695	0.447	7.286**	英語 >** なし
	日本語字幕	0.647	0.453		日本語 >* なし
	字幕なし	0.546	0.476		
冠詞	英語字幕	0.655	0.457	5.317**	英語 >** なし
	日本語字幕	0.560	0.469		英語 >[†] 日本語
	字幕なし	0.520	0.464		
助動詞	英語字幕	0.685	0.446	3.405*	英語 >* なし
	日本語字幕	0.545	0.472		
	字幕なし	0.470	0.467		
前置詞	英語字幕	0.598	0.470	8.707**	英語 >** なし
	日本語字幕	0.566	0.479		日本語 >** なし

	字幕なし	0.423	0.478		
接続詞	英語字幕	0.680	0.456	7.169**	英語 >** なし
	日本語字幕	0.604	0.471		日本語 >* なし
	字幕なし	0.442	0.476		
間投詞	英語字幕	0.600	0.548	*n. a.*	*n. a.*
	日本語字幕	0.750	0.500		
	字幕なし	1.000	0.000		

† *p* < .10, * *p* < .05, ** *p* < .01

一元配置の分散分析を行った結果、代名詞、冠詞、助動詞、前置詞、接続詞の5つの品詞カテゴリーについて英語字幕群が字幕なし群よりも有意に再生率が高かった（代名詞 $F(2, 775) = 7.286$、$p < .01$、効果量小 $\eta^2 = .02$; 冠詞 $F(2, 687) = 5.317$、$p < .01$、効果量小 $\eta^2 = .02$; 助動詞 $F(2, 174) = 3.405$、$p < .05$、効果量小 $\eta^2 = .04$; 前置詞 $F(2, 669) = 8.707$、$p < .01$、効果量小 $\eta^2 = .03$; 接続詞 $F(2, 310) = 7.169$、$p < .01$、効果量小 $\eta^2 = .05$）。

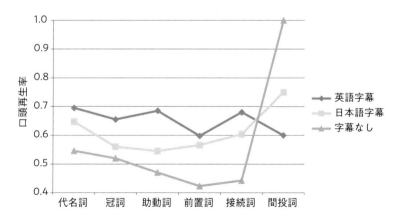

図3 機能語に属する品詞の口頭再生率

図3に描出したように、日本語字幕群は代名詞、前置詞、そして接続詞のカテゴリーでは字幕なし群より有意に再生率が高かったが、冠詞と助動詞については両者に有意差はなかった。この結果は、日本語字幕の支援を受けてリスニングを行った学習者にとっては冠詞と助動詞がもっとも音韻認識の難しい品詞カテゴリーであったことを示す。その例として、以下の例5には冠詞が4つふくまれている（破線部）。この問題文は14語と長いものであったため、日本語字幕は2行に分けて表示した。また、2つ目の冠詞aが「一形態」の「一」として表現されている以外は、日本語字幕では冠詞が明示的に訳出されていない。

(5)　［問題文・英語字幕］Essentially, a presentation is a form of communication between the speaker and the audience.
　　［日本語字幕］元来、プレゼンテーションとはコミュニケーションの一形態である
　　発表者と聴衆のあいだの。（タスク2、問1）

(5-C1) Essentially, the[0.5] presentation is a[0.5] form of communication between the[1] audience and the[1] speaker.

(5-S4) Essentially, [0] presentation is a[1] form of communication between [0] speaker and [0] audience.

(5-N1) Essentially, [0] presentation is a[1] communication between the[0.5] audience and [0] presentater.

　どの字幕学習群の解答例でもすべての冠詞を完全には再生できておらず、機能語を適切に音声知覚することの難しさを表している。英語字幕群のC1は精度を別にしてすべての冠詞を発話できていたが、日本語字幕群のS4は日本語字幕にも訳出されていた2つ目の冠詞aのみを再生していた。この事例から、しばしば冠詞の情報が欠落する日本語字幕は、スピーチにおける決定詞を解析するのには有効でないことがわかった。
　助動詞の口頭再生率についても、英語字幕群が秀でていた一方で日本語字幕群と字幕なし群では有意差がみられなかった。以下の例6は2つの助動詞

（has、have）をふくんでいる（波線部）。

(6) ［問題文・英語字幕］As the population has grown, people have gotten richer.
［日本語字幕］人口増加に伴い人々はより裕福になってきている。(タスク4、問8)

(6-C4) As the population has[0.5] grow, people have[1.0] get rich.
(6-S4) As the population has[1.0] grown, people [0.0] got richer.
(6-N1) As the population [0.0] grows, people have[0.5] richer.

　問題文では助動詞 has と have はともに現在完了形として時制を表す働きを持つが、日本語字幕では2つ目の have のみが「きている」という表現で訳出されていた。解答例に目を向けると、英語字幕群の C4 は、リスニング中に英語字幕を介してこれらの表現を目にする機会を得ていたためか、どちらの助動詞にも言及できていた。しかし S4 のように、日本語字幕群はリスニング中に日本語字幕を介して2つ目の助動詞 have に関する文字情報に触れていたにもかかわらず、まったく適切に再生できていなかった。字幕なし群の N1 は、この2つ目の助動詞 have に言及できていたがその正確性が不十分であった。

4. 考察

　前節で報告した単語レベルでの分析から、講義を聞いてその内容の一部を口頭で復唱するという技能統合型タスクにおいては、概して目標言語である英語の字幕が、スピーチ中の副詞をのぞくあらゆる品詞カテゴリーの単語を正確に知覚するためにもっとも有効であることが明らかとなった。日本語字幕の音声認識への効果については、形容詞、冠詞、助動詞の品詞カテゴリーでは有意でなかった。

4.1 英語字幕によるインプット足場かけ

　本調査では、リスニング教材と同言語の英語字幕を活用することが、聞い

て話す技能統合型タスクではもっとも教育効果が高いことが示された。英語字幕を視聴しながらタスクに取り組んだ学習者は、縮約語と副詞をのぞいてほとんどの単語を比較的よく再生できていた。この傾向は、オランダ語母語話者の英語学習における音声知覚を検討したMitterer and McQueen（2009）の結果と一致している。彼らの研究では、リスニングのインプット処理においては目標言語による文字情報を提示することがインプット音声の単語認識を強化することを明らかとした。本研究でも、目標言語音声と同期にその言語的特徴を表示する目標言語字幕はインプット処理の負担とはならず、むしろ有効な音声知覚の足場かけになることを示唆できた。学期終了時に実施した自由記述式の質問紙調査からは、英語字幕を活用したタスクに対して以下の感想が得られた。

(7) 完全に聴き取れなくても、字幕と合わせて語彙が特定できることがありました。
(8) 聞き取りづらい言葉を字幕で見ておくことによって、復唱するまえに文章がなんとなく記憶に残るという点で役にたった。
(9) 内容がある程度覚えていられるので、復唱の際に内容を考えて、何が話されているのかを推測することができた点で役に立った。

　回答（7）は、リスニング処理における単語の認識に英語字幕が役立ったことを述べている。また回答（8）と（9）からは、目標言語の音声と同時に文字でも確認できることが技能統合型タスクの後半で行うスピーキングへの助けとなったことがうかがえる。音声と同じ言語とタイミングで文字情報をインプット足場かけとして用いることで、アウトプットの正確な産出を強化でき、学習者自身もその効果を好意的に評価していることがわかった。
　一方、縮約語と副詞の音声知覚における英語字幕の効果は限定的であった。学習者にとってなじみのある個別の単語の辞書形の発音とは異なり、縮約語は発音される長さも短く強勢もなくなるなどの音声変化をともなう。実際の発話と目標言語字幕が想起させる辞書形に近い音韻表象とが大きく異なったため、英語字幕が有効に働かなかったと推察される。つぎに副詞の再現

率が低かった要因としては、内容語に属するほかの品詞カテゴリーにくらべて、副詞は意味伝達上の重要性が低いことがあげられる。一般に、節を構成するための必須要素となるのは内容語のなかでも動詞と名詞であり、形容詞は名詞の特性を修飾する働きを有する（Biber, Conrad, & Leech 2002）。副詞も動詞や形容詞を修飾する働きを持つものの、節を構成するための必須の要素ではない。したがって、このような周縁的な品詞にまで学習者は十分に注意を払えなかった可能性が考えられる。

4.2　日本語字幕によるインプット足場かけ

　英語字幕の効果には及ばないものの、日本語字幕も聞いて話す技能統合型タスクにおける目標言語の音声知覚をある程度支援できていた。英語講義を母語である日本語に訳された文字情報とともに視聴した学習者は、名詞、動詞、形容詞、代名詞、前置詞、そして接続詞を、字幕なし条件にくらべて統計的に有意に復唱できていた。これは、先述した Mitterer and McQueen（2009）の母語による文字情報は目標言語音声のインプット処理を阻害するという主張と矛盾していた。本調査に参加した日本語母語話者は、限られたリスニング処理の時間のなかで目標言語である英語の音韻的な特徴を把握するために、日本語字幕から得られた意味的な情報を有効活用できていたようだ。このことは以下の質問紙調査で得られた声にも表れている。

(10) 大体の内容を理解することで聞き取りづらかった単語も補完出来た。
(11) 内容理解の助けになるためわからない部分を補う頼りになった。

　目標言語音声で使用される大多数の内容語と機能語のいくつかを知覚するうえでの母語字幕の有用性については、日本語の書記体系の特徴から考察できるだろう。第3章でも議論したように、日本語はひらがなとカタカナ、漢字という3種類の文字体系を有する。このうちひらがなとカタカナは、1つの文字で音素または音節を表す表音文字（phonograms）であり、読解の際には心内で文字情報を音韻に変換する音韻符号化処理（phonological processing）を一般に必要とする。漢字は意味を形や絵によって示す表意文字（logograms）であり、

音韻符号化処理を介さずに文字から表象する概念を直接想起することが可能である。日本語の書記体系では、漢字が中心となって意味的なメッセージを伝達する一方、ひらがなやカタカナはそれらの文法的な機能を修飾する。したがって学習者が日本語字幕のなかでも漢字の意味のみに集中して読解する場合には、英語音声を聴解しながらその音韻情報を処理するというリスニング処理はあまり阻害しないと考えられる。もちろん日本語字幕のひらがなやカタカナという文字入力の処理は、英語音声の音韻認識にもある程度影響するかもしれないが、本調査が対象とした日本人の英語学習者にとっては、母語字幕は認知的な負担ではなく英語の音声知覚の有効な支援となっていた。

しかし、母語字幕のインプット足場かけとしての効果は万能ではなく、縮約語、副詞、冠詞、そして助動詞の再生率に関しては字幕なし条件と有意差がなかった。このうち縮約語と冠詞についてはそれらに対応する日本語訳が母語字幕に明示的にふくまれない場合の多かったことが要因として考えられる。英語の縮約語は文の主部となる代名詞と述部となる動詞で構成されるが、日本語は主語 (subject)、目的語 (object)、動詞 (verb) というSOV語順をとるため、母語字幕では文頭と文末に情報が分割されて訳出されることが多い。さらに日本語は文脈から推測できる場合には主語の要素を省略することが一般的であり、本調査でも例3のようにIt's のIt やwe're のwe に相当する表現が日本語字幕では省略されていた。同様に、文において決定詞を明示しないというもう1つの日本語の特徴を反映して、日本語字幕では冠詞はほとんど訳出されていなかった (例5)。以上のように、日本語字幕は日本語の言語特性を反映した表現を採用していたために、縮約語や冠詞など目標言語である英語に特有の言語事象に関しては、音声知覚の助けにならなかったと考えられる。

つぎに副詞や助動詞は節を構成する主要な要素ではなく、副詞が動詞の様態や場所、時間、程度を修飾し、助動詞は動詞の態を表すというように、補助的な文法機能を担っている。本調査の日本語字幕では、例6のhas など少数の例外をのぞき、例3のprobably やnot、例6のhave などのように副詞や助動詞を明示的に訳出していた。それでも文法的に周縁な機能を果たす品詞カテゴリーについては、母語による文字情報の足場かけの効果は限定的で

あったと言える。

5. まとめ

　本章では、英語字幕と日本語字幕という異なるインプット足場かけが、英語講義を聞いて一部の内容を話すという技能統合型タスクにおける英語の音声知覚を補助する働きをもつことを実証した。英語字幕は文字という2つ目の経路による目標言語のインプットであり、英語音声のインプットにおける音韻認識を強化していた。この成果は、Mitterer and McQueen (2009) がオランダ語母語話者の英語学習において検証した結果と一致するものであった。くわえて、本研究の新たな成果は母語字幕の働きに関する知見であろう。すなわち日本語の母語字幕では、文字が意味情報を直接示す漢字という表意文字を活用できるために、目標言語音声の音韻処理を阻害することなく技能統合型タスクのインプット足場かけとしての効果を発揮できるのである。以上の技能統合型タスクにおけるパフォーマンスにもとづく客観的な成果にくわえて、学期末に実施した質問紙調査からも、学習者は英語字幕および日本語字幕のインプット音声を認識するうえでの有用性を肯定的に評価していることを確認できた。英語字幕は目標言語の言語形式を表す2つ目のインプットとして、日本語字幕は意味的な側面を補強する副次的な情報として、ともに音声知覚を補助する役割を果たすことができると結論づける。

第 6 章　事前学習の内容理解への効果

1. はじめに

　本章では、リスニングとライティングからなる技能統合型タスクにおけるインプット足場かけとして事前学習の効果を比較する。まとまった長さの講義を聴解し、その内容を筆記再生するという活動に着目し、その事前にどのような情報を学習することが内容理解をもっとも促進するかを作成された要約の分析から考察する。

　事前学習で使用する先行オーガナイザーとしては、講義の見出し、重要語、低頻度語の3つを設定した。66名の大学生を3つの事前学習条件に分け、各条件群をさらに上位群と下位群に分けることで6つの実験群を設定した。技能統合型タスクで産出された筆記要約のデータを、量的分析として総語数、質的分析として元情報の再現度の観点から比較した。本章では、学習者が作成した要約例についても具体的に言及しながら、それぞれの先行オーガナイザーがもつインプット足場かけとしての役割を議論する。

2. 方法

2.1 協力者

　本調査には、日本の大学で英語を学ぶ66名の学部1年生が参加した。す

べて同一の教師が担当する必修の学術英語科目を受講している。所属学部は農学部、理学部、総合人間学部である。後述する習熟度テストによると、英語運用能力はヨーロッパ言語共通参照枠（Common European Framework of Reference, CEFR: Council of Europe 2014）のB1からB2レベル、すなわち独立した言語使用者（independent users）と同等であると推定される。ただし本調査は関西圏の有名大学の英語科目において実施しているため、調査協力者の意思決定能力や批判的思考力などの認知能力は、平均的な日本の大学生とくらべると概して高いであろうことに注意する必要がある。

2.2 使用素材

学習実験で用いるリスニングとライティングからなる技能統合型タスクは筆者によって開発された。まず無償でオンライン公開されている英語による講義ビデオを1つ選定し、それに対応する見出し、重要語、低頻度語の3種類の事前学習教材を準備した。また本調査に先だち、協力者の英語運用能力を文法知識の観点から測定したうえでレベル分けをするため、習熟度テストを設定した。

2.2.1 講義教材

リスニングのための視聴覚教材は、英語による講義をインターネットで無料配信するTED Talksより選定した。デンマークの政治経済学者Bjørn Lomborgによる地球規模の問題に関する講義（Lomborg 2005）の一部を抜粋し、長さ1分半、全274語からなる教材に設定した。発話速度は183wpmであり、前章で用いた講義素材より少し速い教材である。発話テキストの複雑性に関して、使用される語彙の平均は3,000語レベルであり、こちらは前章と同程度と言える。

この講義を技能統合型タスクのリスニング教材として採用した理由はつぎの通りである。まず、抜粋した場面において話者は地球規模の問題を講義の主題として提起し、10の問題を具体的に列挙したうえで、それらの問題ではなく解決法に着目して優先順位をつけるべきという自論を述べており、序論・本論・結論の流れが明瞭である。また、話者の専門は政治経済学である

ものの、どの研究分野を専攻している学生にも関係のある時事問題を題材としてあつかっている。議論が高度に専門的になりすぎず、学部1年生向けのEGAP教材として適切であると判断した。

2.2.2 先行オーガナイザー

事前学習として提示する先行オーガナイザーとしては、講義教材の見出し、重要語、低頻度語の3種類のインプット足場かけを開発した。MicrosoftのPowerPointを用いて各先行オーガナイザーにつき1スライドを作成し、学習者の母語である日本語で以下の情報を説明した。

まず見出し（outline）としては、講義があつかう話題の論理的な流れを示す、以下のO1からO5の5つの日本語の文を作成した。

(O1) 話者は、講義の主題（世界の問題）について、理想と現実を対比しながら導入する。
(O2) 話者は、主題を考えるため条件設定（金額と時間）をしながら、ある命題を提示する。
(O3) 話者は、命題を考えるための10の事例を列挙する。
(O4) 話者は命題を考える際に注意すべき点として、問題に焦点をあてすぎることをあげている。
(O5) 話者は、命題に取り組む際のポイントは「〇〇ではなく△△だ」と述べることで講義をまとめている。

これらの見出しは、講義で議論される主題（Theme）をその出現順に紹介するものだが、それぞれに対する話者の題述（Rheme）はふくまない。たとえばO1の文からは、講義の主題が世界の問題であり、理想と現実を二項対立的に捉えた論証が展開されることが読み取れる。一方、実際に話者が理想と現実にどのような価値づけを与えるかという題述を知るための手がかりは提示されておらず、聞き手自身が講義から聴解することが要求されている。このように見出しの先行オーガナイザーは、講義の全体像をつかみ、リスニングへの心構えを持つ助けとなることをねらいとしている。

つぎに重要語（keywords）の先行オーガナイザーは、英語教育の専門家により、講義の概要を把握するために必須となる単語を中心に選定された。重要語の選択方法としてこれまでの先行研究では、本文中における単語の出現頻度や特徴語などをテキストマイニングで自動的に抽出する手法や、専門家による主観的判断に委ねて手動で行う方法など、さまざまなアプローチが取られてきた。本研究があつかう視聴覚教材は全体でも 1,000 語未満と短いテキストであり自動化された言語分析の手法は適さないため、専門家による主観的な評価を採用することとした。

　重要語の選定にあたり、まず 4 名の英語教師が個別に講義のスクリプトを読み、内容を理解するために意義深いと思われる単語を選択した。そのうち 2 名以上の評価者が選択した以下の 10 単語を重要語として決定した。提示順はアルファベット順とし、日本語の意味とともに表示した。

　　biggest 最大の、challenge 課題、first 最初に、prioritize 優先させる、problem 問題、question 質問、solution 解決策、solve 解決する、spend 費やす、world 世界

　さいごに低頻度語（difficult words）の先行オーガナイザーは、3,000 語レベル以上の単語という基準で選定された。Zeeland and Schmitt (2013) によると、聞いた情報を十分に理解するためには音声中に出現する単語のうち約 95 パーセントの意味を知っている必要があるとされる。一般的なリスニング音声の 95 パーセントの意味をカバーするためには 2,000 語から 3,000 語レベルのワードファミリーの単語知識を有することが求められる。言い換えると、3,000 語レベル以上の単語の意味を事前に学習できていれば、リスニング全体の理解度を底上げすることが期待できる。そこで単語の語彙情報を解析できるオンラインサイト Web Vocabprofile (Cobb 2008) を使用し、British National Corpus を基準として、講義のスクリプトから 3,000 語レベル以上の 10 単語を低頻度語として抽出した。

　　barrier 障壁、billion 10 億、climate 気候、corruption 汚職、encompass 含

む、governance 統治、malnutrition 栄養失調、migration 移民、sanitation 衛生、subsidy 補助金

これらの低頻度語の先行オーガナイザーも、アルファベット順に日本語の意味とともに提示した。

2.2.3 習熟度テスト

協力者の英語習熟度を測定し 6 つの実験群にレベル分けするために用いたのは、EAP 場面での英語運用能力を測定する TOEFL の旧式 Practice Test よりセクション 2 の文法問題 (Structure and Written Expression) 全 40 問である (Educational Testing Service 1997)。前半の 15 問は文中の空所に選択肢より正しい語句を補って文を完成させる問題で、後半の 25 問は文中における語法や文法の誤りを選択肢から選ぶ問題である。制限時間は 25 分で、辞書等は使用せずに解答させた。

2.3 調査手順

本調査は、同一のシラバス、教師による 3 つの学術英語クラスにおいて 2 週間にわたって実施された。CALL 教室を利用し、学生は 20 インチモニタを有する同スペックの学生 PC とヘッドフォンを個別に割り当てられた。1 週目には、TOEFL の文法問題による習熟度テストを受験し、3 種類の事前学習群および上位群・下位群にふり分けられた。習熟度テストの問題は Google forms を使用して個別の学生 PC に配信され、学習者は 25 分ですべての問題に解答のうえ結果を送信するように指示された。

2 週目には、教育調査の趣旨が説明され、リスニングとライティングからなる技能統合型タスクが実施された。その事前学習として前節で説明した先行オーガナイザー3 種類(見出し、重要語、低頻度語)のうち 1 種類が学習者に与えられた。第 1 週の習熟度テストの結果により割り当てられた先行オーガナイザーの説明画面が学生 PC に個別配信された。学習者は技能統合型タスクに先だつ情報として提示された内容を 5 分間で記憶し主タスクに備えた。その後、リスニングとライティングの技能統合型タスクが開始された。まず、学

習者は個別 PC に配信された講義教材を 10 分間視聴した。時間内であれば映像を一時停止したり巻き戻ししたりすることも認められ、講義についてメモをとることも推奨されたが、辞書の使用は禁止された。つぎに、学習者は講義の内容を英語で要約することを課された。制限時間は 20 分間で、英文は個別 PC を用いて Microsoft Word に入力した。ここでも辞書の使用は許可されていない。すべての技能統合型タスクが完了したら、CALL 管理システムを介して要約データを個別 PC から教師 PC へ提出した。以上のように、本調査のタスクは学生 PC を利用して個別に実施された。

2.4 分析方法

本調査に先だって実施した習熟度テストの結果は、3 種類の事前学習を要因 1、2 つの英語レベルを要因 2 とする二元配置の分散分析を用いて分析した（$\alpha = .05$）。チューキー・クレーマー検定による多重比較を行い、各事前学習条件のなかで上位群と下位群のテスト結果に有意差があること、また各レベルの 3 つの事前学習条件間には有意差がないことを確認した。

つぎに、設定した 3 種類の事前学習が技能統合型タスクの遂行にどのような影響を与えるかをレベル別に検討するために、同タスクの最終成果物である筆記要約の内容を検討した。要約の精度を分析するため、元情報である英語講義スクリプトを AS-unit を基準に分節した。AS-unit とは、任意のアイデアユニット (idea unit: IU) を示すもので、話し言葉のパッセージの意味的な分節に一般的に用いられる (Foster, Tonkyn, & Wigglesworth 2000)。表 1 に示すように、全体で 23 の IU が生成された（以下では IU1 から IU23 と呼ぶ）。講義全体の概要をふまえ、重要度を 5 つの主情報 (main ideas: M)、5 つの補助情報 (supporting ideas: S)、13 の付加情報 (additional ideas: A) の 3 段階に重みづけした。このように IU で重みづけした講義スクリプトを筆記要約の評価基準として用いた。

表1 講義スクリプトのIU（Lomborg 2005）

IU1	M	What I'd like to talk about is really the biggest problems in the world.
IU2	A	There are many, many problems out there.
IU3	S	In an ideal world, we would solve them all,
IU4	A	but we don't.
IU5	S	We don't actually solve all problems.
IU6	A	And if we do not, the question I think we need to ask ourselves –
IU7	A	and that's why it's on the economy session --
IU8	M	is to say, if we don't do all things, we really have to start asking ourselves, which ones should we solve first?
IU9	A	And that's the question I'd like to ask you.
IU10	S	If we had say, 50 billion dollars over the next four years to spend to do good in this world, where should we spend it?
IU11	S	We identified 10 of the biggest challenges in the world,
IU12	S	and I will just briefly read them: climate change, communicable diseases, conflicts, education, financial instability, governance and corruption, malnutrition and hunger, population migration, sanitation and water, and subsidies and trade barriers.
IU13	A	We believe that these in many ways encompass the biggest problems in the world.
IU14	A	The obvious question would be to ask, what do you think are the biggest things?
IU15	A	Where should we start on solving these problems?
IU16	A	But that's a wrong problem to ask.
IU17	A	That was actually the problem that was asked in Davos in January.
IU18	M	But of course, there's a problem in asking people to focus on problems.
IU19	M	Because we can't solve problems.
IU20	A	Surely the biggest problem we have in the world is that we all die.
IU21	A	But we don't have a technology to solve that, right?
IU22	A	So the point is not to prioritize problems,
IU23	M	but the point is to prioritize solutions to problems.

M = 主情報、S = 補助情報、A = 付加情報

本分析としては、2名の英語教員が要約データを個別に評価し、講義における 23 の IU がふくまれているかどうかを分析した。評価者間の内的一貫性を示す指標は $r = .82$ で、十分な信頼性が確保できたと言える。2者の評価が一致しない場合には、話し合いのうえ最終評価を定めた。当該の IU について要約で言及していた人数をその群の全数で割ることで、各群における IU の再生率を算出した。要約データにおいて講義に関する誤解を暗示する記述がみられた場合には、別途記録した。個別の評価が完了したら、6群の間で講義内容の再現度に差がみられるかを二元配置の分散分析およびチューキー・クレーマー検定による多重比較を行い検討した。具体的には、量的分析として要約の総語数を、質的分析として主情報、補助情報、付加情報の再生率を比較した。

3. 結果

本節では、本調査の結果を詳述する。習熟度テストから示された調査協力者の英語運用能力を報告したのちに、筆記要約の総語数、リスニング情報の再現率、そのほか特筆すべき結果の順に報告する。

3.1 習熟度テスト

まず、本調査のために設定した6つの実験群の、TOEFL Practice Test 形式の習熟度テストの結果をまとめたのが表2である。テストは 40 点満点で、3つの上位群は平均 30 から 31 点であった一方、下位群3つの平均は 24 から 25 点であった。二元配置の分散分析を行ったところ、英語習熟度による主効果は有意であったが（$F(1, 60) = 85.27, p < .001$, 効果量大 $\eta^2 = .58$)、事前学習条件の主効果は認められなかった（$F(2, 60) = 0.36, p = .70$, 効果量なし $\eta^2 = .01$)。チューキー・クレーマー検定による多重比較からは、各組合せにおいて上位群は下位群よりも有意に文法能力が高いこと、同じ英語レベルでは学習者の文法能力は標準化されていることが確認された。

表2 習熟度テストの結果

群	見出し/ 上位（OH）	見出し/ 下位（OL）	重要語/ 上位（KH）	重要語/ 下位（KL）	低頻度語/ 上位（DH）	低頻度語/ 下位（DL）
人数	11	12	11	11	11	10
平均	30.18	25.00	30.55	24.27	31.00	25.10
標準偏差	2.09	2.37	2.51	2.20	2.72	3.28

　上位群のテストスコアは、3つの事前学習条件ともに平均30から31点であり、Educational Testing Service（1997, 2014）の換算表によると、推定されるTOEFL PBTスコアは550から560点である。これはCEFR（Council of Europe 2014）のB2レベルに相当する。B2レベルに対応する能力記述文をみると「自分の専門分野の技術的な議論もふくめて、抽象的かつ具体的な話題の複雑なテクストの主要な内容を理解できる。」（笹島・大橋訳 2014: 25）とされる。一方、3つの下位群の平均テストスコアは24から25点で、こちらはTOEFL PBT換算で490から500点、CEFRのB1レベル相当とされる。B1レベルの学習者は、「仕事、学校、娯楽で普段出会うような身近な話題について、標準的な話し方であれば主要点を理解できる（同上: 25）」とみなされる。すなわち上位群と下位群の大きな違いは、目標言語である英語を用いて複雑で抽象的な内容をやり取りできるかどうかであると言える。ただし、両群はどちらも自立した言語使用者（independent users）に属すことには変わりなく、標準的な日本人大学生の習熟度であるA2レベルよりは高い水準にあった（鈴木・原田 2011）。

3.2　筆記要約の総語数

　ここからの2節は、技能統合型タスクの最終成果物である筆記要約の分析結果を詳述する。量的には産出された要約の総語数、質的には聴解すべき元講義の情報の復元度の観点から、事前学習で与えた異なる3つの先行オーガナイザーの効果を比較しながら確認する。

　本調査が設定した6つの実験群が作成した、講義の筆記要約の平均総語数を表3に示す。習熟度にかかわらず、見出し群がもっとも長い要約を作成できており、その分量は100語近くに達している。重要語群は約80語程度の

要約を書けていたが、低頻度語群の要約の長さは、上位群で約90語なのに対し下位群では60語に満たず、英語力の影響を強く受けていた。二元配置の分散分析の結果、事前学習条件と習熟度ともに有意な主効果が確認された（事前学習条件 $F(1, 60) = 6.25, p < .01$, 効果量大 $\eta^2 = .16$, 習熟度 $F(1, 60) = 4.09, p < .05$, 効果量小 $\eta^2 = .06$）。

表3 筆記要約の総語数

習熟度	群	平均	標準偏差	多重比較
上位	見出し/上位（OH）	103.09	31.57	OH >* KH
	重要語/上位（KH）	77.09	19.41	
	低頻度語/上位（DH）	87.91	25.72	
下位	見出し/下位（OL）	92.75	20.13	OL >* DL
	重要語/下位（KL）	79.91	26.06	
	低頻度語/下位（DL）	58.90	21.61	

$^\dagger p < .10, ^* p < .05, ^{**} p < .01$

　習熟度別にみると、上位レベルでは見出し/上位（OH）群が103.09語と、重要語/上位（KH）群の77.09語とくらべて有意に産出した要約の分量が多かった。それ以外の組み合わせの多重比較ではいずれも有意差は確認されなかった。下位レベルでも、見出し/下位（OL）群が92.75語と比較的詳細な要約を作成できていた一方で、もっとも語数が少なかったのは低頻度語/下位（DL）群の58.90語であり両者には有意差がみられた。多重比較によるとそれ以外の組み合わせは有意ではなかった。

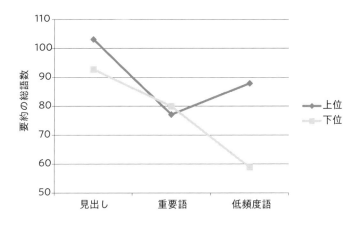

図1 筆記要約の総語数

　聞いて書くという技能統合型タスクにおける成果物である要約の量的分析からは、講義の流れを事前に学習する見出しの先行オーガナイザーが、その後のアウトプットの産出にもっとも寄与するということが示された。未知語である可能性の高い低頻度語の意味を事前に学習することは、英語力が比較的高い学習者にとっては、より長い要約を作成する助けとなっていた。しかしCEFRのB1レベルの学生にとっては、学術的な講義を聞いて抽象的なトピックを把握するという高度なタスクに対処するための手がかりとはなりにくいようである。興味深いことに、講義の要旨に関わる重要語の意味を事前に学習することは中間的な役割を果たし、習熟度の影響をあまり受けていなかった。

3.3 講義からの情報の再生率

　ここからは事前学習の技能統合型タスクへの効果をより質的に検討するため、最終成果物の筆記要約における元の講義からの情報の再現度を、主情報、補助情報、付加情報という3段階にIUを重みづけて分析する。

3.3.1 主情報の再生率

　先述した通り、講義教材のうち重要な論旨に関わる主情報のIUは5つ設

定されていた。表4のように、その再生率がもっとも高かったのは見出し/上位（OH）群の58.2パーセントで、もっとも低いのは低頻度語/下位（DL）群の20.0パーセントという結果となった。

表4 要約における主情報の再生率

習熟度	群	平均	標準偏差	多重比較
上位	見出し/上位（OH）	0.582	0.189	OH >* DH
	重要語/上位（KH）	0.382	0.189	OH >† KH
	低頻度語/上位（DH）	0.364	0.196	
下位	見出し/下位（OL）	0.550	0.271	OL >** DL
	重要語/下位（KL）	0.473	0.224	KL >* DL
	低頻度語/下位（DL）	0.200	0.133	

$^\dagger p < .10, ^* p < .05, ^{**} p < .01$

二元配置の分散分析を行ったところ、有意な主効果が確認されたのは事前学習条件のみ（$F(1, 60) = 10.32, p < .001$, 効果量大 $\eta^2 = .25$）で、習熟度については主効果はみられなかった（$F(1, 60) = 0.47, p = .50$, 効果量なし $\eta^2 = .01$）。多重比較によると、見出し/上位（OH）群の主情報の再生率が58.2パーセントと、低頻度語/上位（DH）群の36.4パーセントにくらべて有意に高かった。さらに下位群においては、見出し/下位（OL）群（55.0%）だけでなく重要語/下位（KL）群（47.3%）も、低頻度語/下位（DL）群の20.0パーセントを有意に上回っていた。また、低頻度語を事前学習する条件のみ、低頻度語/上位（DH）群（36.4%）と低頻度語/下位（DL）群（20.0%）再生率の差に有意傾向（$^\dagger p < .10$）がみられた。

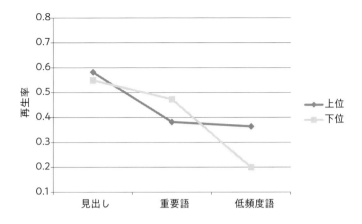

図2 要約における主情報の再生率

　この主情報となる5つのIUのなかでも、IU23の再生率が事前学習の内容によって大きく異なっていた。IU23は元講義の最終場面で、話者が "but the point is to prioritize solutions to problems" ともっとも伝えたい主張を提示して議論をまとめた一節である。各群においてIU23の内容を適切に言及できていた要約の数を表5に示す。

表5 主情報IU23に言及している要約の数

習熟度	群	言及あり	言及なし	割合
上位	見出し／上位（OH）	8	3	72.73%
	重要語／上位（KH）	8	3	72.73%
	低頻度語／上位（DH）	6	5	54.55%
下位	見出し／下位（OL）	10	2	83.33%
	重要語／下位（KL）	8	3	72.73%
	低頻度語／下位（DL）	2	8	20.00%

　見出しと重要語を事前学習した群の多数が、この話者の結論（IU23）を要約できていた一方で、低頻度語群では習熟度にかかわらず言及できていた割合はあまり大きくなかった。各群が事前学習した情報が要約の出来にどのよう

に影響を与えているか、要約例を参照しながらさらに検討する。

まず、見出しの先行オーガナイザーのうち IU23 に対応するのは (O5)「話者は、命題に取り組む際のポイントは『〇〇ではなく△△だ』と述べることで講義をまとめている。」であった。話者の題述に相当する "prioritizing solutions to problems（問題の解決法を優先づける［べき］こと）" はふくまれておらず、リスニング中から学習者自身が把握する必要があった。以下の例1は見出し / 上位（OH）群の要約例である。

なお本章で紹介する要約例[1]では、IU の境界にスラッシュ (/) を付し、元講義の IU 番号（表1）を注記している。IU の重要度に応じて、主情報には下線、補助情報には波線を付している。また IU 番号の右隣の△は、講義の内容理解が不十分であることを示す。同じく×は、講義とは無関係の誤解であることを指す。

(1)　The speaker introduces his speech mentioning the world problems as the main argument point [IU1]/. He says that in the real world [IU3]/ we can solve not all problems in the world [IU4]/ contrary to the ideal world [IU5]/.

　　Next, the speaker gives a question [IU9]/ which asks which problem we should solve first in the real world [IU8]/. He supposes that we have 50 billion dollars and 4 days to spend the money [IU10△]/. To think about this question, the speaker shows 10 examples, which are thought to be biggest problems in the world [IU11]/. As the point we should pay attention when we think about this question, he warns that we should not focus on the problem itself too much [IU18]/.

　　The speaker concludes his speech by saying that what we have to focus on is not problems [IU22]/ but solutions to the problems, when we cope with the question [IU23]/.

この学習者は、結論である IU23 の内容を直前の IU22 に関連づけながら適切にまとめている。実際の講義では、IU22 で "So the point is not to prioritize problems" と発言しており、これ自体は付加情報であるものの、後続する主情

報のIU23を導出している。見出し条件では、O5として「○○ではなく△△だ」という先行オーガナイザーに触れていたため、not A but Bという構文への気づきが高まった状態で講義の終末部の聴解に臨むことができたのかもしれない。

　つぎに重要語の先行オーガナイザーにはprioritize、problem、solutionといったキーワードがふくまれており、重要語条件でも大多数の要約がこのIU23に言及できていた。しかしながら例2の重要語／下位（KL）群の例のように、不十分なまとめになっている場合も散見された。

(2) 　The lecture is about which problem you should solve if you have a lot of money[×]/.
　The professor says that there are so many problems [IU2]/ in the world [IU1]/, and he presents ten biggest problems [IU11]/, for example climate change, commutable diseases, hanger and so on [IU12]/. He wonders if there are 50 billion dollars, which problem is the best to spend it for [IU10]/. He thinks what the biggest problem is [IU14]/ and what should be started to solve it [IU15]/.
　The professor concludes his argument by summarizing that you should think the solution of these problems [IU23△]/.

　この事例では、IU23としてthe solution of these problemsと講義の題述に言及しているものの、話者の主張の核となるprioritizeという動詞に触れることができていない。実際の講義で話者が説いていたのは、世界の諸問題に取り組む際には、問題自体の重要性ではなく、解決法の有無を吟味して優先づける（prioritize）べきという主張であったが、例2のように部分的な理解にとどまっている場合もみられた。

　この講義のまとめとなる主情報の理解に関して、低頻度語条件では多くの学習者が結論の題述を把握するのに苦戦していた。例3は低頻度語／下位（DL）群の要約例である。

(3)　The lecture is about the global problems [IU1]/.

　　The speaker states there are many global problems [IU2]/ and we need answer them [IU6△]/. Among them, the speaker presents the biggest 10 global challenges [IU11]/. There are climate change, governance corruption, popullation migration, financial instability, and so on [IU12]/. The speaker raises a question that where should we start solution [IU15]/ and provides key [×]/.

　　The speaker concludes his argument by summarizing that we should focus on problems themselves when we think about global problems [IU22△]/.

　この要約は、IU23 を把握できていないだけではなく、直前の（実際は話者と反対の意見である）IU22 を話者の主張ととり違えてしまっていた。低頻度語条件では結論部を適切に理解できていなかった要因として、この先行オーガナイザーには IU23 に関連するような prioritize などの表現がまったくなかったことがあげられる。

　以上のように、事前学習する先行オーガナイザーに関連情報がどれほどふくまれているかが、聞いて書く技能統合型タスクの成否に大きく影響することが明らかとなった。情報源の大意を把握するという目的のためには、見出しや重要語の事前学習が低頻度語の意味を知ることより効果的であると言えよう。

3.3.2　補助情報の再生率

　つぎに、議論の展開を支えるような補助情報の IU は元の講義に 5 つふくまれていた。見出し条件では 70 パーセント以上の要約がこのような具体情報を再現できていたのに対し、重要語および低頻度語条件では半数程度の再生率であった。二元配置の分散分析によると、事前学習条件には有意な主効果が認められ（$F(1, 60) = 20.34, p < .001$, 効果量大 $\eta^2 = .39$）、見出し群とほか 2 群の補助情報の再現度には有意差がみられた。習熟度の主効果は確認されなかったが（$F(1, 60) = 2.42, p = .12$, 効果量小 $\eta^2 = .03$）、多重比較からはそれぞれの事前学習条件において、上位群が下位群にくらべて再生率が高い傾向が示された。詳

細な結果は表6および図3に示す通りである。

表6 要約における補助情報の再生率

習熟度	群	平均	標準偏差	多重比較
上位	見出し/上位（OH）	0.782	0.166	OH >** KH
	重要語/上位（KH）	0.455	0.181	OH >** DH
	低頻度語/上位（DH）	0.564	0.175	
下位	見出し/下位（OL）	0.717	0.134	OL >** KL
	重要語/下位（KL）	0.473	0.162	OL >** DL
	低頻度語/下位（DL）	0.420	0.175	

†$p < .10$, *$p < .05$, **$p < .01$

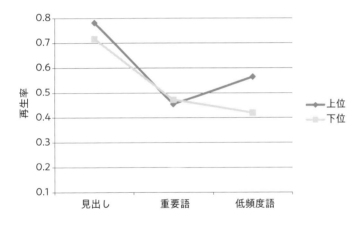

図3 要約における補助情報の再生率

　この補助情報を示す5つのIUのうち、IU5 "We don't actually solve all problems" に関する要約がこの傾向をよく反映している。IU5は、冒頭のIU1 "What I'd like to talk about is really the biggest problems in the world" で話者が導入した自論の意義を支える機能を果たすため、補助情報として設定されている。すなわち、講義全体における話者の主張の補足として必須の情報であるものの、技能統合型タスクの成果物である要約において言及されていたかど

うかは、事前学習した先行オーガナイザーの内容に大きく左右されていた（表7）。

表7 補助情報IU5に言及している要約の数

習熟度	群	言及あり	言及なし	割合
上位	見出し/上位（OH）	8	3	72.73%
	重要語/上位（KH）	4	7	36.36%
	低頻度語/上位（DH）	4	7	36.36%
下位	見出し/下位（OL）	7	5	58.33%
	重要語/下位（KL）	2	9	18.18%
	低頻度語/下位（DL）	1	10	10.00%

技能統合型タスクに先だち、講義の概要に関する見出しを事前学習していた学習者の過半数がIU5について要約で言及できていたものの、重要語や低頻度語の意味を日本語で事前学習した場合、その多くはこの補助情報を把握できていなかった。以下の例4は見出し/下位（OL）群からの要約例である。

(4)　The speaker says that human have a lot of problems [IU2]/, but can't solve all of the problems [IU5]/.

　So the speaker proposes that we should think which is the problem we should solve first [IU8]/. The speaker refers to an amount of money and time to solve the problems [IU10]/. The speaker lists 10 biggest challenges to solve [IU11]/. The speaker says that all people are dying is the most important problem [IU20]/. The speaker also describes that when we consider the proposition, we should not focus on the problems too much [×]/.

　In conclusion, the speaker says when we work on the proposition, we should not focus on the problems [IU22]/ but on the solutions [IU23]./

この要約例では、(O1)「話者は、講義の主題（世界の問題）について、理想と現実を対比しながら導入する。」という見出しの先行オーガナイザーが、講義

のIU5に関連する情報を暗示していたため学習者の助けとなったと考えられる。この（O1）は、話者が理想と現実の状況を対比しながら自論を展開していく講義であることを伝えているが、話者の自論そのもの（＝現実世界ではすべての世界的問題を解決できるわけではないこと）は明示していない。それでも見出し群は、見出しで導入された話題を足場かけとして、その命題に対応する題述を聞き取ることに注力し、その結果、講義の議論を具体例などの補助情報もふまえつつ総合的に理解することができたようである。

　一方、重要語条件が産出した要約の多くはIU5に言及できていなかった。先行オーガナイザーとして学んだ重要語には、solveとproblemというIU5の表現がふくまれていたにもかかわらずである。つづく例5は、重要語／上位（KH）群からの要約例である。

(5) 　The lecture is about the biggest problem in the world and the solutionfor it [IU1]/.

　　The speaker presents ten of biggest problems [IU11]/, climate increasing, popularity migration, financial problem and so on [IU12△]/. He thinks the solution for almost all problem is money [×]/. He asks, what do you think the biggest problem [IU14]/? He thinks the biggest problem is all people die [IU20]/. It cannot be solved [IU21]/.

　　The speaker concludes his argument by summarizing the thing we should think is, if we have so much money [×]/, which problem do we prioritize [IU22△]/ to be soved [IU23△].

　1文目からわかるように、この学習者は話者の主張そのもの（＝IU1）は把握できていたものの、なぜその話題を提起したのかという理由づけ（＝IU5）までは理解できておらず、唐突に第二段落で本論に進んでしまっている。さらに特筆すべきは、2か所の×という記号で示されるように、moneyを講義の主題に関わる重要語として誤解してしまっている点である。重要語の先行オーガナイザーとして提示されたprioritizeやspendという表現に引きずられて、リスニング中に経済学に関する情報に注意が偏ってしまった場合が多かっ

のかもしれない。

　低頻度語条件の多くの要約も、この補助情報 IU5 に触れることができていなかった。これは低頻度語の先行オーガナイザーとして提示された 10 の英単語が、どれも IU5 とは無関係のものであったためだと推察される。

(6)　　The lecture is about the biggest problems in the world [IU1]/. The speaker pose a question [IU9]/: if there are fifty billion dollars, what should we use this money to solve the problems in the world [IU10]/.

　　　The speaker presents ten biggest problems in the world [IU11]/, such as climate change, malnutrition hunger, population, migration, and so on [IU12]/.

　　　The speaker concludes his argument by [×]

　低頻度語 / 上位（DH）群による例 6 でも、重要語 / 上位（KH）群の例 5 と同様に、元講義における話者の主張（= IU1）については記述できているものの、その意義づけに相当する補助情報の IU5 は省略されていた。

　また例 6 は、主題に関わる具体例として話者が列挙した 10 の重要課題、すなわち補助情報の IU12 "and I will just briefly read them: climate change, communicable diseases, conflicts, education, financial instability, governance and corruption, malnutrition and hunger, population migration, sanitation and water, and subsidies and trade barriers." の内容は十分に言及[2]できていた。しかしながら、つづく話者の解決法の提案の部分は把握することができず、講義の結論部の要約を完成せずに終わっていた。この例は、低頻度語群に与えられた先行オーガナイザーの影響を大きく受けていると思われる。この学習条件では、講義で使用される英単語のなかから 3,000 語レベル以上の 10 語について日本語の意味を学習した。その 10 語のうち 8 語までが IU12 に関連していたのである。3,000 語レベルの以上の単語には日常生活で使用される頻度が相対的に少ない専門用語や固有名詞が多く、まさに IU12 で列挙されるような地球規模の問題に関する専門用語がこれに相当する。したがって、補助情報のなかでも IU12 の再現度のみに限定すれば、低頻度語条件がもっとも成績

がよかった（表8）。ただしその効果は局所的であり、ほかの補助情報の再生率にはあまり寄与していない。

表8　補助情報IU12に言及している要約の数

習熟度	群	言及あり	言及なし	割合
上位	見出し / 上位（OH）	8	3	72.73%
	重要語 / 上位（KH）	6	5	54.55%
	低頻度語 / 上位（DH）	9	2	81.82%
下位	見出し / 下位（OL）	8	4	66.67%
	重要語 / 下位（KL）	7	4	63.64%
	低頻度語 / 下位（DL）	7	3	70.00%

　低頻度語条件が70から82パーセントと好成績を残す一方で、見出し条件も67から72パーセントとIU12の補助情報を比較的よく要約できていた。以下の例7は、見出し / 下位（OL）群からのものである。

(7)　　The speaker says about problems of the world [IU1]/. The speaker states that problems should be solved in ideal world [IU3]/, but they don't [IU4]/ in actual world [IU5]/. We must think which problem should be solved firstly [IU8]/.

　　　There are many problems [IU2]/ in the world [IU11△]/, for example finance, governance, population, subsidy and so on [IU12]/. We should consider the start line when we address the problem [IU15]/.

　　　The speaker emphasizes that we must not focus on the problem [IU22]/, but the solution when we try to solve the problem [IU23]/.

　この学習者の習熟度は下位であったものの、作成した要約では10の重要課題のうち4つも誤りなく列挙できていた。主情報のIU23の場合と同様に、見出しの先行オーガナイザーが補助情報のIU12についての情報もふくんでいたことが要因であろう。(O3)「話者は、命題を考えるための10の事例を列

挙する。」が 10 の重要課題という主題を予告していたため、その題述となる 10 の専門用語を聞き取ることに集中できたと推察する。

　重要語条件でも過半数の要約が IU12 に言及できていたが、その割合は 3 つの学習条件でもっとも低かった。重要語の先行オーガナイザーには、IU12 と合致する表現はまったくふくまれていなかったことが影響しているのであろう。ただし challenge, prioritize, problem, question, solution, solve といった多くの重要語が、課題やその解決に関わる内容への意識づけを高めたことによって、IU12 の聞き取りを促した可能性がある。以下の例 8 は重要語／上位（KH）群によるもので、10 の重要課題のうち 4 つを要約することができている。

(8)　　The lecture of the speaker is about the biggest problems in the world [IU1]/.
　　　The speaker presents a lot of problems [IU11△]/ such as climate change, increasing hunger people, migration or subsidies [IU12]/. if there were a lot of money, he wonders where should people spend it [IU10△]/ and where should they start to resolve these problems [IU15]/.
　　　The speaker concludes his argument by summarizing that people should find out solutions to the problems [IU23△]/.

　以上、補助情報の再生率の分析からは、ある補助情報の IU と関係するような内容が先行オーガナイザーとして事前に提示されている場合には、技能統合型タスクにおける当該情報の詳細な理解を助け、最終成果物の適切な産出につながることがわかった。重要語や低頻度語の事前学習の効果は局所的で、その表現が使用される箇所のみの限定的な理解にとどまる。見出しの事前学習は講義の全体的な理解を喚起し、明示的に言及されていない情報にまでその学習効果が及んでいることは特筆に値する。

3.3.3　付加情報の再生率

　これまで議論した主情報や補助情報にくらべて、重要度の低い補足や論旨と無関係な脱線などの 13 の付加情報の IU は、いずれの事前学習条件におい

ても再生率は一様に低かった（表9）。

表9　要約における付加情報の再生率

習熟度	群	平均	標準偏差	多重比較
上位	見出し/上位（OH）	0.217	0.032	n.a
	重要語/上位（KH）	0.217	0.032	
	低頻度語/上位（DH）	0.196	0.032	
下位	見出し/下位（OL）	0.199	0.030	n.a
	重要語/下位（KL）	0.147	0.032	
	低頻度語/下位（DL）	0.131	0.033	

　事前学習の条件や学習者の習熟度にかかわらず、13の付加情報のうち約5分の1のIUについてしか要約で説明されていなかった。二元配置の分散分析では、事前学習条件の主効果（$F(1, 60) = 1.00, p = .38$, 効果量小 $\eta^2 = .03$）、習熟度の主効果（$F(1, 60) = 3.88, p = .05$, 効果量小 $\eta^2 = .06$）はともに有意ではなかった。ただし、習熟度の主効果を示すF値は有意傾向（$^\dagger p < .10$）にあり、統計的に有意とは言えないものの英語力の比較的高い学習者の方が多くの付加情報を要約している傾向がうかがえる（図4）。

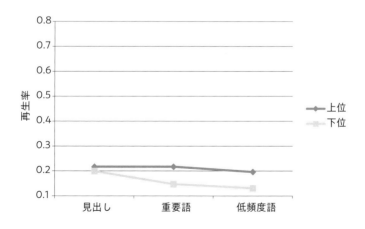

図4　要約における付加情報の再生率

主情報や補助情報の場合とは対照的に、先行オーガナイザーは、講義の要旨に関わらない重要度の低い情報への意識づけにはつながらないことが示された。3つの事前学習群ともに付加情報の再生率は13.1パーセントから21.7パーセントにとどまっていた。どの条件の先行オーガナイザーも13の付加情報IUに関連する事項をふくんでいたにもかかわらずである。

　より詳細にデータを検討してみると、付加情報の把握に対する先行オーガナイザーの複雑な働きが見えてきた。まず見出し群では、付加情報のIUが見出しでもあつかわれていた箇所のみ、それに言及していた。たとえば付加情報のIU22 "So the point is not to prioritize problems," は、見出し／上位（OH）群で72.7パーセント、見出し／下位（OL）群では83.3パーセントの学習者が要約できていた。先ほど議論した通り、これは見出し（O5）が「話者は、命題に取り組む際のポイントは『〇〇ではなく△△だ』と述べることで講義をまとめている。」と導入していたことから、主情報のIU23と共起する形式で付加情報のIU22がよく再現されたと推察される。しかしながら見出しにふくまれる付加情報はあまり多くなく、全体としての再生率は低かったのであろう。

　一方、重要語や低頻度語の場合、先行オーガナイザーに付加情報に関する概念がふくまれていたかどうかは、要約の内容に影響を与えていなかった。たとえば、付加情報のIU20 "Surely the biggest problem we have in the world is that we all die." には、biggest、problem、world という3つの重要語が使用されていた。しかしその再生率は、重要語／上位（KH）群で45.5パーセント、重要語／下位（KL）群ではわずか9.0パーセントであった。同様に付加情報のIU13 "We believe that these in many ways encompass the biggest problems in the world." には、低頻度語の先行オーガナイザーと合致するencompassという単語がふくまれていた。だがこの再生率はきわめて低く、低頻度語／上位（DH）群で9.1パーセント、低頻度語／下位（DL）群で10.0パーセントのみであった。

　これらの結果は、講義の全体的な流れや、重要概念、未知語の意味などの事前学習は詳細にわたる理解を喚起づける効果はあまりないことを示している。比較的成績のよい見出し条件であっても、IU22と23の例のように主要な情報にともなわれる場合しか重要度の低い内容への意識づけは高まらなか

った。

4. 考察

　本研究からは、技能統合型タスクの事前学習の形式として、インプット情報である講義の見出しを先行オーガナイザーとする手法が、タスクの最終成果物である筆記要約の長さも内容の適切さももっとも高めることが明らかとなった。重要語の意味を導入する形式は、低頻度語の意味を提示する場合よりも、主情報の把握に効果的であった。しかしながら、これらの特定の語彙に着目した先行オーガナイザーの働きは、インプット情報の詳細な理解には影響しないことも示された。さらに、論旨に関わらない付加情報については、どの先行オーガナイザーもあまり役に立たないことがわかった。

4.1　見出しの事前学習によるインプット足場かけ

　第一に、技能統合型タスクにおいては、情報源となる講義の論理的な構造を事前に理解しておくことが、習熟度にかかわらずもっとも有用なインプット足場かけの形態だと言える。本研究では、見出し条件がもっとも長い要約を作成できていた。同じく質的分析からは、見出しの先行オーガナイザーのおかげで講義の重要な概念を関連する詳細情報と適切にむすびつけながら要約できていたことが示された。この学習条件では、誤解をふくむ要約がもっとも少なかった。

　これらの結果は、聴解におけるトップダウン型処理の準備として見出しを導入することの肯定的な効果を論じた先行研究の結果とも符合する（Chang & Read 2006, 2008; Herron 1994; Herron, Cole. York, & Linden 1998）。見出しの先行オーガナイザーは、インプット教材があつかう主題とその修辞的展開の手がかりとなり、聴解プロセスのうち活用（utilization）の段階に必要となる背景知識を活性化することに寄与できる。たとえば見出し（O1）は global issues（世界の問題）を講義の主題として紹介するもので、それを参照した学習者は、地球規模の問題の具体例をいくつか思い起こしてみたり、自分なりにそれらの原因を考察したり解決策を思案したであろう。

また見出しの事前学習は、特定の談話に関わる知識の意識化にもつながったと思われる。見出し（O5）の「〇〇ではなく△△だ」は対比の構文 not A but B が講義中で出現するのではと予想させたであろう。議論の枠組みを提供するだけでも、リスニング教材の主旨を理解することには十分役立つことを示唆している。

　さらに IU12 の分析が示したように、主情報のみならず補助情報の把握についても見出しの先行オーガナイザーは威力を発揮する。この結果は、見出しの事前学習は詳細情報の理解には役立たないとする Sarandi (2010) の先行研究とは一致しない。本調査ではとくに習熟度の低い学生に対して見出しの先行オーガナイザーの効果がみられたことをふまえると、インプット情報の構造を整理するなどのトップダウン処理への足場かけは、学習者の助けになると言ってよいだろう。

4.2　重要語の事前学習によるインプット足場かけ

　重要語の意味を提示する先行オーガナイザーは、見出しと低頻度語条件の中間の役割を果たすようである。インプット教材の主情報の把握には、とくに習熟度の低い学習者にとっては難しい単語の意味を学習するよりも理解の底上げにつながっていた。しかし、詳細情報の理解に対する重要語の効果は、低頻度語と同程度であった。

　さらに、重要語の先行オーガナイザーは元情報の不十分な理解や大きな誤解にもっともつながりやすい学習条件であった。つぎの例9は重要語 / 下位（KL）群の要約例である。

(9)　The lecture is about problems which are happening in the world [IU1]/.

　　The speaker presents some problems [IU11△]/, for example, population increase、financial instability、commutable diseases, and climate change [IU12]/. But speaker says we don't have technology to solve the problems [IU21△]/, and don't know what biggest problem is [×]/ and what we should spend to make good world [IU10△]/.

　　So the speaker concludes his argument by summarizing that we should prioritize to have solutions to the problems [IU23]/.

　この要約例は、講義の序論（IU1）や結論（IU23）を、いくつかの補助情報（IU 10, 11, & 12）をふくめながら適切に再構成できている。しかしながら△の記号が示すように、このうち2つの補助情報の把握は不完全である。まずIU10については、If we had 50 billion dollars over the next four years という話者が提示した質問の付帯条件が除外されていた。重要語の先行オーガナイザーが spend と world はふくんでいたものの、billion や years はなかったことがその一因だと考えられる。例9で×の記号が付された誤解の箇所では、biggest と problem という先行オーガナイザーの重要語がふくまれていた。この要約は、世界最大の問題とは何かという命題への題述を we... don't know what biggest problem is とまとめているものの、リスニング教材では、話者は IU20 で "Surely the biggest problem we have in the world is that we all die." と生者必滅について明確に題述していた。この箇所の聴解が難しかったのは、重要語の先行オーガナイザーに die（死ぬこと）に関する表現がまったくなかったためかもしれない。

　以上から、重要語の事前学習は技能統合型タスクの内容を掴む手がかりにはなるものの、その出現時期は示されないため、見出し条件より難易度の高いインプット足場かけであると考えられる。

4.3 低頻度語の事前学習によるインプット足場かけ

　未知語である可能性が高い低頻度語の意味を事前学習しておくことは、技能統合型タスクにおける十分なパフォーマンスには必ずしもつながらないことが明らかになった。とりわけ本研究では、習熟度の低い学習者が低頻度語の先行オーガナイザーを生かせず、講義の論旨を把握するのに苦戦していた。なかには、低頻度語として与えられた語句に集中しすぎるあまり、それを中心に実際の講義の論旨とはかけ離れた自己流の話を筆記要約において創出してしまう場合さえみられた。つぎの例10は、低頻度語/下位（PL）群による要約例である。

(10)　The lecture is about the biggest problem in the world [IU1]/. There is barrier and 15billion people [×]/. We are confused by 10 big problems [IU11△]./ For example,climate change, governance corruption,malnutrition,migration,bad sanitation, little subsidy [IU12]/.

　この要約で言及されている barrier と billion という低頻度語は、元講義では前者が IU12、後者が IU10 と異なる箇所であつかわれていた。だがこの学習者は、これらの無関係な用語を恣意的に結びつけ、「150億の人々の間に障壁が存在している」という不適当な要約を創出していた。低頻度語の先行オーガナイザーはアルファベット順に表示されており、リスニングでの実際の出現順とは一致しなかったため、混乱を招いた可能性がある。

　インプット足場かけのこれまでの研究動向の議論（第3章）でも触れたように、低頻度語に関する先行オーガナイザーのインプット足場かけとしての効果については先行研究の見解が一致していない（Chang & Read 2006, 2008; Chung & Huang 1998; Jafari & Hashim 2012）。Chung and Huang（1998）が語彙の事前学習は主題の理解を助けると述べているのとは反対に、Chang and Read (2006, 2008) は、語彙に関する先行オーガナイザーはリスニングの内容理解を促進しないと結論づけている。Jahari and Hashim (2012) では、語彙と見出しの事前学習はリスニングのインプット処理を同様に促進すると考察されている。本研究の結果は、とくに習熟度の低い学習者に対しては、低頻度語はインプット中の命題を適切に解釈するための十分な支えにはならないことを示しており、Chang and Read (2006, 2008) の見解に近いと言える。

5. まとめ

　本章の結びとして、聞いて書くという技能統合型タスクにおける先行オーガナイザーの活用方法を習熟度別に提案する。まず文法能力が比較的低い学習者は、重要語のインプット足場かけとともに学習をはじめることによって、講義の主題に注目しその理由や具体例を突き止める気持ちでリスニングを進めていくことができるだろう。2回目に理解をさらに精緻化していくために低頻度語の足場かけを提供するといだろう。この時点でも理解が十分でない場

合には、3回目として見出しの先行オーガナイザーを活用することも可能であろう。本調査の結果からは、低頻度語の意味を学習するだけではリスニング教材の重大な誤解につながる場合のあることが示されている。文法能力の不十分な学習者は、低頻度語による手がかりを有効活用して、インプットの文法構造を独力で言語分析（parsing）するボトムアップ処理は困難である。そこで講義の論旨に関わる重要語の意味を学習することからはじめることで、トップダウン処理を促すことができるだろう。

　他方、文法知識が十分にある学習者は、技能統合型タスクの冒頭から低頻度語の先行オーガナイザーを活用してよいだろう。未知語である可能性の高い3,000語レベル以上の低頻度語の意味が母語で補われさえすれば、インプットの言語分析を独力で行うことは十分可能であるため、リスニング教材に出現するさまざまな命題を聞き取り、それらの論理的な構造を整理しながら全体的な理解を形成していくことができるだろう。2回目に、重要語の意味を先行オーガナイザーとして追加すれば、それまでの理解が適切であるかどうかを自己モニターする助けにできるだろう。必要に応じて3回目に、見出しの先行オーガナイザーも提示することで、自己の解釈をふり返って最終決定する支えになるかもしれない。このように習熟度の高い学習者へは、低頻度語のようなボトムアップ処理に資するインプット足場かけを提供するのが好ましいと考える。学習者それぞれの英語運用能力にあった足場かけを与えることで、最近接発達領域（Zone of Proximal Development →第3章）での学習機会を実現できるだろう。

　以上、本章で議論した研究からは、聞いて書く技能統合型タスクにおける内容理解にもっとも有効なのは、講義の流れに関する見出しを事前学習することであるという結論が導きだされた。習熟度の低い学習者にとっては低頻度語の意味といったボトムアップ型の事前学習はあまり効果がなく、重要語の意味に関する先行オーガナイザーは見出しと低頻度語の中間的な役割を果たすことが明らかとなった。

　ここまでの第II部　基礎研究編では、学術英語教育に資する技能統合型タスクモデルを開発するための手がかりとして、日本の大学生がリスニング

能力を中心とする口頭コミュニケーションに課題を抱えていることをふまえ、リスニング活動に対するインプット足場かけの効用を分析した。学習にともなう字幕の言語が聴解過程や音声知覚に与える影響や、学習に先だつ先行オーガナイザーの種類が内容理解におよぼす効果を、さまざまな技能統合型タスクの形式を援用して検証した。その結果、習熟度によってインプット足場かけの教育効果は異なることが示された。以上の知見にもとづき、つづく第III部　効果検証編では、多様なインプット足場かけを活用した技能統合型タスクモデルを開発し、学術英語科目で長期的に教育実践を行い学びのプロセスを観察するともに、英語運用能力の育成に貢献できるかを検証する。

[注]

1——要約データにふくまれる文法やスペリング、句読法などの誤りは意図的に修正せずそのまま引用している。
2——補助情報のIU12では、10の重要課題のすべてが読みあげられている。そのうち2つ以上の重要課題について要約で言及できていればIU12が再現できたとして評価した。

効果検証編

第 7 章　技能統合型タスクの開発と実践

1. はじめに

　本章では、第II部の基礎研究編であつかったインプット足場かけに関する基礎研究からの示唆を生かし、技能統合型タスクを中心とする学術英語科目を設計し、長期的に実践する。61名の大学生を対象として1学期間にわたる教養教育の英語科目を運営した。同科目では、統合タスク (synthesis task: Hirvela 2016) とも呼ばれる四技能すべてがあつかわれる技能統合型タスクを実施した。英語の講義を聴解したうえで関連する資料を読解し、その2種類のインプット素材について筆記または口頭で要約を産出する形式である。この統合タスクにおける学習者のパフォーマンスを最適化させるため、インプット足場かけを活用した。

　本章で報告する調査は、開発した技能統合型タスクにおける学びの様相と、インプット足場かけの効用について探究することをねらいとする。受講生を習熟度の観点から3群に分け、技能統合型タスクの最終成果物である筆記または口頭要約のデータを析することを通して、統合タスクにおける学習者の経験に迫る。

2. 方法

本節では、本書が提案する技能統合型タスクモデルにもとづく EAP 授業の開発について述べる。本授業の目標は、学術的な探究を行うために必要な英語の理解ならびに表現の技能を高めることである。一学期 15 回にわたり、全部で 4 つの技能統合型タスクを実施し、学習者の四技能の運用の実際を観察した。

2.1 協力者

本調査の協力者は、2 つの必修の学術英語科目を受講している大学生 61 名である。クラス A は 27 名、クラス B には 34 名が参加し、所属は薬学部と法学部で同一の英語教師による授業を受講していた。後述する習熟度テストによると、英語運用能力はヨーロッパ言語共通参照枠（Council of Europe 2014）の A2 から B2 レベルであり、基礎段階（Basic users）から独立した（Independent users）言語使用者であると推定される。

2.2 使用素材

本調査の対象となった EAP 授業では、全部で 4 つの統合タスクが実践された。その素材となる講義映像、読解教材、そしてインプット足場かけは筆者によって準備された。また本調査に先だち、調査協力者の習熟度を標準化するために習熟度テストも実施した。

2.2.1 習熟度テスト

1 学期間の EAP 授業の開始にあたり学習者の習熟度をリスニング能力の観点から評価するために、TOEFL の旧式 Practice Test（Educational Testing Service 1997）よりセクション 1 のリスニング問題を出題した。TOEFL の PBT（Paper based test）形式に準拠した公式の模擬試験で、全 50 問の四択式のリスニング問題である。Part A では数回のターンからなる短い日常会話を聞き、その内容と合致する選択肢を選ぶ問題が 30 問出題される。Part B では 1 分半程度の 2 名の話者による日常生活に関する長めの会話を聞き、主要な情報や具体例の

理解を確認する問題が1題につき3〜4問、全部で2題が課される。さいごのPart3では1分半から2分程度の1名の話者による学術的な発話を3題聞き、1題につき3〜4問の内容理解問題に答える。この音声は実際の英語講義から一部抜粋したような形式であり、3パートのうちでもっとも長い。

この習熟度テストをEAP授業の第1週に行い、学習者を上位・中位・下位の3つのレベルに分けた。

2.2.2 技能統合型タスクの教材

EAP授業で使用する技能統合型タスクを設計するために、オンライン上に無料公開されている講義映像を活用して全部で4つの講義映像と読解教材を準備した。まず、題材、論理展開、言語使用の観点から学術英語の代表例と判断でき、学習者の習熟度に適していると思われる英語講義をイェール大学のOpen Course WareおよびTED Talksから4つ選定した。各講義から単一の話題をあつかったまとまりのある場面(677語から943語)を抜粋し、それぞれを2分割して前半をリスニング教材、後半をリーディング教材として使用した。表1に示すように、食糧環境、世界の問題、意思決定、胎児の学習という、4つの技能統合型タスクのための聴解・読解教材を準備した。

技能統合型タスクの前半を担うリスニングで用いる4つの学術講義は、平均して260語、1分42秒の長さであった。その発話速度は100から200wpmと幅があったが平均すると153.4wpmであり、Nesi (2001) による一般学術目的(EGAP)の英語講義の平均速度と同等であった。つづくリーディング活動に用いる読解教材の長さは平均すると543語でリスニング教材の約2倍に設定した。

講義および読解教材があつかう内容は、技能統合型タスクの規範 (Plakans & Gebril 2013) にしたがい、単一のトピックに関するものに限定した。タスク1は食糧環境がトピックであり、講義映像では食糧問題を世界的視点で捉えることの重要性が提示され、読解教材ではその具体例として世界の食糧事情がいかにアメリカの食文化の影響を受けているかを説明している。タスク2では世界の問題が取り上げられ、前半の講義では世界規模の諸問題にどう優先順位をつけるべきかという命題が提起され、その回答として後半の読解教材

表1 講義・読解教材の特徴

	タスク1	タスク2	タスク3	タスク4	平均
トピック	食糧環境 (Food environment)	世界の問題 (Global problems)	意思決定 (Decision making)	胎児の学習 (Fetus learning)	
講義映像総語数	298語	274語	243語	224語	259.8語
講義映像長さ	1分27秒	1分28秒	2分16秒	1分36秒	1分42秒
講義映像発話速度	205.5wpm	186.8wpm	107.2wpm	140.0wpm	153.4wpm
読解教材総語数	379語	669語	572語	555語	543.8語
語彙レベル	4,000語レベル	3,000語レベル	3,000語レベル	6,000語レベル	4,000語レベル
出典	Brownell (2008)	Lomborg (2005)	Hertz (2010)	Paul (2011)	

で話者自身による世界問題の重要度リストが紹介されている。タスク3の意思決定に関する教材では、講義パートで専門家に依存しすぎることの危険性が導入され、読解パートでその4つの問題点が理由とともに詳述されている。タスク4は胎児の学習をあつかうもので、講義映像では人間は生まれる前から学習をはじめるという話者の主張が示され、読解教材でその主張を裏付けるような研究結果がいくつか紹介されている。このように設計した技能統合型タスクでは、同一のトピックに関する情報を2つの教材に分けて提示することで、主張と理由（タスク1,3,4）や質問と回答（タスク2）など、情報間の論理的な関係性を発見し統合する認知活動を促すことをねらいとした。

　さいごに、設計した教材で使用される語彙の複雑性は平均4,000語レベルであった。前章の調査と同様に、この実践研究ではインプット教材の複雑性の指標として、全テキストの95パーセントをカバーするために必要な語彙レベル（Bonk 2000）を算出した。Zeeland and Schmitt（2013）によると、一般的

にリスニング素材の95%の語彙をカバーするためにはワードファミリー換算で2,000語から3,000語程度の知識が必要とされる。本研究が採用する教材の語彙レベルは比較的上級であるが、当該EAP授業では真正性を保った教材で学習する機会を確保することをねらいとしていたため、内容を改変せずに使用した。そのうえで、次項で詳述するインプット足場かけを採用することによって、技能統合型タスクにおける学習者の学びを最適化することを目指した。

2.2.3 インプット足場かけ

第II部 基礎研究編からの知見を生かし技能統合型タスクにおけるインプット処理を支援するために、見出しの事前学習、低頻度語の事前学習、見出しの同時学習、低頻度語の同時学習という4種類のインプット足場かけを設定した。本研究のEAP授業は同一の英語カリキュラムに属する2クラスで実践したため、どの学習者も1学期間を通して複数の足場かけを体験できるように学習条件を設計した（表2）。

表2　インプット足場かけの条件

	人数	タスク1	タスク2	タスク3	タスク4
トピック		食糧環境 (Food environment)	世界の問題 (Global problems)	意思決定 (Decision making)	胎児の学習 (Fetus learning)
技能統合型 タスクの種類		Listen & read to write	Listen & read to write	Listen & read to speak	Listen & read to speak
クラスA	27名	見出しの 事前学習	低頻度語の 同時学習	低頻度語の 同時学習	見出しの 事前学習
クラスB	34名	低頻度語の 事前学習	見出しの 同時学習	見出しの 同時学習	低頻度語の 事前学習

表2の技能統合型タスクの種類に示されているように、前半2回では筆記要約が、後半2回では口頭要約が最終成果物として課された。インプット足

場かけの設定には、第II部　基礎研究編の成果を反映させた。まず同時学習の形態である字幕の効果を検証した第5章からは、英語と日本語の字幕はいずれも日本の大学生が技能統合型タスクで音声知覚に取り組む際の助けとなることが実証された。したがって、今回設計したタスク2と3ではリスニングの同時学習として字幕を表示した。つぎに事前学習の効果を検証した第6章からは、習熟度の高い学習者には低頻度語などボトムアップ処理に焦点をあてた形式が有効であること、低い学習者には見出しなどトップダウン処理に関わる形式が技能統合型タスクの成功に寄与することが示された。ゆえに設計した EAP 授業では、1学期間でボトムアップ型とトップダウン型のインプット足場かけをそれぞれ2回ずつ提供することによって、さまざまな英語レベルの学習者が混在するクラスにおける各人の学びを最適化することを目指した。

　インプット足場かけとして提供する情報は前章までと同様に設定した。まず見出しの事前学習 (organization previewing: OP) としては、講義映像の論理展開を紹介するような5〜6つの日本語の文を提示した。講義のスクリプトにもとづき筆者自身が作成し、Microsoft Power Point でスライドにまとめた。以下の6つの OP はタスク1でクラスAが事前学習した日本語の文である。

(OP1) 話者は、食糧事情を考えるための重要な視点を提示する。
(OP2) その理由として「食糧を輸出する」こととは何を意味するかを論じる。
(OP3) 話者は自説の根拠となる事例を2つ挙げる
(OP4) 1つ目は、アメリカの食糧事情が世界に影響を与えた例である。
(OP5) 2つ目は、世界の食糧事情がアメリカに影響を与えた例である
(OP6) 話者は、世界の食糧事情の動因となるのは「〇〇」だと述べることで講義をまとめている。

　各文の下線部は学習者自身がリスニングにおいて聞き取るべき情報を指す。見出しの文は講義の各部分の主題 (Theme) のみを示しており、対応する題述 (Rheme) は特定していない。この形式により、技能統合型タスクにおける学習者の論旨の把握を助けることをねらいとした。

つぎに、低頻度語の事前学習（difficult words previewing: DP）の学習対象は 3,000 語レベル以上の単語という基準で選定された（Zeeland & Schmitt 2013）。Web Vocabprofile（Cobb 2008）を使用して British National Corpus（BNC）準拠でリスニング教材における全単語の頻度レベルを分析し、3,000 語レベル以上のものを抽出した。以下はタスク 4 でクラス B が事前学習した 15 の単語である。

abdominal 腹部の、amniotic 羊水の、belly 腹部、biology 生物学、fetus 胎児、fluid 流体、gestation 懐胎、implausible ありえない、muffle 消す、mute 弱める、reverberate 反響する、slate スレート、surround 取り巻く、tissue 組織、womb 子宮

このタスク 4 では、子どもの学習は生まれる前からはじまるという話者の主張を議論するために専門用語が多用されている。これらの低頻度語は日本語の意味とともに Microsoft Power Point のスライドにアルファベット順でまとめられた。

3 つ目の見出しの同時学習（organization in-task viewing: OI）としては、講義の見出しを伝える文を字幕の形式で講義映像に同期することで、技能統合型タスクの遂行にともなって足場かけを提供することを試みた。以下の OI1 から 5 は、タスク 2 でクラス B が学習したインプット足場かけである。

(OI1) 話者は、講義の主題（世界の問題）について、理想と現実を対比しながら導入する。
(OI2) 話者は、主題を考えるため条件設定（金額と時間）をしながら、ある命題を提示する。
(OI3) 話者は、命題を考えるための 10 の事例を列挙する。
(OI4) 話者は命題を考える際に注意すべき点として、問題に焦点をあてすぎることを挙げている。
(OI5) 話者は、命題に取り組む際のポイントは「〇〇ではなく△△だ」と述べることで講義をまとめている。

先述の OP と同様に、見出し文は下線で示すように話者の題述 (Rheme) は具体化せずに、主題 (Theme) のみを導入することで聴解を方向づけている。見出しの日本語文は講義スクリプトにもとづき筆者が作成し、DivXLand Media Subtitler 2.0.7 を使用して講義映像に字幕として付与したうえで VirtualDub 1.8.8 を用いて動画ファイルとして書き出した。任意の内容を話者が語っているのに合わせ、対応する見出し文が 1 文ずつ画面の下部に表示されるように設定した。

　さいごに低頻度語の同時学習 (difficult words in-task viewing: DI) では、講義映像において話者が当該の語を使用している箇所で、その単語を日本語の意味とともに画面の下部に表示した。先に説明した DP と同様に Web Vocabprofile を用いて講義スクリプトより 3,000 語レベル以上の語を抽出し、OI と同様に DivXLand Media Subtitler 2.0.7 および VirtualDub 1.8.8 で講義映像に字幕の形式で同期表示させた。以下の 11 の単語はタスク 3 でクラス A が同時学習した低頻度語である。

> momentous 重大な、scour 探しまわる、stake かけ金、deluge 氾濫、consequence 結果、addicted 依存した、cede 放棄する、substitute 代用する、intellect 知性、surrender 投げ出す、illusion 幻想

　この学習条件では、低頻度語は講義映像における出現順に提示された。表示する長さは当該語をふくむ文の発話の開始から終了までである。このように低頻度語の同時学習は、学習者にとってなじみの少ない語の意味を補うだけでなく、その出現するタイミングも知らせる働きを持っていた。

2.3　調査手順

　本実践で援用した技能統合型タスクは、講義を聞く、読解資料を読む、2 つのインプット教材に関する要約を筆記または口頭で作成するという流れで構成された。以下の表 3 は具体的な活動の流れを示す。

表3 技能統合型タスクの流れ

第1週（90分）	第2週（90分）
授業中：	授業中：
1 講義のインプット足場かけ	1 読解資料の内容確認クイズ
2 講義のリスニング	2 読解資料のリーディング
3 講義の内容確認クイズ	3 講義と読解資料のメモまとめ
4 講義の要約	4 講義と読解資料の要約
（ライティング／スピーキング）	（ライティング／スピーキング）
宿題：読解資料のリーディング	

　技能統合型タスクは2週に分けて行われた。第1週にはインプット足場かけを学習したうえで、学生用 iPad で個別に講義映像のリスニングを行った。理解確認の小テストののち講義について理解したことを外化するために筆記または口頭で要約を個別に作成した。次週への準備として、読解資料にあらかじめ目を通すことが宿題とされた。第2週では読解資料に関する理解確認の小テストに取り組んだのち、講義と読解資料の内容をメモに個別にまとめた。最終成果物としてリスニングとリーディングの両情報を統合した要約をライティング（タスク1&2）またはスピーキング（タスク3&4）で個別に作成した。すべての段階は英語で行われ、タスクを遂行するために四技能すべてを運用することを目指した。

　学習者の言語学習に対する自己効力感を維持するために、タスクの多くの段階で個別学習の形態を採用した。Graham (2011) によると、学習者に自分の学習を自ら制御できているという実感を保証することは、不安の低減につながりタスクにおけるパフォーマンスを向上させる。この理念にもとづき、講義映像は学生用 iPad に個別に配信され、読解資料は宿題として配布することで自己ペース学習を可能にした。

　表4は1学期間の EAP 授業のスケジュールである。さいしょの2週には習熟度テストを受験するとともに、EAP 授業での学習経験を記録するという本調査への参加意志を確認した。つづく第3週から14週までは、前項で説明した4つの技能統合型タスクを学習した。最終週には初回と同形式の事後テストを受験し、まとめを行った。参加者の多くは技能統合型タスクが未経験で

表4 EAP授業のスケジュール

授業回	活動内容
第1-2週	イントロダクション、習熟度テスト
第3週	リスニングのコツ：ノートテイキング
第4週	リーディングのコツ：論理の型、ディスコースマーカー
第5週	技能統合型ライティングの導入
第6-7週	技能統合型ライティング1：食糧環境
第8-9週	技能統合型ライティング2：世界の問題
第10週	技能統合型スピーキングの導入
第11-12週	技能統合型スピーキング3：意思決定
第13-14週	技能統合型スピーキング4：胎児の学習
第15週	まとめ、事後テスト

あったため、その形式に親しめるような活動が補足された。学期の前半には、リスニングの情報を即時に理解するためのノートテイキングの手法（例 アウトライン型、マッピング型、対比型）や、リーディングの情報を適切に把握するための論理展開の基本型（例 時系列、対照と対比、分類、原因と結果）について学習する機会を設けた。さらに技能統合型ライティングとスピーキングの初回（第5・10週）には、TOEFL iBT テストのサンプル問題（Deborah 2013）を簡素化した技能統合型タスクを学習することで、タスク形式に慣れる機会を確保した。

2.4 分析方法

学期を通しての技能統合型タスクにおける学びを調査するために、まず第1週に実施した習熟度テストのデータを利用して参加者を3つの習熟度群に分類した。そして全4回の技能統合型タスクの最終成果物として提出された筆記または口頭要約の特徴を、この習熟度別に分析した。

2.4.1 習熟度テスト

第1週に習熟度テストとして実施した TOEFL Practice Test のリスニング問題のスコアについては、上位・中位・下位の3つの習熟度群で有意差がみられるかを一元配置の分散分析（$\alpha = .05$）で検定した。多重比較にはチューキー・クレーマー検定を用いた。

2.4.2 要約データ

　学期中に実施した全4回の技能統合型タスクで作成された要約データは、英語教育学を専門とする 2 名の大学院生によって評価された。評価者トレーニングをふまえ、表 5 に示す 14 の評価項目をそれぞれの要約データが満たしているかどうかを個別に採点した。なお評価項目は、Knoch and Sitajalabhorn (2013) が提起する、技能統合型タスクの 6 つの構成要素を参考に筆者が作成した。

　　（1）元テキストからの情報の掘り出し、（2）情報の選択、（3）1 つ以上の元テキストからの情報の統合、（4）インプットで使用された言語の変換、（5）情報の構成、（6）情報の接合や出典の確認など文体の規範の遵守（Knoch & Sitajalabhorn 2013、拙訳）

　また内容面の妥当性や言語面の適切性に関する減点対象の項目も追加した。2 名の採点者間信頼性を示すカッパ係数は $\kappa = .63$ でかなりの一致度であった。評価が割れた箇所は 2 名の話し合いにより統一した。

　個別の要約データの採点が完了したのち、上位・中位・下位の習熟度群ごとに各評価項目を満たす要約の割合を算出した。たとえば中位群 20 名のうち 17 名の要約が「1 序論」の項目を満たしていた場合、中位群の達成度は 85 パーセントとなる。各回の技能統合型タスクの評価項目ごとの達成度を折れ線グラフに描出することで、習熟度別の学習パフォーマンスを分析した。

　図 1 はタスク 1 において実際に学習者が作成した筆記要約に、評価者の注釈を付記したものである。学期中、技能統合型タスクの 6 つの構成要素に関する明示的な指導は行わなかったが、14 の評価基準は学生へのフィードバックを提供するために適宜活用された。

表5　要約の評価基準

項目	評価	Knoch & Sitajarabhorn (2013)
基本構成		
1 序論	全体の導入をふくんでいる。	(1)
2 リスニング	リスニングの内容を詳細に説明している。	(1)
3 リーディング	リーディングの内容を詳細に説明している。	(1)
4 結論	全体のまとめをふくんでいる。	(1)
加点要素		
5 LとRの関係性	リスニングとリーディングの関係性を説明している。	(3)
6 言い換え表現	元の文章を自分の言葉で書き換えている。	(4)
7 論理の一貫性	首尾一貫して論理的である。	(5)
8 ディスコースマーカー	文章の展開を促す転換表現を用いている。	(5)
9 情報源の明示	情報源を特定している (例 the professor, the reading passage)。	(6)
減点対象		
10 必要情報なし	必要な情報が不足している。	(2)
11 余剰な情報	余計な情報をふくんでいる。	(2)
12 誤った情報	誤った情報をふくんでいる。	(2)
13 不明瞭な情報	読んで混乱するところがある。	
14 文法・語法の誤り	文法の誤りや単語の誤用をふくんでいる。	

タスク1 （トピック: 食糧環境）

1. 序論
The professor describes an important point about marketing, worldwide effects, and the reading passage exemplifies it.
〔5. LとRの関係性〕

2. リスニング
The professor says that it's very important if we're thinking about food to take a global view. This is because you can't understand what's happening globally if you pay attention only to your own country. For example, American policy of converting corn has pushed up the price of corn worldwide.
〔10. 必要情報なし（具体例2に言及せず）〕

3. リーディング
The reading passage extends the topic to diabetes. By using the deta of increasing patients of diabetes, an example of US influence on the world is explained. It says, if the world's diet changes to look like that of America, patients of diabetes increase more and more.

4. 結論
In this way, food issues affects global economy, power balance, and policy so you should take a global point of view.
〔9. 情報源の明示 ×〕

図1　評価注釈つきの要約例

3. 結果

　ここからは、本実践の参加者の習熟度をリスニング能力の観点から概括したうえで、全4回行った技能統合型タスクの成果物である要約データの分析を通して学びの実際を報告する。Knoch and Sitajalabhorn（2013）の技能統合型タスクの6つの構成要素に該当する評価項目について報告したうえで、それ以外の内容面や言語面に関する傾向に触れる。

3.1　習熟度テスト

　EAP授業の61名の受講者のうち、全4回の技能統合型タスクにすべて参加した40名のデータを本研究の分析対象とした。TOEFL Practice Test形式のリスニング問題による習熟度テスト（50点満点）を初回に実施し、上位・中位・下位の3つのグループに分けた。その結果を表6にまとめる。

表6　習熟度テストの結果

群	上位	中位	下位	合計
人数	10	20	10	40
平均	34.20	25.60	19.50	26.23
標準偏差	13.07	3.73	4.50	5.83

　一元配置の分散分析を行ったところ、習熟度の主効果は有意であり（$F(2, 37) = 3.25, p < .001$, 効果量大 $\eta^2 = .83$）、3群のリスニング能力には有意差がみられることが確認された。Educational Testing Service（1997, 2014）の換算表によると、上位群と中位群はCEFR（Council of Europe 2014）のB1レベル、下位群はA2レベルに相当する。

3.2　技能統合型タスクの6つの構成要素

　技能統合型タスクを活用した学習におけるパフォーマンスの特徴を議論するため、Knoch and Sitajalabhorn（2013）が提起する6つの構成要素に準拠して最終成果物である要約データを分析する。習熟度別の傾向を調査すること

で日本の大学生にとってどのような要素が取り組みやすい/にくいのかを詳述する。

3.2.1 元テキストからの情報の掘り出し

技能統合型タスクの1つ目の構成要素である、元テキストからの情報の掘り出しをどのくらい充足できているかを確認するため、基本構成に関する評価項目1から4を満たしていた要約の割合を図2に示す。

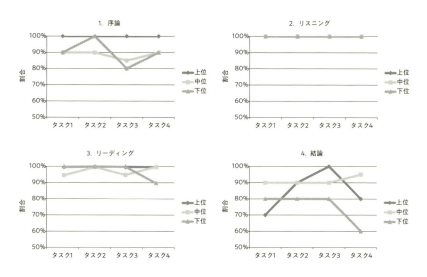

図2 基本構成を満たす要約の割合

図2が示すように、どの習熟度群でも90パーセント以上の学習者が講義映像と読解資料のどちらの情報についても具体的に言及できていた。しかしながら、序論や結論の欠けている要約例が習熟度によらずみられた。以下の例1と2は要約データにおける序論の抜粋である。例1はリスニングとリーディングの情報源（下線部）を適切に言及できている代表例である。一方、例2はリスニングの議論のみを導入した序論になっており、リーディングの内容を概括できていない。同様に結論の抜粋である例3と4をみると、前者は講義映像と読解資料で展開された議論を簡潔に言い換えることができている

ものの、後者は読解資料のさいごの一文（下線部）をそのまま借用して結論をまとめており、リスニング中の情報に再言及できていない。しかもこの例4はリーディングからの出典であることを伝える according to the reading passage などの導入句も欠いているため、剽窃とみなされる危険性がある。

(1) <u>The professor argues</u> fetuses start learning before they are born, and <u>the reading passage presents</u> some researches to support professor's idea.（タスク4、中位）

(2) <u>The professor propose</u> that some of the most important learning we ever do happens before we are born, while we are still in the womb.（タスク4、中位）

(3) In conclusion, <u>the professor insists</u> that learning which is one of the most important activities in our life starts before born with some evidences <u>provided by the reading passage</u>.（タスク4、上位）

(4) ... Finally, <u>learning is one of life's most essential activities and it begins much earlier than we ever imagined</u>.（タスク4、下位）

　要約の基本的な構成に関しては、第5週および第10週でTOEFL形式を簡略化した技能統合型タスクで演習していたものの、とくに序論や結論の不完全な要約が学期を通して散見された。

3.2.2　情報の選択

　前節の評価項目1から4が要約にふくむべき基本構成の有無を判断するものであったのに対し、図3の評価項目10から12は、要約された内容が元の講義映像や読解資料の情報に照らして妥当であったかを質的に評価したものである。これらの評価項目は減点対象を採点するものであったため（例11「必要な情報が不足している」）、パーセンテージが高いほど問題のある要約例が多いことを示す。

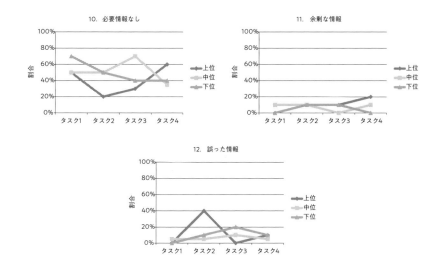

図3 情報の選択に問題のある要約の割合

　図3が示すように、習熟度にかかわらず余剰な情報を要約に入れてしまうというよりは、必要な情報を十分に復元できていない傾向がみられた。全要約データのうち約半数が、リスニングまたはリーディングで説明された主情報や補助情報のいずれかを欠いていた。タスク3を例にとると、読解資料では専門家に依存しすぎることの危険性を裏付ける4つの根拠が具体例として詳述されていた。しかしその2つ目である医師の誤診（例5）については、上位群の30パーセント、中位群の60パーセント、下位群の40パーセントの要約で言及がされていなかった。

(5) Did you know that studies show that doctors misdiagnose four times out of 10? (Hertz 2010)

　一方、評価項目12の誤った情報をふくむと判断された要約は概ね20パーセント以下で、基本的に学習者は講義映像と読解資料の内容を適切に理解できていると言える。ただしタスク2では上位群の40パーセントが誤解をふくんでいた。これらの要約を精査したところ、元インプットの内容を過剰一般

化したり、自分自身の意見を付けくわえたりなど、要約の範疇（Hirvela, 2016）を超えた英作文となってしまっていた。

(6) The reading passage takes <u>Kyoto protocol, aid for the Third World</u>, and the estimate of the U.N. （タスク 2、上位）

(7) Thus the professor emphasizes that <u>we should think about both sides of the equation, that is to say, overhead and profit</u>. The point is the solution. （タスク 2、上位）

　例 6 の筆記要約では、第三世界援助（aid for the Third World）として京都議定書（Kyoto Protocol）を表現しているが、実際の読解資料では、京都議定書の徹底にかかるコストが第三世界援助のための費用の 2〜3 倍であると説明されており、学習者はこの 2 つのキーワードの関係性を誤解したと推察される。例 7 に関しては、実際の講義の話者は下線部の主張はしておらず、学習者が自分なりの解釈を創造して付けくわえたものである。このように、元情報の精緻な理解や自己の意見との切り分けという点で不十分である場合がみられた。

3.2.3 複数の元テキストからの情報の統合

　評価項目 5 は、リスニングとリーディングからの情報を適切に統合できているかを評価するものである。具体的には、要約の序論部を対象とし、両者の情報に言及して叙述を開始できていたかを採点した。図 4 に示すように、上位群はとてもよく情報の統合ができていた一方、中位群と下位群では、講義映像と読解資料の関係性を明瞭に把握することにやや苦戦しており、2 つの情報源をそれぞれ独立したものとして説明するに終始してしまう場合があった。

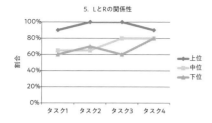

図4 LとRの関係性を叙述している割合

　要約データをくわしく検討すると、複数の情報源の統合がもっとも困難であったのは食糧問題をあつかうタスク1であった。例8は適切にリスニングとリーディングの関係性を叙述できた要約の例である。ここではstrengthen（補強する）という報告動詞を使用し、講義が提示した食糧問題というトピックについて、読解資料ではdiabetes（糖尿病）という具体例をあげながら詳述するという関係性を明瞭に示している。他方、例9～11は上位群、中位群、下位群からの要約例であるが、describe（記述する）、explain（説明する）、provide（与える）などの報告動詞を用いて単にリスニングまたはリーディンの情報を独立したものとして叙述するにとどまっている。

(8) The lecture is about a food problem and the professor presents that thinking about food to takes a global view is very important, and the reading passage strengthens the main idea by telling about diabetes.（タスク1、中位）

(9) The professor describes the importance of taking a global view when we're thinking about food, and the reading passage explains the increase in diabetes.（タスク1、上位）

(10) The professor say it's very important if we're taking about food to takes a global view, and the reading passage describes the U.S. affects the worlds.（タスク1、中位）

(11) The professo provides that it's important if we're thinking about food to take a global view. The reading passage describes diabetes.（タスク1、下位）

3.2.4 元テキストの表現の変換

他者の考えやテキストをあたかも自分のものであるかのように剽窃することを避けるため、要約元の表現を適切に言い換えられているかを評価項目6で採点した。

図5が概括するように、大多数の要約データは講義映像や読解資料からの情報に言及する際に、適切にパラフレーズができていた。どの習熟度群でも元テキストの表現をそのまま借用していた割合は10パーセント以下であった。興味深いことに、パラフレーズをもっとも使用できていなかったのは中位群であった。

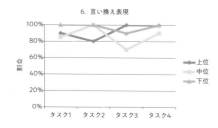

図5 言い換え表現の割合

(12) The professor says that when we face by the decisions, we tend to rely on experts too much and the reading passage also refers to it giving one experiment and the additional information of it. The professor says that we still rely upon the experts most when the stakes are high and the decision really matters. That is because, we assume that experts can process information efficiently and that they come to better conclusions than we. The reading passage provides one experiment. From this experiment, it is shown that when people are listening to whatever the experts said, this one of the two easies, whether it is right or wrong. We should keep the independent decision making parts of our brains switched on because experts sometimes do get things wrong. To sum up, the professor and the reading passage suggest that we should make decisions on our own understanding why we need to do so. (タス

ク3、中位)

中位群の要約例 (12) では、リスニングやリーディング中の4語以上の表現をそのまま借用している箇所(下線部)が4つもあった。最長で11語もの表現をまったく言い換えずに転用していた。これは、インプット中の表現をできるだけたくさん記憶するという点では下位群に勝るものの、アウトプットの際に言い換える技法は上位群に劣るという、中位群の特徴を反映している。

3.2.5 情報の構成

技能統合型タスクの5つ目の構成要素は理路整然とした要約を作成するために情報を再構成することである。評価項目7にもとづき論理の一貫性を採点したところ、どの習熟度群でも明快な論理展開をもった要約を作成できていた(図6)。

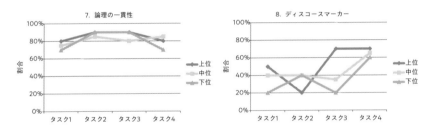

図6 論理的一貫性を満たす割合

情報の全体的な構成は妥当であった一方で、ディスコースマーカー(評価項目8)を用いて情報の展開をメタ的に標識することは十分にできておらず、前半2つのタスクではつなぎ言葉などの談話表現を適切に使用できていた要約は半数以下にとどまっていた。以下の要約例13は、論理展開は適切だがディスコースマーカーは不十分だと評価された例である。

(13) 　The professor talks about the importance of prioritizing solutions to the problems in the world and, the reading passage provides concrete examples of

good or bad project in order to do a lot of good in the world.

　The professor says that there are a lot of problems which we don't solve in the world and if we had a lot of money, we have to think where we should spend it. The professor illustrates 10 of the biggest challenges in the world and says that we should not think which problems to be solved. According to the professor, it is important to prioritize not problems but solutions to the problems.

　The reading passage explains which projects we should invest in order to do a lot of good in the world. According to the reading, the Kyoto protocol is bad project, because we have spent a lot of money in order to do little good and if we use half the amount money, we can solve all major basic problems in the world. Furthermore, the reading says that though we need a lot of money, the basic health service is good project because sanitation and water is very important for us.（タスク2、上位）

　この筆記要約では、講義映像および読解教材のキーワードである good という形容詞をくり返し用いる（波線部）ことで内容の一貫性を保持するとともに、地球規模の問題（big issues）という主要概念を多彩な表現で言い換えながら要約をすすめている（破線部）。一方、談話の展開をメタ的に示すディスコースマーカーは Furthermore（下線部）の1種類しか用いていない。このように、学習者の習熟度にかかわらず、ディスコースマーカーよりもキーワードのくり返しや言い換えなどの結束装置により論理の一貫性を保持しようとする傾向が明らかとなった。

3.2.6　文体の規範の遵守

　評価項目9は、技能統合型タスクの最終要素である、情報の結合や情報源の明記などの文体論的な規範に準拠できているかを分析するものである。具体的には、the lecturer argues や according to the reading passage などの導入表現を用いて要約中の情報の出典を明記しているかという観点で評価した。

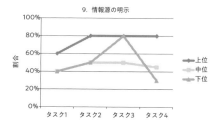

図7 文体の規範を遵守した割合

　図7に表れているように、とりわけ中位群と下位群が自論以外に言及する際にその情報の発信者を明文化することに困難を抱えていた。例文14が象徴するように、the lecturer emphasizes that などの報告表現を省いて、講義映像や読解資料の情報に直接言及しており、まるで要約を作成した学習者自身の考えであるかのように借用してしまっていた。他方、例15は元の情報源での our research という代名詞を their research に言い換えなかったために、話者の研究を自己の研究とみなしているかのような印象を与えている。

(14) After all, we need to take a global view about food economics, need to know what is happening globally and then understand it.（タスク1、上位）

(15) In our recent research, when we listen to the professor's voice, we... our independent making, independent decision making parts of brain were switched off.（タスク3、中位）

　このような情報源の明示の不足や、代名詞の不十分な言い換えなどはとりわけ最終成果物を口頭筆記とする技能統合型スピーキングタスクで顕著にみられた。オフラインの活動であるライティングにくらべ、オンラインの活動であるスピーキングでは限られた注意資源をメッセージの概念化、文法化、調音化という3つの発話プロセス（Levelt 1989）に短時間で割かなくてはならないため、このうち2つ目のプロセスである適切な言語表現の文法化が不十分となる傾向があったと推察される。

3.3 言語使用の正確性

　ここまでの6つの観点は要約データの内容面での適切さに焦点をあてるものであったのに対し、評価項目「13 不明瞭な情報」および「14 文法・語法の誤り」では言語面の正確性を分析した。図8にまとめるように、これらの項目は減点対象を評価するもので、数値が大きいほど形式面に問題のある要約の割合が大きいことを示す。

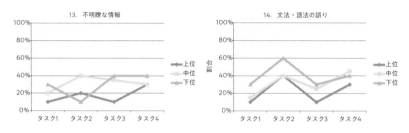

図8　不正確な言語使用をふくむ要約の割合

　不明瞭な情報という観点については、中位群および下位群の約3分の1の要約が理解の混乱を招くような表現をふくんでいた。以下は、口頭で要約を作成したタスク4で観察された、誤解をふくむ要約例である。

(16) They listened to, to whatever the experts said and took their advice. However, they didn't decide it is right or wrong. So, this shows... so it is important to... we are, we should, it is important to decide by yourself.（タスク4、下位）

(17) In addition to this, the reading passage say that feature also learn in utile taste and smells.（タスク4、中位）

　下位群からの例16では、逆接のディスコースマーカーHoweverが使用されているが、その前後の2つの文は反対の意味を表すのではなく、2つ目の文が1つ目の文の補足となっており、談話表現と命題間の関係性が一致していないため混乱をきたしている。例17では、語順という文法のグローバルな誤りが文意全体の理解を妨げている。本来は文末に置かれるべき、場所を

表す副詞句 in utile[utero] が本動詞 learn と対応する目的語の taste や smells の間に挿入されているため構文を把握しにくくさせている。くわえて破線に示すように、fetus を feature、utero を utile と発音の似た別の単語としてスペルミスをしている。このように、英語の統語論や音韻論に関する不完全な知識が不明瞭な表現につながっている事例が、とくに中位群や下位群でみられた。対照的に上位群では、文意をつかめないような不明瞭な表現はあまり観察されなかった。

　以上のように、文法や語法の誤りは学習者の習熟度にかかわらず半数以下の要約で観察された。その多くは confirm を conform、latter を later と構音するなどの発音上の誤りや、expert を experiment とするような単語選択の誤りであった。

4. 考察

　前節の結果で詳報したとおり、1学期間にわたる技能統合型タスクの実践研究からは、インプット足場かけをふくむ学習支援により、学習者はとくにタスク前半の講義映像を視聴したり読解資料を読んだりというインプット処理の過程に適切に取り組めたことが示された。一方、タスクの後半である筆記や口頭での要約作成というアウトプット処理には比較的困難が多かったことも明らかとなった。産出された要約の内容面の適切性や言語面の正確性といった点には、習熟度が影響していたこともわかった。本節では、インプット処理とアウトプット処理に分けて、設計した技能統合型タスクモデルにおける学びの実際を考察する。

4.1　技能統合型タスクにおけるインプット処理

　Knoch and Sitajalabhorn（2013）の提唱する技能統合型タスクの6つの構成要素のうち（1）元テキストからの情報の掘り出し、（2）情報の選択、（3）1つ以上の元テキストからの情報の統合という前半3つが、情報源となる英語講義や読解資料の理解といったインプット処理に相当する。

　受講生の多くは、習熟度にかかわらず元テキストを聞いたり読んだりして理

解するべき情報を適切に把握できていた。講義映像と読解資料それぞれの概要に言及することもできていたが、なかには序論や結論を欠いた、文章構成の不完全な要約も散見された。一方、情報選択の質的な精度に関しては、元テキストの核となる主張など要約にふくめるべき情報をあつかえていない事例が多くみられた。冗長すぎる要約や誤りを多くふくむ要約は比較的少なかった。

　以上の結果は、自分の理解度にあまり自信をもてない箇所については要約中で言及しないでおこうとする、学習者の回避（avoidance）の傾向を示唆している。この問題を克服するためには、インプット処理で少しでも得られた情報は、誤りをおかすことを恐れずにアウトプット処理に活用しようとする姿勢を養うことが重要であろう。たとえば、インプット中の主情報とその展開を把握する（Richards 1983）といった EAP の受容技能の基本的な方略を演習することが有効である。また要約を作成する前段階として理解した内容をアウトラインにまとめるなど、受容技能と発表技能をつなぐような学習方略の演習が肝要だと思われる。

　技能統合型タスクにおけるインプット処理の最終段階である、複数情報の統合については、とくに中位群と下位群が講義映像と読解資料の修辞的な関係性を明示的にまとめることに苦戦していた。この結果は、複数の情報源を自分なりに理解し整理するという能動的な受容技能が、多くの学習者にとって高度であったことを示している。さまざまなインプットからの考えを統合するためには、単に各テキストの主題とその議論展開を把握すれば十分なのではなく、原因と結果、理論と実践など、情報間の修辞的な関係性についても能動的に俯瞰して整理することが求められる。情報源で提示される命題間の論理構造を視覚化するようなメモとりやアウトラインの作成法などを演習することで、要約に採録すべき情報を取捨選択する力を育成できるだろう。

4.2　技能統合型タスクにおけるアウトプット処理

　ここまで議論したインプット処理にくらべ、学習者は技能統合型タスク後半のアウトプット処理に多くの困難を抱えている傾向が明らかとなった。Knoch and Sitajalabhorn（2013）では、(4) インプットで使用された言語の変換、(5)

情報の構成、(6) 情報の接合や出典の確認など文体の規範の遵守の3つが、情報源から理解したことについて筆記または口頭で要約するアウトプット処理に相当する。

　まず情報源で使用されていた表現を言い換えることは、多くの学習者が達成できていた。出典中の表現を自分なりの言い回しで再構成することは、剽窃 (plagiarism: Keck 2006) を避けるために必須の学術的技能である。本実践では最終成果物である要約を作成する前段階として、インプット足場かけや講義映像のリスニング、読解資料のリーディングなどさまざまな活動が用意されていたため、情報源の内容を十分に理解し内在化することにつながり、とくに上位から中位層における効果的なパラフレーズにつながったのかもしれない。

　つぎに情報の構成については、本実践の結果は複雑な傾向を呈していた。すなわち、要約の論理的な流れについては学期を通して高評価であったものの、ディスコースマーカーの使用は不完全だったのである。この傾向は注意深く考察する必要があろう。

　まずディスコースマーカーが十分に使用されていないという事実は、英語での論証を展開するための話し手／書き手責任 (speaker and/or writer responsibility) (Hinds 1987) を学習者が十分に認識できていないことを示す。比較修辞学の専門家である John Hinds によれば、世界には話し手／書き手責任の言語と、聞き手／読み手責任 (listener and/or reader responsibility) の言語があるという。前者の例が英語で、理路整然とした明快な議論を構成するのは発信者である話し手や書き手の役割であるとされる。文中における各項の意味役割を表す語順が固定されていることや、新出・既出情報の手がかりとなる不定／定冠詞の用法がその例である。一方、日本語をはじめとする後者の言語では、伝達された言語情報を分析し発信者の意図について妥当な解釈を結ぶことは、受信者である聞き手や読み手の役割だとされる。日本語では語順が任意にかき混ぜられたり、主語が脱落したりする文も多く用いられる。そこで日本語を母語とする本調査の学習者は、自論の談話展開を定型表現で標識しながら理解しやすい文章の作成に努めるという英語特有の話し手／書き手責任の意識が備わっておらず、ディスコースマーカーの使用については明示的な指導が必要

であったと解釈できるであろう。

　だが一方、学習者が作成した要約はディスコースマーカーではなく意味論的な関係などの結束装置を活用して高い論理的一貫性を維持できていたことも本分析から明らかとなった。本章3.2.5で紹介した例文13のように、キーワードのくり返しや類似表現での言い換えなどを駆使して、重要な概念を要約全体にわたって論述することができていたのである。比較的習熟度の高い学習者ほど口頭型の技能統合型タスクにおいてディスコースマーカーを多く援用していた。このことから、とりわけスピーキングというオンライン型の活動において、議論の流れを明示的に標識するためにディスコースマーカーを挿入する意識を、中位から下位層の学習者に指導することが重要であろう。話し手／書き手責任の言語という英語の比較修辞学的な特徴についても補足することで、なぜ英語では明快に整理された議論が期待されるのかを理解させることも肝要だと思われる。

　さいごに文体にまつわる規範の遵守は、とくに中位から下位層の学生にとって困難であり、要約中で他者からの情報に言及する際に出典を明らかにできていない場合がみられた。学術的コミュニティにおいては既存の文献を論拠として議論を構築していく際に、剽窃を避けて適切な出典の引用を施すことによってテキストの所有権（ownership of text: Pennycook 1996）を尊重することが厳しく求められる。このテキストの所有権の問題は、高校までの英語教育でアカデミックライティングやスピーキングについての発展的な指導を受けていない学部1年生にとっては未知のものであった可能性がある。ゆえに学術英語教育においては、情報源の出典に言及する具体的な表現例を織り交ぜながら、間テキスト性（intertextuality）を意識した議論の構築方法について注意深く指導することが必要であろう。

5. まとめ

　1学期間のEAP授業における長期的な実践研究からは、設計した技能統合型タスクモデルが学習者のインプット処理とアウトプット処理のいずれの技能の育成にも寄与することが示された。タスクの最終成果物の分析からは、

習熟度にかかわらずインプット源の表現を適切に言い換えながら論理一貫性のある要約を作成できていたことが明らかとなった。とりわけ、タスク前半の講義映像のリスニングという段階では、見出しや低頻度語などのインプット足場かけの支援によりインプット処理が促進されていた。しかしながら習熟度の低い学習者は、元テキストから適切な情報を取捨選択することや、情報源の明記といった学術的な規範を遵守することに困難を抱えていることも課題として残った。また中位から下位層の学習者は、おそらく英語に関する言語学的な知識が不十分であるために、文法や語法の誤りをふくむ不明瞭な文章を産出する傾向もあった。本研究で実践したEAP授業は、形式面の正確性よりも内容面の充実を中心に据えていたものの、やはり英語自体の正確な運用も無視はできないであろう。技能統合型タスクを実践しながら形式面の精度も強化していくためには、たとえばCoxhead (2000) が編纂したAcademic Word List（→第1章）の基本学術語彙570語などをあつかうことで、学習者の語彙知識を底上げすることが有効であろう。

　本章の結びとして、日本の大学生を対象とした学術英語教育における技能統合型タスクの活用方法を以下に2つ提起する。まず技能統合型タスクの6つの構成要素のうち、学習者はインプットとアウトプットの橋渡しの過程に大きな課題を抱えていることが本実践から示された。そこで後半のアウトプット産出に備えて、インプットから得た情報を取捨選択しながらアウトラインをまとめる方法を演習することが求められるだろう。また日本語と英語の修辞学的な差異や一般目的の英語（English for General Purposes: EGP）とEAPのモードの異同などに不案内な学習者には、話し手／書き手責任やテキストの所有権といった学術的な場面で英語を運用する際の規範を準拠することの重要性も注意深く指導することが肝要だと思われる。このように、学習者の特性を理解し不得手な言語技能には足場かけを補うことで、技能統合型タスクを通した有機的な学びをいっそう推進していくことができるだろう。

第 8 章　技能統合型タスクの効果検証

1. はじめに

　本章では、第7章で詳述した、技能統合型タスクモデルを活用した長期的な学術英語科目の効果検証として、1学期の実践を経た前後で受講生の英語運用能力にどのような変化がみられたかを調査する。この教育実践では61名の学部1年生が、講義映像を聴解したうえで関連資料を読解し、それら2種類のインプットの内容について筆記または口頭で要約するという統合タスクを1学期間に全4回演習した。タスクの前半で行うリスニング処理に対して、教材の難易度などの真正性は保持しつつも見出しや低頻度語に関するインプット足場かけを提供することで、学習者のパフォーマンスを最適化させることを目指した。この教育的介入の効果を検証するため、初回と最終回に実施した習熟度テストのスコアを比較した。TOEFL Practice Test（Educational Testing Service 1997）のリスニング問題を課し、事前・事後テストの結果を習熟度別に分析した。

2. 方法

2.1 協力者

　技能統合型タスクモデルを実践した学術英語科目の受講生61名のうち、第

1週の事前テストおよび第15週の事後テストの両方を受験した56名のデータを、総括的評価（summative assessment）を行うために使用した。薬学部と法学部に所属する学部1年生で、同一の英語教師、シラバスによる当該科目を受講していた。

2.2 使用素材

EAP授業の効果検証として、TOEFLの旧式 Practice Test（Educational Testing Service 1997）からリスニング問題を2セット選択し、事前・事後テストとして実施した。第7章で習熟度テストと呼称していたものと同一形式である。各テストは3つパートからなり、約35分間で全50問が出題される。パートAでは、2名の話者による数ターンの短い会話の音声を聞き、場面設定の理解や発話意図の推量、つぎの展開の予測など全部で30の問題に解答する。パートBでは、2名の話者による約1分半の長めの会話が2題出題され、それぞれに3〜4問の問題がつづく。この対話形式では、一方の話者が問題を抱えていることが多く、その問題の把握や、もう一方の話者が提案した解決策の理解、今後の展開の予測などを確認する設問が多い。パートBの設問数は、事前テストでは8問、事後テストでは7問であった。パートCは、実際の英語講義から一部を抜粋した短い独話が3つ出題される。一般学術目的（EGAP）のさまざまなトピックが取り上げられ、主題となる議論や関連する具体例や根拠などを確認する設問がつづく。各講義音声の長さは1分半から2分程度で、事前テストでは12問、事後テストでは13問が出題された。

2.3 調査手順

調査協力者は、第1週に事前テストを、第15週に事後テストを約35分間で受験した。リスニングテストの音声は教室のスピーカーから再生され、テスト問題はGoogle Formを使用して学生用iPadに個別配信された。リスニング問題はテスト音声の指示にしたがい1回のみ再生され、実際のTOEFL PBTテストと同様に辞書の使用やメモとりは禁止された。それぞれの設問について4つの選択肢からもっとも正しいと思うものを1つずつ選択し、各自のiPadに配信されたGoogle Formに解答を入力したうえで、BeeDanceと呼

ばれる学習支援システムを介して解答データを提出した。

2.4 分析方法

設計した EAP 授業の教育効果を習熟度ごとに検証するため、事前テストの成績にもとづき 56 名の調査協力者を 3 群に分類した。25 パーセンタイルの 16 名を下位群、25～75 パーセンタイルの 24 名を中位群、残り 16 名を上位群とした。一元配置の分散分析（$\alpha = .05$）およびチューキー・クレーマー法で検定したところ、習熟度の主効果は有意であり、授業開始時点で設定した 3 群には英語運用能力に有意な差があることが確認できた（本章 3.1 で詳述）。

事前テストと事後テストではパート A から C の設問数にばらつきがあったため、まず各学生のスコアを得点率に換算した。そのうえで、受講前後でリスニング能力に変化がみられたかを確認するために、事前・事後テストの総得点率を対応のある t 検定で分析した。パート毎の総得点率についても対応のある t 検定で比較し、短い会話、長めの会話、短い講義のうちどのジャンルにおいて学習効果が高かったかを検証した。

3. 結果

本節では、まず第 1 週に実施した習熟度テストの結果を確認したうえで、1 学期間の EAP 授業を受講した前後での英語運用能力の変化を詳報する。

3.1 授業開始時の習熟度テスト

表 1 は、事前テストとして初回に実施した習熟度テストの記述統計である。上位群とは 25 パーセンタイルの 16 名、中位群が 25～75 パーセンタイルの 24 名、下位群が残りの 16 名を指す。

表1 習熟度テスト(第1週)の結果

群	上位	中位	下位	合計
人数	16名	24名	16名	56名
平均	34.50	25.71	19.44	26.42
標準偏差	4.44	1.94	2.19	6.46

50点満点

一元配置の分散分析を行ったところ、習熟度の有意な主効果が認められ ($F(2, 53) = 107.00$、$p < .001$、効果量大 $\eta^2 = .80$)、授業開始時点で設定した3群の間には英語運用能力に有意な差があることが確認できた。Educational Testing Service (1997, 2014) の TOEFL スコア換算表にもとづくと、上位群と中位群はヨーロッパ言語共通参照枠（CEFR）の B1 レベル、下位群は A2 レベルに相当する。

3.2 クラス全体の変化

ここからは EAP 授業の教育効果の検証として、最終週に実施した事後テストの結果を詳述し、クラス全体および習熟度ごとの学びの成果を確認する。まず表2は、クラス全体の事前および事後テストにおける得点率の記述統計である。比較の便宜上、ここからは得点率に換算したスコアを報告するが、素点も巻末資料5に掲載するので参考にされたい。

表2 クラス全体の得点率

	事前テスト		事後テスト		
	平均	標準偏差	平均	標準偏差	t値
パートA	0.545	0.157	0.580	0.102	2.420*
パートB	0.520	0.187	0.408	0.199	3.290**
パートC	0.493	0.175	0.571	0.207	2.932**
総計	0.529	0.129	0.554	0.117	2.272*

†$p < .10$, *$p < .05$, **$p < .01$

クラス全体の傾向を比較すると、リスニングテストの総得点率は52.9パー

セントから55.4パーセントと2.5パーセント増加していた。対応のあるt検定を行ったところ、両者の値には有意な差が確認された（$t(55) = 2.272$、$p < .05$、効果量小 $d = .21$）。

パート別では、短い会話の理解を問うパートAの成績は学期終了後に3.5パーセント上昇しており、その差は有意であった（$t(55) = 2.420$、$p < .05$、効果量小 $d = .26$）。一方パートBは長めの会話問題であったが、事後テストでは得点率が11.2パーセントと有意に下降していた（$t(55) = 3.290$、$p < .01$、効果量中 $d = .58$）。短い講義の内容理解を問うパートCは、学期終了後の得点率が7.8パーセント増加し、統計分析の結果その差は有意であることが確認された（$t(55) = 2.932$、$p < .01$、効果量小 $d = .42$）。

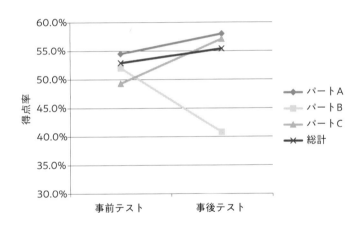

図1　クラス全体の得点率の変化

図1に概括するように、本研究が設計した技能統合型タスクモデルを活用したEAP授業は、大多数の学習者にとって講義の聴解に資するような学術的なリスニング能力だけではなく、キャンパスでの日常生活に関わる短い会話を理解する力の涵養にも寄与できたことが明らかとなった。だが一方、学術的な内容に関わる長めの会話を理解する力は、学期終了後に低下していた。

3.3 上位群の変化

　学習開始時の習熟度ごとにテスト成績の変化を捕捉したところ、もともとの英語運用能力によってEAP授業がどのような面で有益であるかは異なっていたことがわかった。

表3　上位群の得点率

	事前テスト		事後テスト		
	平均	標準偏差	平均	標準偏差	t値
パートA	0.715	0.096	0.675	0.091	1.783†
パートB	0.664	0.187	0.536	0.212	1.913†
パートC	0.646	0.154	0.774	0.133	2.407*
総計	0.690	0.089	0.681	0.091	0.487

†$p < .10$, *$p < .05$, **$p < .01$

　まず表3が示すように、設計したEAP授業を通して上位群ではさまざまなリスニング技能のうち、学術的な講義を聴解するという技能をもっとも向上させたことが判明した。短い講義をあつかうパートCの正答率が12.8パーセントも増加しており、その差は有意であった（$t(15) = 2.407$, $p < .05$、効果量大 $d = .93$）。一方で、短い会話に関するパートAや長い会話問題のパートBでは、事後テストにおいて正答率が減少しその差には有意傾向（†$p < .10$）がみられた（パートA: $t(15) = 1.783$、$p = .09$、効果量小 $d = .44$; パートB: $t(15) = 1.913$、$p = .07$、効果量中 $d = .66$）。テストの総得点率は、事後テストで0.9パーセント減少したものの、統計的には有意差がなかった（$t(15) = 0.487$、$p = .63$、効果量小 $d = .10$）。

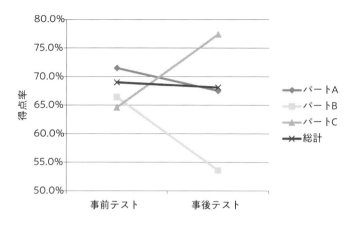

図2 上位群の得点率の変化

　図2に表れているように、技能統合型タスクを活用したEAP授業を受講したことで、英語運用能力がもともと高かった学習者は、専門的な内容の講義を聞いて理解する力を身につけることができたが、複数の話者による対話を理解する力を磨くにはいたらなかった。習熟度テストでは独話よりも対話が多く出題され、前者での好成績を後者が相殺したため、全体としては学期の前後でテストスコアに有意な変化はみられなかった。

3.4　中位群の変化

　つぎに中位群では、EAP授業の受講後にパートBをのぞいてテストの得点率が増加していた（表4）。テスト全体の総得点率は51.4パーセントから53.6パーセントと2.2パーセント上昇していたが、統計的に有意差はなかった（$t(23) = 1.381$、$p = .18$、効果量小 $d = .40$）。パート別にみると、上位群とは異なり、短い対話を聞くパートAでも事後テストで正答率が3.2パーセント増加し、その差には有意傾向がみられた（$t(23) = 1.833$、$p = .08$、効果量小 $d = .48$）。また短い講義をあつかうパートCについても受講後に得点率が6.7パーセント上昇したが、統計的には有意差がなかった（$t(23) = 1.623$、$p = .12$、効果量小 $d = .43$）。一方で、長めの対話の理解を問うパートBの得点率は、事後テストでは10.7パーセントも有意に減少していた（$t(23) = 2.341$、$p < .05$、効果量中 $d = .70$）。

表4 中位群の得点率

	事前テスト		事後テスト		
	平均	標準偏差	平均	標準偏差	t 値
パートA	0.547	0.077	0.579	0.057	1.833[†]
パートB	0.464	0.150	0.357	0.158	2.341[*]
パートC	0.465	0.127	0.532	0.184	1.623
総計	0.514	0.039	0.536	0.069	1.381

[†]$p < .10$, [*]$p < .05$, [**]$p < .01$

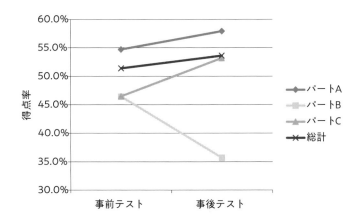

図3 中位群の得点率の変化

　図3が表すように、設計したEAP授業での演習を通して、中位層はキャンパスでの日常会話など短い会話を理解するための基本的なリスニング力を身につけていたことが示された。問題解決をふくむような長めの対話を正確に理解する力は、十分に養うことができなかった。そのため全体としては素点での得点率が学期終了後にやや上昇していたものの、統計的には変化なしと判断された。

3.5 下位群の変化

さいごに、下位群の第1週と第15週のテスト結果を表5にまとめる。中位群と同様に、パートBをのぞき各パートの得点率は事後テストのほうが高かった。

表5 下位群の得点率

	事前テスト		事後テスト		
	平均	標準偏差	平均	標準偏差	t値
パートA	0.373	0.097	0.485	0.074	4.423**
パートB	0.461	0.169	0.357	0.195	1.389
パートC	0.380	0.155	0.428	0.138	0.991
総計	0.389	0.044	0.453	0.075	2.888*

†$p < .10$, *$p < .05$, **$p < .01$

全体スコアは事前テストでは38.9パーセントだったのが、事後テストでは45.3パーセントと6.4パーセント増加し、その差は統計的に有意であった($t(15) = 2.888$、$p < .05$、効果量大 $d = 1.07$)。下位群に特徴的なのは、短い対話の理解を問うパートAの得点率が11.2パーセントと統計的に有意に上昇したことである($t(15) = 4.423$、$p < .01$、効果量大 $d = 1.35$)。短い講義をあつかうパートCの得点率も4.8パーセント増加していたが、t検定によるとその差は統計的には有意でなかった($t(15) = 0.991$、$p = .34$、効果量小 $d = .34$)。一方、長めの会話に関するパートBの成績については、ほかの習熟度群の傾向と同様にEAP授業後に10.4パーセント下降していた。ただしt検定によるとその差は有意ではなかった($t(15) = 1.389$、$p = .19$、効果量中 $d = .59$)。以上の結果を概括したのが図4である。

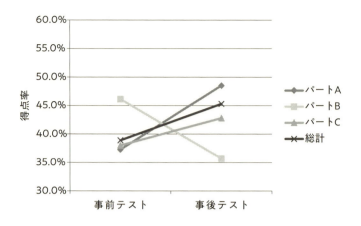

図4 下位群の得点率の変化

　事後テストにおいて総得点率が有意に向上したことを考えると、下位層の学習者が設計した EAP 授業の恩恵をもっとも享受していたと言えよう。とりわけ日常場面に関する短い会話を即座に理解する力を向上させたと考えられる。上位層や中位層と同様に、長めの込み入った会話については成績が低下してしまっていたが、それ以上に短い会話での得点率が顕著に増加したために、全体としてもテストの成績が有意に向上していた。

4. 考察

　以上の妥当性検証により、本研究が提起した技能統合型タスクモデルを活用した1学期間の学術英語科目は、総じて学習者の EAP リスニング能力の育成に貢献できたと言える。とりわけ、キャンパスでの短い日常会話を聞く力や、専門性の高いまとまった長さの講義を聞いて概要を理解する力の強化につながっていた。一方、問題解決をふくむような複数の話者による込み入った会話を聴解する力の育成については課題が残った。

4.1　講義を理解するための聴解力の育成

　専門的な学術講義は、本実践があつかった主要なジャンルであった。学期

中に演習した技能統合型タスクで使用されたリスニング教材は、すべて単一の話者による学術的な内容に関する独話であり、その目的は専門的な知識を聞き手に教授することであった。これは習熟度テストでは短い講義をあつかうパートCに相当すると考えられる。具体的には、実際の講義音声からの短い抜粋を聞き、話者の主要な議論をそれらの根拠や具体例とともに把握する力を試す問題で構成されていた。このように、学期中に学習したリスニングのジャンルが効果検証のテスト形式と類似していたからこそ、パートCでの得点率が向上したのだと考えられる。

本実践の参加者は、開始時点での習熟度にかかわらず、このパートCの得点率が事後テストで増加していた。ただし t 検定によると、上位群のみが有意に成績を向上させていた。本書の序論でも述べたが、講義を聞いて理解するという活動は、CEFRでは最上級のCレベルの能力記述文に対応することからもわかる通り（Council of Europe 2014）、上級レベルの学習タスクである。一方、本実践の参加者の英語運用能力はCEFRでA2からB1レベルであり、学習者の習熟度とタスクの要求には乖離のあったことが予想される。本実践において、ひとまとまりの談話における命題間の関連性を特定したり、未知語の意味を文脈から推測したりなどのEAPリスニングの下位技能（Richards 1983）をもっとも涵養できたのが上位群であったことは、十分に理解できる。

4.2 会話を理解するための聴解力の育成

中位層と下位層が講義を聴解するためのリスニング力を満足には向上させていなかった一方で、パートAの結果からは、学生生活に関する短い会話を理解する力は学期を通して強化できたことが示唆された。パートAでは、教授との面談の約束をとりつけたり友人の心配事にアドバイスをしたりなど、大学での日常場面に関連する対話が題材となる。本実践で演習した技能統合型タスクのリスニング教材では、複数の話者による対話はあつかわなかった。本研究の単一話者による独話形式の講義教材は、すべて実際の英語講義からの抜粋であり、再生速度や使用される英単語、構文などの改変はまったく行っていない。この教材の真正性の高さが、学習者が発話速度や韻律、音声変化や言い直しなどの話し言葉の言語的な特徴に親しむことに寄与したのかも

しれない。すなわち、教育目的での改変のない生の英語音声を十分に聞く機会を提供したことこそが、日常場面のリスニングの助けとなる話し言葉の基本的な特徴への気づきを促したと推察される。

　一方、パートBの結果にもとづくと、長めの会話を理解するためのリスニング力は実践後に有意に低下してしまっていた。この要因を探るため項目別にデータを確認すると、事後テストの設問35では正答率がわずか26.8パーセント（56名中15名正解）であり、対話形式の主題となる、特定の話者が抱える問題を理解することが困難であったことがわかった。さらに対話の詳細な内容理解を確認する設問36と37でも正答率が伸び悩んでいた。学習者にとっては、講義形式のように単一の話者が展開していく議論よりも、会話形式という複数の話者が重層的に織りなす談話を解析していくほうが、難易度は高いのかもしれない。大学生活に関する会話は本実践が目標とする言語活動ではなかったものの、これらの結果からは、独話における談話展開を理解する能力を、対話の聴解にも応用できるようになるための明示的な指導が必要であることが導かれた。

5. まとめ

　本章では、開発した4種類の技能統合型タスクを核とする学術英語科目は、学習者のリスニングを中心とする英語運用能力を育成するための十分な教育効果を有することを実証した。長期的な実践研究により、上位層にとっては講義に代表されるEAPリスニング能力の涵養、下位層には日常会話のようなEGPリスニング能力の強化に資することが明らかとなった。

　技能統合型タスクを論じたこれまでの研究では、タスク遂行の成否が最終成果物であるアウトプットの質によって評価されるために（望月・深澤ほか2015）、産出技能育成の観点から教育効果を議論するものが多かった（例 Hirvela 2016）。技能統合型タスクがリスニングを中心とする受容技能の育成にも寄与するという本実践からの示唆は意義深いと言えよう。本研究が設計した技能統合型タスクモデルは、見出しや低頻度語などのインプット足場かけを学習支援に用いることにより、インプット音声そのものには教育目的の改変をすること

なく、本物らしい教材に多く触れながらEAPスキルを実践的に演習できることを実証した。

　以上の第III部　効果検証編では、日本の大学生向けにインプット活動への足場かけを組み入れた技能統合型タスクモデルを開発し、1学期間の学術英語科目において実践した。タスクの最終成果物である要約データ分析からは、インプット足場かけの助けを借りて、元の情報を適切に言い換えながら、論理一貫性のある要約を産出できていたことが観察された。また受講後には、リスニングテストの成績が全体的に向上していたこと、とりわけ上位層は学術講義に代表されるEAPの聴解力、下位層は日常会話のようなEGPの聴解力がそれぞれ強化できていたことが明らかとなった。ゆえに、開発した技能統合型タスクモデルは学術英語運用能力の涵養に寄与できることが実証できた。つぎの第IV部　教育応用編では、一連の研究成果を学術英語教育の実践に生かすため、第II部　基礎研究編で有効性が示された、インプット教材の談話展開を予告するような見出しのインプット足場かけを開発することを念頭に、学術講義の典型的な論理展開や話者態度を示す表現をメタ談話標識に着目して分析する。

IV

教育応用編

第 **9** 章　英語講義における論理展開のメタ談話標識

1. はじめに

　第 II 部　基礎研究編では、講義聴解と筆記再生からなる技能統合型タスクにおける事前学習の研究について詳述し、講義の談話展開を予告する情報構成（見出し）に関する事前学習が、インプット教材の主情報および補助情報の理解をもっとも促進することを明らかにした。またこの研究からは、既存の英語教材でしばしば採用されている、重要語や低頻度語の語義を事前学習することの効果は、主情報に関する理解の促進のみにとどまり、習熟度の低い学習者にとってはむしろ論旨の誤解を招く危険性のあることも示された。

　そこで本章では、談話展開を予告するトップダウン型のインプット足場かけに活用することを目指して、テキストの構造を明示するメタ談話標識（Metadiscourse markers: MDMs）(Hyland 2005) に着目した英語講義のジャンル分析を行う。ミシガン米口語コーパス（Michigan Corpus of Academic Spoken Corpus: MICASE）から 62 の講義を取り上げて、テキストの修辞的構造を示す働きを有する Interactive metadiscourse markers の出現頻度とその傾向を定量的に分析する。実際の講義で用いられる MDMs の傾向を、学習者向け EAP リスニング教材や、学術論文をはじめとするアカデミックライティングと比較しながら議論することで、英語講義ジャンルの修辞的特徴を明らかにすることを目指す。

2. 先行研究

2.1 アカデミックリスニングと談話知識

第1章でも議論したとおり、アカデミックリスニングには、講義、小集団ディスカッション、演習、指導教員との個別面談など学術場面における多様な話し言葉のジャンルがふくまれる (Lynch 2011)。リスニングは日常のコミュニケーションの約45%と実践面では大きな割合を占めるが (Feyten 1991)、研究面では四技能のうちもっとも探究が進んでいない分野だとも指摘される (Vandergrift 2006)。アカデミックリスニングの主要なジャンルである講義の特徴を、談話レベルで解明しようとする本研究の試みは、リスニングを中心とする学術英語研究の発展の一助になると言えよう。

アカデミックリスニングに必要な技能を確認するため、まずは一般的なリスニングの理論的枠組みを概括する。Vandergrift and Goh (2012) が提唱した認知プロセスモデルによると、リスニングは、インプットの音韻的情報を分節化する音声知覚 (perception)、語彙や文法を解析して心的表示を形成する言語分析 (parsing)、心的表示と既有知識や文脈情報とを照応しながら全体的な理解にいたる活用 (utilization) の3つの段階を経る。Richards (1983) によると、アカデミックリスニングの18の下位技能には、講義の主題や重要語の特定、情報間の結束性や談話標識の把握、話者の態度や言語使用域への配慮など、聞き手の背景知識を活用したトップダウン処理に関連するものが多くふくまれる。これらは Vandergrift and Goh の認知処理モデルのうち活用の段階に相当する。学術目的のリスニングでは、個別の音韻や語彙、文法の解析を積みあげることで聴解の達成を目指すボトムアップ型の処理よりも、全体的な理解を形成するために命題に関する既有知識や談話の構造に関する言語的手がかりを活性化させるようなトップダウン型の処理が求められることが示唆される。

2.2 談話知識とメタ談話標識

前節では、学術英語のリスニングで要求されるトップダウン型の聴解を遂行するために、談話の知識が有効であることを確認した。テキストにおいて談

話の構造を言語的に提示するのが、メタ談話標識（Metadiscourse markers: MDMs）である。テキストが示す命題的な内容ではなく、テキスト自体について言明するような表現を指す（Thompson 2003）。MDMs に関する研究の第一人者である Hyland（2005）は、その定義は言語観や教育観により異なることを同書で議論しているが、本研究は、Crismore, Markkanen, and Steffensen（1993）の定義を邦訳した「書き言葉、あるいは話し言葉のテキストにおける言語要素で、命題内容に何かを付けくわえるものではなく、書き手や読み手が与えられた情報を系統立て、解釈し、評価することを助けるためのもの」（小林・田中ほか 2011: 3）を採用する。

　つぎに MDMs の分類と実例を概観しよう。Hyland（2005, 2015）が提唱した学術テキストのメタ談話モデルでは、約450種類の MDMs をあげ、テキストの構造を示す Interactive metadiscourse と受け手をテキストに参与させる Interactional metadiscourse に大別している。前者の Interactive metadiscourse は、テキストにおける情報の展開を示すことで受け手の解釈を助ける働きを持ち、単に談話標識（Discourse markers）と呼ばれることもある（Takač, Kružić, & Ivezić 2020）。連結（transitions: 例 in addition）、文構造（frame markers: 例 finally）、内部照応（endophoric markers: 例 noted above）、引用（evidentials: 例 according to X）、そして例示・言い換え（code glosses: 例 namely）の5つの小カテゴリーに分類される（小島 2017）。他方、Interactional metadiscourse は、テキストの命題と受け手に対する話し手の視点を顕在化することで受け手を議論に引き込む働きを有する（萩原・福池ほか 2018）。ヘッジ（hedges: 例 might）、ブースター（boosters: 例 in fact）、評価・態度（attitude markers: 例 unfortunately）、自己言及（self mention: 例 I）、関与（engagement markers: 例 consider）の5つの小カテゴリーがふくまれる（小島 2017）。

　Hyland の学術テキストのメタ談話モデルは、2005年の著書名が *Metadiscourse: Exploring interaction in writing* であることからもうかがえるように、書き言葉を念頭に提案されたものである。そのため、国内外でも学術論文を対象としたジャンル分析の成果が多く報告されている（例 Carrió-Pastor 2020; 萩原・福池ほか 2018; 石川 2022）。

2.3 英語講義におけるメタ談話標識

講義はアカデミックリスニングの典型的なジャンルである。その言語的な特徴を捉えるため、これまでの研究では頻出する言語表現や談話の構成に関する分析が行われている（例 Aguilar 2008; Flowerdew 1994）[1]。

1990年代には、Swales（1990）が提唱した学術論文におけるジャンル分析の枠組みを援用し、Thompson（1994）が18の英語講義の導入部分を対象に、修辞的機能とその展開についての先駆的な探究を行った。多少の異同はあるものの、講義の枠組みの提示（set up lecture framework）から主題の文脈化（put topic in context）まで、一定の流れ（ムーブ：move）が存在することを実証し、各ムーブに頻出する表現（例 what we aim to do is）を報告している。Lee（2009）は、MICASE所収の英語講義の導入部分を対象に詳細なムーブ分析を行い、クラスサイズが大きい場合には、つぎの話題の予告や講義の主題のくり返しなどといった多様なムーブが義務的に生じること、同意を示す談話標識 okay が多用されることを明らかにした。つづく Cheng（2012）は、MICASE所収の講義の終末部分に着目して出現する修辞的機能の頻度を分析し、講義のまとめの典型的なムーブは、今後の計画への言及、教員に対する学生の応答、解散や別れの挨拶であることを明らかにした。くわえて MDMs のうち自己言及の代名詞に着目し、講義の終末部では we よりも I や you が多用され、教員と学生間の相互作用が多く生じることを報告した。

Deroey and Taverniers（2011）は、講義の全体に探索の範囲を広げて、その修辞的構造と関連する言語表現についてのコーパス分析を行った。その結果、情報を与える、精緻化する、評価する、談話を構成する、相互作用する、授業を運営するという6つの基本的な談話機能を特定し、各カテゴリーの典型表現（例 精緻化の for instance）を例文とともに詳報した。

講義ジャンルにおける MDMs の典型性は、アカデミックリスニングの他ジャンルとの比較という観点からも検討が進んでいる。Thompson（2003）では、MDMs とともにイントネーションも分析基準にくわえたうえで、学部生向けの講義と EAP リスニング教材のスクリプトを比較した。その結果、学習者向けに編集された EAP 教材では実際の講義よりも MDMs が多用されており、話題の構造を俯瞰的に言語化しながら学習者の聴解を支援する傾向があ

ると述べている。関連して、Lee and Subtirelu (2015) は MICASE 所収の講義と EAP 授業のスクリプトを比較し、MDMs の小カテゴリーごとに出現頻度の有意差検定を行った。Thompson と同様に、全体的には講義にくらべて学習者向けの EAP 授業の方が有意に多くの MDMs をふくんでいたが、例示・言い換え、譲歩、強調、評価・態度、自己言及といった小カテゴリーでは両者に有意差がみられないことを報告している。

　これらの研究は、真正な講義と学習者向けの EAP リスニングにおける MDMs の出現傾向には総じて乖離のあることを実証している。トップダウン型の処理を支援する談話知識の涵養を志向するうえで、その成果は意義深い。一方で、MDMs の検討では小カテゴリーごとの使用傾向を全体的に議論するにとどまっており、個別の MDM 表現に着目した実証的な分析にはいたっていない。しかしながら、実際の講義の談話にも対応できるような聴解力を涵養するためには、真正性の高い講義で使用される談話表現の実態を定量的に解明することが不可欠であろう。

　そこで本研究は、Hyland (2005) が提唱する約450種類の MDMs のうち、話題の流れを把握する手がかりとなる148種類の Interactive metadiscourse markers を分析対象とし、MICASE 所収の 62 の英語講義における出現頻度を例文とともに論じることを目的とする。あつかわれる品詞の用法や、話し言葉と書き言葉というモードの差といった観点から考察することを通して、講義ジャンルの言語的特徴を談話レベルで解明することを目指す。

3. 方法

　本研究では、英語講義の代表例としてミシガン米口語コーパス (Michigan Corpus of Academic Spoken Corpus: MICASE) に収録された 62 の講義のスクリプトを分析対象として用いる。同コーパスはミシガン大学によって編纂された、講義やオフィスアワー、勉強会などさまざまな学術場面における発話データを収録した約 180 万語（約 200 時間分）で構成される話し言葉コーパスである (Simpson-Vlach & Leicher 2006)。このうち講義 (Lecture-small および Lecture-large)[2] として分類されている 62 のトランスクリプトを採用し、MICASE 講義サブコーパ

スを設定した。あつかわれる専門分野は、医療人類学、アメリカ文学、無機化学、機械工学などで人文系から自然科学まで多岐にわたっている。本サブコーパスの総語数は 643,692 語、総録音時間は 4,341 分である。採録された講義は、もっとも短いもので 4,144 語（36 分）、最長で 20,012 語（147 分）、平均の長さは 10,382.1 語（70 分）であった。

　本研究が行ったジャンル分析の手続きは以下の通りである。まず MICASE のウェブサイト（University of Michigan English Language Institute 2019）にアクセスし、対象とする 62 の講義の発話スクリプトを個別にテキストデータとしてダウンロードし、先述した MICASE 講義サブコーパスを作成した。またコーパス分析の結果を記録するために、Microsoft Word のファイルに全データを一括して保存した。

　つぎにコーパス分析ソフト AntConc（Version 3.4.4）（Anthony 2014）を用いて、148 種類の Interactive metadiscourse markers を順に検索語句として入力し、機械的抽出を行った。個別の分析結果については、Microsoft Excel で作成したファイルにヒット件数を講義ごとに記録するとともに、先述の全テキストデータをふくむ Word ファイルにキーワード検索機能を活用して分類タグを付与し（例 連結の accordingly は <e1>）、該当の MDMs を色分けして視認性を高めた。

　さらに、キーワード検索による機械的抽出の結果（計 48,674 件）には MDMs 以外の文法的機能を示す用例も混在したため、事後分析を行い AntConc の出力データの用法が MDMs の定義に則するかを 1 つずつ目視で確認し、適宜データを修正した。連結表現の since を例にとると、AntConc によるコーパス分析では 107 件の用例が検出された。これに事後分析をくわえると、引用（1）は理由を述べる節を導く従位接続詞であり採用したが、引用（2）は時の起点を表す前置詞の用法であるため削除することとなり、最終的な since の件数は 82 となった。

（1）...since you've got the definitions right there, I'm gonna go through this pretty fast, and just give you examples.（LES500SU102）[3]

（2）...we put it more or less, under the rug, way down here, and most of what we know, about evolution and so on, is since five hundred and thirty million years ago.（LES305MU108）

以上のコーパス分析によって、148 種類の Interactive metadiscourse markers について全部で 41,241 件の用例が得られた。なお詳細は後述するが、連結表現の and は機械的抽出の結果が 16,663 件と膨大であったため、事後分析は行わず考察の対象からも割愛した[4]。

4. 結果と考察

この章では、談話の流れを言明する Interactive metadiscourse markers の英語講義における使用傾向を、連結、文構造、内部照応、引用、例示・言い換えの 5 つの小カテゴリーごとに表にまとめたうえで、特徴的な例文をあげながら議論する。

4.1 連結(transitions)

はじめの小カテゴリーである連結（transitions）には、テキストに出現する命題間の談話的なつながりを標識する接続詞や副詞表現がふくまれる。表 1 は、MICASE 講義サブコーパスにおける連結表現の粗頻度および 10,000 語あたりの頻度を示す。講義の平均語数が 10,382.1 語であったことから、以下の各表では、講義につき約 10 回、5 回、3 回以上の出現することの目安として、10,000 語あたりの頻度に††† > 10.00、†† > 5.00、† > 3.00 の記号を付す。

前節でも触れたように、時間的制約から事後分析を行わなかった and のデータを除外すると、出現頻度の高かった表現は順に but（3,658 例）、because（1,474 例）、also（741 例）、again（569 例）、still（384 例）であった。

引用 3 は、but が逆接を表す接続詞として用いられる典型例である。心理学の授業からの一節で、米国において子どもの貧困が軽視されている現状を効果的に説明するべく、but を用いて議員の関心の偏りを対比的に紹介している。このような逆接の関係性を標識する表現の傾向をさらに探っていくと、平易な接続詞 but が重用され、on the other hand（35 例）や in contrast（11 例）な

表1 連結（transitions）の粗頻度と10,000語あたりの頻度

MDMs	Freq.	Freq. /10,000	MDMs	Freq.	Freq. /10,000
and	16,663	258.87 † † †	in the same way	13	0.20
but	3,658	56.83 † † †	in contrast	11	0.17
because	1,474	22.90 † † †	furthermore	9	0.14
also	741	11.51 † † †	thus	9	0.14
again	569	8.84 † †	moreover	8	0.12
still	384	5.97 † †	similarly	8	0.12
though	181	2.81	likewise	7	0.11
rather	116	1.80	nonetheless	6	0.09
yet	114	1.77	thereby	5	0.08
while	104	1.62	conversely	4	0.06
although	100	1.55	nevertheless	4	0.06
therefore	92	1.43	result in	4	0.06
since	82	1.27	accordingly	2	0.03
however	70	1.09	alternatively	2	0.03
even though	66	1.03	by contrast	2	0.03
whereas	58	0.90	by the same token	1	0.02
at the same time	54	0.84	consequently	1	0.02
further	45	0.70	additionally	0	0.00
on the other hand	35	0.54	as a consequence	0	0.00
as a result	34	0.53	hence	0	0.00
equally	27	0.42	on the contrary	0	0.00
in addition	18	0.28	so as to	0	0.00
leads to	16	0.25	the result is	0	0.00
besides	14	0.22			

† † † : Freq./10,000 > 10.00、† † : Freq./10,000 > 5.00、† : Freq./10,000 > 3.00

ど複数の語句で構成される接続副詞はあまりみられないことがわかった。そのなかで、文学におけるファンタジーについての講義からの引用4では、スペイン語小説の原作にはない語呂合わせが翻訳版に追加されていることを接続副詞 on the other hand で逆接的に際だたせている。このような副詞表現は、

EAP のリスニング教材では逆接の標識として指導されることもしばしばみられるが（例 Sanabria 2004）、実際の講義ではそれほど多く使用されていないという本研究の発見は特筆に値する。

(3) ...a lot of our Congressmen are against abortions <u>but</u> they don't care if kids die or suffer once they're born.（LES500JU136）
(4) there's no pun in the Spanish. mkay, it's not there at all. <u>on the other hand</u>, there are some puns that belong in the book that are missed here.（LEL300SU076）
(5) ...the book, suggests an analogous picture, for this model, <u>again</u> we're talking about, equilibrium here characterizing equilibrium.（LEL280JG051）

　同じ接続副詞でも、also（741 例）、again（569 例）、still（384 例）など単一の語かつ少ない音節で構成される表現は出現頻度が高かった。引用 5 ではマクロ経済学の授業において図を参照しながらある経済学モデルを詳説する際に、again を用いて講義の重要語 equilibrium（均衡関係）に再言及することで学生の注意を惹きつけている。
　このように MICASE の講義では、連結表現のなかでも接続詞 but や because が多用され、少ない音節からなる接続副詞 also や again、still は比較的出現する一方、複数の語句による長めの接続副詞 on the other hand や in contrast はあまり使用されないことが明らかとなった。

4.2　文構造(frame markers)

　文構造（frame markers）の表現には、テキストであつかわれる命題の境界を指し示す標識がふくまれる。これらは、時系列を表す a) 順序（sequencing）、議論の段階を示す b) ステージ分け（label stages）、議論の目的を伝える c) 目標設定（announcing goals）、そして話題の切れ目を指す d) 話題転換（shift topic）の 4 つの細目にさらに区分される。

4.2.1　a) 順序(sequencing)

　以下の表 2 は、a) 順序（sequencing）の表現の出現頻度をまとめている。さま

ざまな時系列に関する表現がリスト化されているが、MICASE 講義サブコーパスでは then（1,899 例）、first（741 例）、next（372 例）、last（301 例）、second（278 例）に出現傾向が偏っていた。

表2 a）順序（sequencing）の粗頻度と10,000語あたりの頻度

MDMs	Freq.	Freq. /10,000	MDMs	Freq.	Freq. /10,000
then	1,899	29.50 † † †	to begin	18	0.28
first	741	11.51 † † †	to start with	11	0.17
next	372	5.78 † †	secondly	7	0.11
last	301	4.68 †	subsequently	4	0.06
second	278	4.32 †	lastly	1	0.02
third	115	1.79	thirdly	1	0.02
finally	86	1.34	firstly	0	0.00
first of all	61	0.95			

† † †：Freq./10,000 > 10.00、† †：Freq./10,000 > 5.00、†：Freq./10,000 > 3.00

　このうち副詞の then は、接続詞 and をともない and then の形式でしばしば登場し（945 例）、その時点で話題となっている命題のつぎの段階を示す機能を果たしていた。たとえば引用 6 はコミュニケーションにメディアが与える影響を説く講義の一節である。教授者はさまざまな広告における男女の描かれ方を列挙しており、この箇所では and then で話題がつぎの事例へと展開することを標識している。つづく引用 7 と 8 では、1 つ目の話題を導く表現である first と to start with がそれぞれ使用されている。前者の 7 はホロコーストに関する講義の冒頭で、講義の主題の意味づけを問いかけることから講義をはじめることを first によって際だたせている。後者の 8 は構造と反応性をあつかった物理科学の授業の前半部で、to start with と前置きしつつ低い pH 値を有する物質から説明をはじめている。

(6) but it's just the man is, telling her he's informing the woman. and then a more recent version... is for, you know it's meant to be playful... (LEL220SU073)

(7) ...the first, question, has to do with the centrality of the Holocaust for, um Jewish collective memory... (LEL542SU096)

(8) ...I'm going to start with the form that will exist at low P-H. (LEL200MU110)

　これらの結果は、話し言葉の講義ジャンルでは文構造の表現に関しても、簡潔な表現（例 first, 741 例）の方が長めの連語（例 to start with, 11 例）よりも好まれることを示唆している。

4.2.2 b）ステージ分け(label stages)

　つぎに b) のステージ分け (label stages) には、話者がその時点であつかっている命題を改めて示す機能や、そこまでの議論を概括する機能を有する表現がふくまれる。MICASE の英語講義では、大多数の場合において now (1,733 例) で命題のまとまりを区切る傾向が観察された（表3）。

表3 b）ステージ分け(label stages)の粗頻度と10,000語あたりの頻度

MDMs	Freq.	Freq./10,000	MDMs	Freq.	Freq./10,000
now	1,733	26.92 † † †	to repeat	2	0.03
so far	42	0.65	in conclusion	1	0.02
at this point	37	0.57	in short	1	0.02
overall	37	0.57	in summary	1	0.02
for the moment	9	0.14	thus far	1	0.02
on the whole	7	0.11	all in all	0	0.00
by far	4	0.06	in brief	0	0.00
to summarize	3	0.05	in sum	0	0.00
at this stage	2	0.03	to sum up	0	0.00
to conclude	2	0.03			

† † † : Freq./10,000 > 10.00、† † : Freq./10,000 > 5.00、† : Freq./10,000 > 3.00

(9) by definition, the shape factor B, is between... zero and one, and now notice I use the strict ine- inequality there... (LES330JG052)

(10) ...we end up with the, correctly sorted array. so <u>at this point</u> we're done.
（LES235SU099）

引用9は、産業活動の効率化を論じた工学の授業で形状係数Bについて説明している最中に、nowと前置きしたうえで当該の概念への補足をくわえている。このような、その時点で話題となっている命題についてメタ的に再言及する機能は at this point にもある。引用10 はプログラミングに関する講義のなかで配列整序のアルゴリズムを説明している場面で、at this point と述べてそこで説明した段階で手続きが完了することを強調している。nowの出現頻度にくらべると at this point の用例は37例と比較的少なく、同様に on the whole（7例）や in conclusion（1例）など長めの接続副詞もステージ分けの表現としてはあまり観察されなかった。

4.2.3 c）目標設定（announcing goals）

文構造を示す第3の細目は、c）目標設定（announcing goals）である。これらの表現は授業全体または個別の説明を行う目的を顕在化させる働きを有するが、概して MICASE の英語講義にはあまりふくまれていなかった。もっとも多く使用された want to（251例）でも出現頻度は1講義あたり約3.90回であり、ほかのカテゴリーとくらべても少ない（表4）。

表4 c）目標設定（announcing goals）の粗頻度と10,000語あたりの頻度

MDMs	Freq.	Freq. /10,000	MDMs	Freq.	Freq. /10,000
want to	251	3.90 †	desire to	3	0.05
focus	67	1.04	intend to	3	0.05
goal	29	0.45	wish to	3	0.05
purpose	23	0.36	aim	2	0.03
would like to	16	0.25	objective	1	0.02
intention	5	0.08	seek to	0	0.00

† † † : Freq./10,000 > 10.00、† † : Freq./10,000 > 5.00、† : Freq./10,000 > 3.00

以下の引用11は目標設定の働きを果たすwant toの典型例である。言語の歴史についての授業の冒頭部分で、言語接触の影響という講義全体の主題を学生が確実に聞き取れるように、目標設定のwant toで標識している。

(11) one of the issues that I want to particularly concentrate on today is the issue of the linguistic, uh impact of language contact.（LES355SU009）

(12) ...we're gonna focus on how do we get, the probability, that Y, is less than or equal to Z?（LES330JG052）

(13) uh, the first focus is on needs that is the way you motivate people...（LEL185SU066）

　ほかの目標設定表現の出現傾向をみてみると、動詞をふくむ表現のほうが名詞の表現よりも件数が多いことが示された。動詞と名詞のどちらの用法も有するfocus（67例）に着目してみよう。引用12は、引用9と同じく産業工学の授業からの一節で、ある確率の算定方法についての話題を動詞focusと前置詞onをつなげてfocus onで導入している。他方、行動科学の講義からの引用13では、focusは名詞として用いられ、動機づけという観点から説明を開始することが宣言されている。MICASE講義サブコーパスにおける用例数の内訳を比較すると、動詞的用法が49例に対し名詞的用法は18例であり、ほかの目標設定表現の品詞を勘案しても、講義は動詞を用いて当該の命題をあつかうねらいを言明することを好むと言えよう。

4.2.4 d）話題転換 (shift topic)

　文構造のさいごの細目はd）話題転換（shift topic）であり、新たな命題に議論を移行することや、既出の命題に再言及することをメタ的に言明するような機能を有する表現が該当する。表5が示すように、MICASEの講義サブコーパスでは接続詞so（5,728例）や間投詞well（711例）を用いて新しい話題を切り出す事例が圧倒的多数を占めていた。

表5 d) 話題転換(shift topic)の粗頻度と10,000語あたりの頻度

MDMs	Freq.	Freq. /10,000	MDMs	Freq.	Freq. /10,000
so	5,728	88.99 † † †	digress	2	0.03
well	711	11.05 † † †	revisit	2	0.03
back to	172	2.67	shift to	1	0.02
turn to	13	0.20	in regard to	0	0.00
move on	12	0.19	resume	0	0.00
return to	7	0.11	to look more closely	0	0.00
with regard to	5	0.08			

† † † : Freq./10,000 > 10.00、† † : Freq./10,000 > 5.00、† : Freq./10,000 > 3.00

　個別の用例に目を向けると、最頻出の so はしばしば直前に接続詞 and をともない and so の形式でつぎの話題に移行することを顕在化させていた。引用 14 は、乱用薬物に関する講義において問題の所在を指摘した直後に、それを裏づける証拠の詳述に話題が展開することを and so で明示している。引用 15 は微生物遺伝学の講義であるが、この短い場面で間投詞 well が 2 度も使用されている。1 つ目はフリー RNA について説明した直後に置かれ、翻訳の過程に関する問いかけに話題が移行することを喚起している。2 つ目はその疑問文につづいて出現し、答えを考える時間のおわりと解説のはじまりを知らせている。このような、疑問文による問いかけから解説に移行することを well で標識するという自問自答とも呼ぶべき用法は、123 例と比較的多く観察された。

(14) this presynaptic hypothesis has gotta be wrong. and so what I'm gonna do is run through, how evidence continued to accumulate, to suggest that, this kind of interpretation for, the actions of of L-S-D must be wrong. (LEL500SU088)

(15) ...so the free R-N-A can fold like this. well what happens when, translation is happening? well we have two options. we can either translate... (LES175SU079)

ここまで議論したように、文構造の表現には時系列の標識や議論の段階、目的の表明や話題の切替などさまざまな機能があるが、then、first、now、so、well などの簡潔な表現の方が複数の語句からなる接続副詞にくらべて重用されることが明らかとなった。また focus をはじめとする目標設定表現に関する分析からは、話し言葉の講義ジャンルが名詞的用法より動詞的用法を好む可能性も示された。

4.3　内部照応 (endophoric markers)

　内部照応 (endophoric markers) の表現はテキスト内のほかの部分を参照するために使われ、すでに紹介されたりこれから述べられたりする情報に言及することで、読み手が当該の情報の内容や関連性を理解することを促す。表6に示されるように、MICASE の講義サブコーパスにおいては、内部照応の表現はあまり登場しなかった。

表6　内部照応 (endophoric markers) の粗頻度および10,000語あたりの頻度

MDMs	Freq.	Freq./10,000	MDMs	Freq.	Freq./10,000
X later	169	2.63	X above	14	0.22
X before	110	1.71	X below	6	0.09
Page X	94	1.46	(In) This section	5	0.08
(In) Chapter X	43	0.67	Figure X	4	0.06
X earlier	39	0.61	(In) This chapter	2	0.03
(In) Part	25	0.39	Example X	0	0.00
(In) This part	23	0.36	Table X	0	0.00
(In) Section X	20	0.31			

††† : Freq./10,000 > 10.00、†† : Freq./10,000 > 5.00、† : Freq./10,000 > 3.00

　テキスト内の別の箇所で提示された情報に言及するために比較的用いられていたのは、X later (169例) や X before (110例) で、いずれも時の前後関係を示す副詞であった。引用16は海洋学の講義において砂塵嵐について説明する場面で、副詞 later を文末に置きながら分布の傾向はあとで詳述することを

予告している。

(16) ...it may be very fine grained but it goes a long way. I'll show you some, patterns of its distribution later. (LEL305JU092)
(17) ...we're gonna follow first. the beta-adrenergic... receptor system. there's a great little description of what goes on on page seven hundred and sixty-three in your book if you wanna follow along. (LEL175SU098)

　内部照応のカテゴリーには Chapter X や (In) This section など、図書や学術論文を構成する要素にメタ的に言及する表現もふくまれる。これは Hyland (2005) の MDMs リストが、書き言葉の EAP ジャンルを念頭に編纂されたことを反映している。本研究の話し言葉による講義では、Page X (94例) と述べながら教科書の情報に言及することで学生が当該資料に目を向けることを促すような事例が観察された。たとえば生化学の講義からの引用 17 では、the beta-adrenergic receptor system（βアドレナリン受容体システム）という専門的な概念について説明する場面で、学生の理解の一助となるよう page で教科書の記述を参照している。一方、図表に直接言及する Example X や Table X の用例はまったくみられず、これらは EAP のなかでも書き言葉ジャンルに偏った表現である可能性が高い。

　以上をまとめると、話し言葉の講義ジャンルでは総じてテキスト内の特定箇所を取り上げるような言語表現はあまり登場せず、later や before で時間の順序関係を示す場合はあるものの、EAP ライティングでよく行われるような Example X や Table X を用いた図表への直接言及はほとんどみられないことがわかった。

4.4 引用（evidentials）

　第 4 のカテゴリーは引用（evidentials）である。前節の内部照応がテキスト内の情報に関するものだったのに対し、こちらにはテキスト外の情報に言及することで聞き手の解釈を助けたり話題となっている命題に権威づけをしたりする標識が該当する。表 7 のとおり、MICASE の講義サブコーパスでは引用

表現はほとんど出現せず、5つの表現の粗頻度を小計しても61例、10,000語あたりの頻度は0.95で、講義あたり1例ペースの換算にも満たない少なさであった。

表7 引用（evidentials）の粗頻度と10,000語あたりの頻度

MDMs	Freq.	Freq. /10,000	MDMs	Freq.	Freq. /10,000
according to	43	0.67	cite	0	0.00
quote	14	0.22	quoted	0	0.00
cited	4	0.06			

††† : Freq./10,000 > 10.00、†† : Freq./10,000 > 5.00、† : Freq./10,000 > 3.00

　ほかの小カテゴリーにくらべるとわずかではあるものの、引用表現のうち出現頻度がもっとも高かったのはaccording to（43例）であった。実際の用例に目を向けると、理論を提唱した人物やモデル自体を紹介するために使用される傾向がみられた。人類学の講義からの引用18では、互恵性の3類型を提唱した研究者の名前を補足するためにaccording toが用いられている。

(18) …there are three kinds, of reciprocity, according to Marshall Sahlins. and these are, generalized reciprocity... (LEL115JU090)

　外部の情報を引用しながら論述していくことは、間テキスト性（intertextuality）を重視する学術英語ジャンルの典型的な特徴であると指摘されている（Pecorari 2016）。しかしながら、前項で論じたChapter Xなどの内部照応の表現の傾向と同様に、話し言葉のEAPジャンルでは関連研究や先行文献を直接的に引用しながら議論を展開することはあまり多く行われない可能性が示唆された。

4.5　例示・言い換え（code glosses）

　さいごの小カテゴリーである例示・言い換え（code glosses）には、話し手の意図を聞き手が確実に理解するために言い換えや説明、精緻化を行う機能を持つ表現がふくまれる。表8が概括するように、講義中に顕著な例示・言い換

え表現は、順に I mean (708例)、or X (453例)、called (382例)、that is (368例)、say (219例)、in fact (211例) であった。

表8　例示・言い換え (code glosses) の粗頻度および10,000語あたりの頻度

MDMs	Freq.	Freq. /10,000	MDMs	Freq.	Freq. /10,000
I mean	708	11.00 † † †	which means	41	0.64
or X	453	7.04 † †	indeed	35	0.54
called	382	5.93 † †	such as	35	0.54
that is	368	5.72 † †	known as	27	0.42
say	219	3.40 †	this means	18	0.28
in fact	211	3.28 †	defined as	11	0.17
for example	169	2.63	as a matter of fact	7	0.11
in other words	122	1.90	that is to say	6	0.09
that means	74	1.15	namely	1	0.02
specifically	54	0.84	put another way	0	0.00
for instance	41	0.64	viz	0	0.00

† † † : Freq./10,000 > 10.00、† † : Freq./10,000 > 5.00、† : Freq./10,000 > 3.00

　まず、例示表現としてはおもに say や in fact が採用されていた。データを掘り下げると say は let's say の形をとって、議論の内容を具体的に捉えるために場面や状況を設定する役割を果たす事例がしばしばみられた (102例)。引用 19 では、物理学の講義でアインシュタインの光速度不変の原理について解説する場面で、音速という身近な概念を let's say で引き合いに出すことで学生の理解度の促進を図っている。興味深いことに、EAP リスニング教材で例示表現として指導されることの多い for example (169例) や such as (35例) は、実際の講義では少数派であった。引用 20 は for example の用例であり、進化論についての講義でイントロンを具体例にあげることで突然変異はあらゆる場所で生じうることを印象づけている。

(19) ...let's compare this with what happens if you were measuring the velocity of

a sound wave. uh, <u>let's say</u> the speed of sound is seven hundred and fifty miles an hour.（LEL485JU097）

（20）if you remember, mutations can occur in a variety of different places. they can occur <u>for example</u>, in an intron.（LEL175JU154）

　言い換え表現については、I mean や or X, that is で標識しながら抽象的な概念をより具体的な概念で捕らえなおして叙述する事例が多く観察された。引用21は社会科学のための統計学をあつかった授業の一節で、調査研究における操作概念化を問いなおすために、I mean を用いて分析指標の妥当性をかみ砕いて議論している。同様の表現としては、in other words も EAP リスニング教材でよく紹介されるが、実際の MICASE 所収の講義では 122 例しか登場しなかった。米国の家族の歴史に関する講義からの引用22では、家事が米国の国民総生産に計上されていないことを解説するために、in other words で家事は労働とみなされないと換言している。

（21）how many books are children reading? <u>I mean</u> books in the library are useless unless people are reading 'em.（LES565MX152）

（22）...anything that falls under the rubric of housework is still not factored into the American gross national product. <u>in other words</u> it's not considered work...（LEL105SU113）

　以上、英語講義においては例示表現の say や in fact、言い換え表現の I mean や or X, that is が典型的に使用されることがわかった。学術英語の EAP リスニング教材において話し言葉の例示・言い換え表現としてしばしば指導される for example や such as、in other words は、実際の講義ではあまり登場しないことも明らかとなった。

5. 講義ジャンルにおける論理展開の表現

　本研究では MICASE 講義サブコーパスにおける Interactive metadiscourse

markers のジャンル分析を行った。その成果から、長めの連語よりも簡潔な表現による MDMs を多用すること、名詞的叙述よりも動詞的叙述を好むこと、間テキスト性を標識する引用表現はあまり使用されないことという 3 つの講義ジャンルの談話的特徴が実証された。

5.1 平易で短い接続詞や接続副詞の活用

　まず、MICASE の英語講義で頻出していた MDMs を 10 番目まで列挙すると、so（5,728 例）、but（3,658 例）、then（1,899 例）、now（1,733 例）、because（1,474 例）、also（741 例）、first（741 例）、well（711 例）、I mean（708 例）、again（569 例）であった。2 音節の表現（be・cause、al・so、I mean、a・gain）も一部あるが、単音節からなる接続詞や間投詞、接続副詞がその多くを占めていた。他方、for example（169 例）や at this point（37 例）、on the other hand（35 例）や to start with（11 例）などの長めの接続副詞はあまりみられなかった。

　これに関連して、Biber（2006）は EAP のさまざまなジャンルを比較した独自のコーパス分析より、ok、well、now といった談話標識は話し言葉に制限される一方、therefore、for example、that is に代表される接続副詞は書き言葉ジャンルに共通の特徴で、とくに教科書で多用されることを実証している。この品詞に着目した Biber の議論に、音節や単語の数の影響という観点を新たに提示した本研究の意義は大きいと言えよう。

　EAP リスニング教材では、簡潔な表現と長めの連語とを一括して MDMs として提示することが通例となっている（例 Dunkel & Lim 2014; Sanabria 2004）。学習者を多様な談話表現に触れさせることはもちろん大切であるが、平易で短い接続詞や間投詞、接続副詞を重点的に指導し、それらを手がかりに意味のまとまりを素早くつかみ、前後の関係性を逐次整理できる力を涵養することがとりわけ有益であろう。

5.2 動詞的叙述の選択的使用

　つぎに目標設定の MDMs を品詞ごとに比較した結果からは、英語講義では動詞的叙述が名詞的叙述よりも好まれる可能性が示された。象徴的なのは focus の使用傾向で、動詞的用法が 49 例だったのに対し名詞的用法は 18 例と

比較的少なかった。

　学術英語ジャンルにおける叙述の特徴の1つとして、Hyland (2006) は名詞的文体の多用 (high nominal style) をあげ、本来は動詞で叙述されるべき出来事 (コト) を名詞で目的語 (モノ) のように叙述することで、1つの節により多くの事象を埋め込もうとする傾向があることを指摘している (第1章で詳述)。だが本研究からは、少なくとも談話の展開を標識するようなMDMsに限っては、講義ジャンルでは動詞的用法が一般的であることが明らかとなった。同じ学術場面であっても、話し言葉と書き言葉というモードの違いによって語りの作法は異なりうるという示唆は興味深い。

　Halliday (1987/2002) はモードの違いについて、話し言葉は文法的複雑性 (grammatical intricacy)、書き言葉は語彙的複雑性 (lexical density) がそれぞれ高いと説明している。話し言葉では1文あたりにふくまれる節の数が多く、書き言葉では談話あたりの内容語の割合が大きいとされる。ここで、複数の節を1文中につなげる場合、相応する動詞と接続詞が必要となる。MICASE講義サブコーパスにおける動詞的叙述と接続詞の頻出という本研究の分析結果は、Hallidayが主張する話し言葉の特性にまさに合致している。

　ゆえに文章の構成法という語りの文体に関しては、EAPという場面状況よりも話し言葉というモードのほうが講義ジャンルの談話の形成に有意な影響を与えていると結論づけられよう。EAPリスニング教育では、専門性が高く形式ばっているという講義の場面設定がしばしば強調されるが、動詞をふくむ複数の節を接続詞でつないだ長い文で構成されるという話し言葉としての特徴も合わせて導入することが肝要であろう。

5.3　間テキスト性を示す引用表現

　さいごに、英語講義であまり用いられないMDMsはテキスト外の情報に言及するような引用表現で、5つのMDMsの粗頻度を小計しても61例で、講義につき1例ペースにも満たない (10,000語あたり0.95) 結果であった。

　EAPジャンルでは、主題の定義や関連する研究・実践例をあつかった先行文献など、当該テキストに先行するテキストの叙述を直接的 (quote) または間接的 (paraphrase) に引用することで間テキスト性 (intertextuality) を保持するこ

とが重要視される（Pecorari 2016）。ここで、本研究が対象とした引用の MDMs（according to、cite、cited、quote、quoted）は according to をのぞいて直接引用の表現であった。元データを参照すると、たしかにこれらの表現をともなった外部テキストの逐語的な借用はあまり多くなかったが、それらを教授者が自分なりにまとめなおして言及する間接引用は散見された。間接引用はしばしば argue、show、suggest などの報告動詞により標識されるが、本研究が依拠した Hyland（2005）では、それらの表現は Interactional metadiscourse markers に分類されるため、本章ではこれ以上の考察は省略する。

6. まとめ

　本章の目的は、命題の談話的展開を標識する Interactive metadiscourse markers に焦点をあて MICASE 所収の英語講義を対象としたジャンル分析を行い、EAP リスニングの代表である講義ジャンルの修辞的特徴を解明することであった。その結果から、平易で短い接続詞や接続動詞の活用、動詞的叙述の選択的使用、間テキスト性を示す直接引用表現の少なさという、英語講義の談話レベルでの言語的傾向を実証した。

　以上の知見から、見出しのインプット足場かけを準備するにあたっては、so、but、then、now、because、also、first、well、I mean、again といった話し言葉に特有の短い接続詞や間投詞、接続副詞を手がかりに、意味のまとまりを素早くつかみ、前後の関係性を順次整理できるような教材を開発することを提案する。また講義を中心とする学術英語教育では、1 文に動詞をふくむ複数の節が接続詞によって連結しているという話し言葉に特有の語りの文体への気づきを促す指導を推進することを教育的示唆として提示する。

［注］

1 ── ここで概観する先行研究は、必ずしも Hyland（2005）の枠組みにしたがって MDMs を分類したものではないが、広く講義で使用される言語表現をメタ談話標識の観点か

ら分析したものとして同様にあつかっている。
2 ── 聴講する学生数によって区分され、Lecture-small には 40 名未満、Lecture-large には 40 名以上の学生を対象とした講義がふくまれる。
3 ── カッコ内の記号は MICASE に掲載されているトランスクリプト ID である。
4 ── 機械的抽出の結果には、節と節をつなぐ MDMs としての用例のほかに、語と語や句と句レベルの並列関係を示す使用例も多く混在していた。甚大な時間と労力を要するだけでなく、出現頻度が高すぎて MDMs としてはうまく機能しない可能性が高いことから事後分析は省略した。

第10章　英語講義における話者態度のメタ談話標識

1. はじめに

　本章では、第II部で論じた基礎研究からの示唆である、見出しのインプット足場かけの有効性を教育場面で応用するもう1つの試みとして、英語講義ジャンルにおける話者の態度を把握する手がかりとなるメタ談話標識（Metadiscourse markers: MDMs）の使用傾向を分析する。

　前章で行ったコーパス分析の枠組みを踏襲し、ミシガン米口語コーパス所収の62の講義を対象に、話者態度に関わる310種類のInteractional metadiscourse markersの出現頻度を定量的に分析する。評価・態度、ブースター、自己言及、関与表現、ヘッジの小カテゴリーごとに、話し言葉の学術英語で頻用される表現の傾向について議論する。

2. 方法

　本調査では、ミシガン米口語コーパス（Michigan Corpus of Academic Spoken Corpus: MICASE）に収録された62の講義のスクリプトを分析対象とする。医療人類学、アメリカ文学、無機化学、機械工学などさまざまな学問分野にわたるトピックをふくみ、全体で643,692語、総録音時間は4,341分である。その平均の長さは10,382.1語（70分）であった。

本章で対象とする Interactional metadiscourse markers は、Hyland (2005, 2015→第9章) による学術テキストのメタ談話モデルのうち、受け手をテキストに参与させるような 310 種類の表現を指す。具体的には、ヘッジ (hedges: 例 might)、ブースター (boosters: 例 in fact)、評価・態度 (attitude markers: 例 unfortunately)、自己言及 (self mention: 例 I)、関与 (engagement markers: 例 consider) の 5 つの小カテゴリーで構成される (小島 2017)。

　以上の MICASE 講義サブコーパスと話者態度に関する Interactional metadiscourse markers を対象に、前章の手続きにならい大規模なコーパス分析を実施した。まずオンライン上の MICASE のコーパスデータ (University of Michigan English Language Institute 2019) にアクセスし、分析対象とする 62 の講義スクリプトをダウンロードして MICASE 講義サブコーパスを編纂した。

　つぎに、AntConc (Version 3.4.4) (Anthony 2014) というコンコーダンサーを利用して 310 種類の Interactional metadiscourse markers を個別に検索語句として入力し、機械的抽出を行った。検出された用例はテキストデータとして表現別に保存するとともに、Word ファイルに一括でまとめ、色分けと分類タグ (例 ヘッジの about は <j1>) を付与した。さらに事後分析として、出力データの文法的機能を 1 つずつ目視で確認し、MDMs の定義に反するものを除外した。最終的に、310 種類の Interactional metadiscourse markers について全部で 54,235 件の用例が得られた。

3. 結果と考察

　講義ジャンルに典型的な談話標識の実証データを、見出しに着目したインプット足場かけの開発に生かすことを目的に、話者の主観的な態度について言明する Interactional metadiscourse markers の英語講義における使用傾向を、評価・態度、ブースター、自己言及、関与表現、ヘッジという 5 つの小カテゴリーごとに詳述する。

3.1　評価・態度 (attitude markers)

　1 つ目の小カテゴリーである評価・態度 (attitude markers) は、驚きや同意、重

要性や義務感など、テキスト中の命題に対する話者の主観的な態度を指す動詞や文副詞、形容詞をふくむ。MICASE 講義サブコーパスにおける評価・態度の表現の粗頻度および 10,000 語あたりの頻度を表 1 に示す。本章の各表では、1 つの講義につき約 10 回（†††）、5 回（††）、3 回（†）以上出現することを目安として記号で示す。

　評価・態度に関する MDM は 65 種類あるが、MICASE の英語講義における使用例は、even（507 例）、important（327 例）、interesting（201 例）に集中していた。

　まず、ものごとの様態を表す形容詞や動作を示す動詞に前置し、その程度を強調する副詞 even がもっとも多く使用されていた。引用 1 では政治学の講義で第一次世界大戦以前の英独による建艦競争を説明した箇所で、副詞 even を 2 度も用いることにより 2 国間の緊張関係の背景や展開を強調している。形容詞や動詞の程度を修飾する副詞にはほかに dramatically（9 例）や remarkably（8 例）もあるが、講義サブコーパスにおける用例は比較的少なかった。引用 2 はアフリカの歴史に関する講義の一節で、アフリカが外的要因により劇的に変容を遂げてきたことを副詞 dramatically で強調している。講義全体の傾向として、音節数が多く変化の程度を具体的に表すような副詞よりも、単に程度が甚だしいことを示す平易な副詞 even がもっぱら重用されているのは興味深い。

(1) ...the lack of ...prestige, was translated into a behavior that was equally or even more unacceptable, meaning that now Germany naval forces were countered even by further military forces.〔LES495JU063〕

(2) the essential features of Africa changed dramatically, under the influence of events and forces outside Africa's control.〔LES205JG124〕

表1 評価・態度（attitude markers）の粗頻度と10,000語あたりの頻度

MDMs	Freq.	Freq./10,000	MDMs	Freq.	Freq./10,000
even	507	7.88 † †	understandable	3	0.05
important	327	5.08 † †	agrees	2	0.03
interesting	201	3.12 †	fortunately	2	0.03
essentially	97	1.51	importantly	2	0.03
expected	88	1.37	inappropriate	2	0.03
agree	64	0.99	unexpected	2	0.03
appropriate	40	0.62	amazed	1	0.02
hopefully	30	0.47	amazingly	1	0.02
amazing	25	0.39	astonishingly	1	0.02
unusual	25	0.39	curiously	1	0.02
unfortunately	23	0.36	disappointing	1	0.02
prefer	19	0.30	disagreed	1	0.02
dramatic	18	0.28	inappropriately	1	0.02
preferred	18	0.28	preferably	1	0.02
surprising	18	0.28	shockingly	1	0.02
usual	16	0.25	strikingly	1	0.02
essential	15	0.23	unbelievably	1	0.02
surprised	13	0.20	unusually	1	0.02
correctly	10	0.16	admittedly	0	0.00
interestingly	10	0.16	astonished	0	0.00
disagree	9	0.14	astonishing	0	0.00
dramatically	9	0.14	desirably	0	0.00
agreed	8	0.12	disappointed	0	0.00
appropriately	8	0.12	disappointingly	0	0.00
curious	8	0.12	disagrees	0	0.00
remarkable	8	0.12	expectedly	0	0.00
remarkably	8	0.12	fortunate	0	0.00
desirable	6	0.09	hopeful	0	0.00

shocked	6	0.09	preferable	0	0.00
surprisingly	6	0.09	shocking	0	0.00
unfortunate	5	0.08	understandably	0	0.00
striking	4	0.06	unexpectedly	0	0.00
unbelievable	4	0.06			

††† : Freq./10,000 > 10.00、†† : Freq./10,000 > 5.00、† : Freq./10,000 > 3.00

　ほかに講義サブコーパスにおいて使用例が多かったのは、important と interesting の2つの形容詞であった。ベートーベンをあつかった音楽学の講義の引用3では、交響曲第3番『英雄』（エロイカ）を作曲した背景を説明する際に、形容詞 important を用いて教育や政治といった観点を重要な概念として補足している。また引用4では日本文学に関する講義において、上田秋成の『雨月物語』からの怪奇譚「浅茅が宿」のすじ書きやどんでん返しに対して、3度も形容詞 interesting を用いて好意的な論評を展開している。

(3) …the Eroica the massive outdoor festivals, that the revolutionary government staged uh with an important educational function. these festivals helped to consolidate public opinion on important, political, questions.（LES420MG134）

(4) I think I think Ueda Akinari's interesting. uh cuz his plots are so interesting they have such interesting twists.（LEL140SU074）

　いみじくもこの important と interesting は、教育心理学の動機づけ理論（Gardner & Lambert 1972）における、人間が第二言語の学習に向かう主観的な態度を説明する二大概念に対応するキーワードである。この理論では言語学習への動機づけが、実利的な目標への重要性（= important）にもとづく道具的動機づけ（Instrumental motivation）と目標言語社会への興味（= interesting）による統合的動機づけ（Integrative motivation）に大別される。表1にまとめられているように、発話中であつかう命題に対する話者自身の価値判断を示す表現には多様な選択肢があるにもかかわらず、実際の英語講義では人間の根源的な情動を形容する important と interesting という2語に用例が偏っていたことは特筆に

値する。

3.2 ブースター(boosters)

　ブースター (boosters) は命題に対する話者の確信度の高さを示す MDM で、断定的な動詞や可能性の高さを表す副詞や形容詞などをふくむ。MICASE の英語講義では、動詞では think (1,627 例)、know (1,121 例)、find (387 例)、show (256 例)、thought (216 例)、副詞では really (1,267 例)、actually (851 例)、always (312 例)、of course (303 例)、never (220 例)、そして形容詞は sure (293 例) の出現頻度の高いことがわかった。

表2　ブースター(boosters)の粗頻度と10,000語あたりの頻度

MDMs	Freq.	Freq. /10,000	MDMs	Freq.	Freq. /10,000
think	1,627	25.28 † † †	realized	19	0.30
really	1,267	19.68 † † †	finds	12	0.19
know	1,121	17.42 † † †	surely	11	0.17
actually	851	13.22 † † †	realizes	9	0.14
find	387	6.01 † †	truly	9	0.14
always	312	4.85 †	establish	8	0.12
of course	303	4.71 †	demonstrated	5	0.08
sure	293	4.55 †	definite	4	0.06
show	256	3.98 †	demonstrate	3	0.05
never	220	3.42 †	demonstrates	2	0.03
thought	216	3.36 †	proved	2	0.03
certain	191	2.97	proves	2	0.03
found	165	2.56	believes	1	0.02
true	157	2.44	conclusively	1	0.02
certainly	115	1.79	doubtless	1	0.02
clear	109	1.69	evident	1	0.02
must	106	1.65	evidently	1	0.02
believe	100	1.55	no doubt	1	0.02

obviously	97	1.51	undeniable	1	0.02
clearly	90	1.40	undoubtedly	1	0.02
known	81	1.26	beyond doubt	0	0.00
shows	72	1.12	decidedly	0	0.00
definitely	59	0.92	incontestable	0	0.00
realize	51	0.79	incontestably	0	0.00
showed	39	0.61	incontrovertible	0	0.00
shown	37	0.57	incontrovertibly	0	0.00
established	32	0.50	indisputable	0	0.00
obvious	31	0.48	indisputably	0	0.00
thinks	28	0.43	undeniably	0	0.00
believed	22	0.34	undisputedly	0	0.00
prove	22	0.34	without doubt	0	0.00

††† : Freq./10,000 > 10.00、†† : Freq./10,000 > 5.00、† : Freq./10,000 > 3.00

　ブースターの動詞のなかでは、自らの思考を端的に示すthinkの頻度がもっとも高く、平均で1つの講義につき25.28回使用されていた。その多くはI thinkというチャンクで現れ（852例）、陳述する命題を自己の見解として確信をもって伝える働きを担っていた。たとえば行動科学の講義からの引用5では、プリンシパル・エージェント理論（principal agent theory）を説明する事例として、代理人（she = agent）は依頼人（they = principal）の信頼を勝ち取ることが重要であるという考えをI thinkと前置きしたうえで言明している。自らの考えを表明するブースターの役割を有する動詞には、ほかにbelieve（100例）やdemonstrate（3例）などもある。引用6では鳥の生態学の講義において、フランスで鳴禽を食用のために狩猟することが合法化されたことを、冒頭のI believeで確信をもって紹介している。英語講義においてはこのような音節数が多く具体的または学術的な動詞の使用例は、単音節からなる基本動詞thinkにくらべて少なかった。

(5) I think um, first thing she should do is, is to_ cuz they kept emphasizing that um, Jay, the guy that headed headed the Florida, team was, one of them, so

I think she needs to somehow gain their trust, by, either convincing them...
(LEL185SU066)

(6) I believe that France has just passed some legislation that now makes it, legal to, shoot and eat songbirds again, they didn't_ for a while, it was um illegal (LES175SU028)

つぎにブースターの副詞に議論を転じると、出現頻度の高かった MDMs は really（1,267 例）と actually（851 例）で、ともに話者が提示する命題が事実や実際の状況であることを強調する表現であった。引用 7 では、ジェンダー論の講義でポルノの捉え方をあつかった場面で、他者の考えに同意したり考察の切り口を提示したりする際に really で修飾している。一方、人類学の講義からの一節である例 8 では、カール・マルクスの生産様式の理論を説明する際に、平等主義のシステムの偏りのなさを印象づけるために truly が用いられていた。このように命題への確信度が高いことを標識する副詞には、certainly（115 例）や definitely（59 例）、truly（9 例）もあるが、really や actually とくらべると用例数はあまり多くなかった。

(7) I really agree with what yo- with what Molly's saying but I think it's really interesting to look at it like, from the beginning like, um the difference between why right-wing activists oppose porn versus why feminists oppose porn.（LES565SU137）

(8) in in his theory that would be ideal, if everyone could own the means of production, that would be a truly egalitarian system.（LEL115JU090）

(9) remember all votings at Rome took place, on a measure on a single day. and an- you had to get to Rome to vote...this begins to matter. there is a feeling that, you never get to vote. your vote never counts.（LEL215SU150）

対照的に、ある状況が生じる頻度が低いことや強い否定を標識するブースターは never（220 例）に集中していた。引用 9 は古代ローマの生活をテーマとした講義からの一節で、当時の選挙制度がいかに市民に開かれていなかった

かをneverで印象的に伝えている。英語講義コーパス全体の傾向として、話者の強い確信や肯定を表すreally、actually、always、of courseなどの副詞が、強い否定を示すneverよりも多用されていたことが明らかとなった。

3.3 自己言及(self mentions)

3つ目の小カテゴリーである自己言及（self mentions）とは、一人称代名詞や話者を指す定冠詞つきの名詞のMDMsのことで、談話を紡ぐ話者自身の存在を焦点化する働きを有する。Hyland（2005）によるMDMsリストは書き言葉を前提としているため、author（筆者）やwriter（書き手）が自己言及の表現としてあげられている。本研究では話し言葉の一種である講義ジャンルをあつかうことから、lecturer（講演者）、professor（教授）、speaker（話し手）、teacher（教師）というキーワードも分析の対象にくわえた（表3）。

表3 自己言及(self mentions)の粗頻度と10,000語あたりの頻度

MDMs	Freq.	Freq./10,000	MDMs	Freq.	Freq./10,000
I	9,701	150.71 † † †	the writer's	0	0.00
we	5,827	90.52 † † †			
me	794	12.34 † † †	the professor*	1	0.02
my	699	10.86 † † †	the lecturer*	0	0.00
our	526	8.17 † †	the speaker*	0	0.00
us	373	5.79 † †	the teacher*	0	0.00
mine	25	0.39	the lecturer's*	0	0.00
the author	0	0.00	the professor's*	0	0.00
the writer	0	0.00	the speaker's*	0	0.00
the author's	0	0.00	the teacher's*	0	0.00

† † †：Freq./10,000 > 10.00、† †：Freq./10,000 > 5.00、†：Freq./10,000 > 3.00

*：話し言葉ジャンルのMDMsとして追加した表現

表3に示すように、自己言及のMDMsとしては一人称代名詞の主格I（9,701例）とwe（5,827例）が圧倒的に多く、それ以外の一人称の変化形も単数形・複

数形ともに比較的使用度が高かった (me (794 例)、my (699 例)、our (526 例)、us (373 例))。

　講義サブコーパスにおける一人称単数の主格 I の機能は多岐にわたっていたが、話者が自己の講義の展開について俯瞰的 (= メタ的) に言明する事例が典型的であった。引用 10 では、歴史言語学の講義の前半部分で、前回からの継続でロマンス言語を事例に議論を進めるという当該授業の流れを代名詞 I で導入している。その際に we や our を活用することで、教授者のみが講義の内容や展開を司っているのではなく、学生と協働して授業を運営しているのだという一体感も伝えている。ほかには、あるメカニズムを説明する際に I を用いて自己を擬人化して説明するという事例も観察された。以下の無機化学の講義からの例 11 では、代名詞の I や me を用いて話者自身を 7A 族の元素に見立てることで、その電荷が変容するメカニズムをより臨場感を持って伝えている。

(10) okay. all righty um what I want to do is continue with this discussion that we've been trying to show, between the interaction of history and, language change, and again as I state we're using the Romance languages as sort of our test case... (LES355SU009)

(11) so if I'm an element in family seven-A, like F, which is fluorine has seven outer electrons, I'm going to gain one that's going to upset my electrical nu-neutrality by giving me a negative one, charge, and I'm going to be an anion with negative one charge (LEL200JU105)

　一方、話者自身を定冠詞つきの名詞で第三者的に自称する MDMs は、the professor が 1 例のみと講義ではほとんど使用されていなかった。生物学の第 1 回の講義の冒頭部である例 12 では、話者が学生に向けて自己紹介をするなかで the professor と教授者としての自身の役割について言及している。

(12) um, I will be the professor for the whole uh, the whole term in this course that's different uh than we normally do it (LEL175MU014)

(13) In this article, the author addresses this question through a critical discussion of the notions of 'active citizenship' and 'civic competence'（Biesta 2009: 146）

　ただしこの講義コーパスにおける自己言及表現の唯一例である引用 12 でも、文全体の主語は I であり the professor はその補部に位置している。研究論文からの引用 13 のように書き言葉の EAP ジャンルでしばしばみられる、書き手を指す定冠詞つきの名詞 the author を主語に立てて議論を展開するという談話は、話し言葉である英語講義ではまったくみられないことが本分析から明らかとなった。

3.4　関与表現（engagement markers）

　関与表現（engagement markers）とは、聞き手に対して明示的に呼びかけることでその注意をひきつけたり、談話の参与者として聞き手を巻き込んだりするような MDMs である。聞き手に呼びかける二人称の代名詞や、you を主語とした平叙文や命令文を構成する動詞、勧誘表現の let's や should がふくまれる。このうち本研究が対象とした講義サブコーパスで使用頻度が高かったのは、二人称代名詞の you（13,425 例）、your（1,345 例）、動詞の see（829 例）、go（331 例）、have to（317 例）、remember（297 例）、look at（243 例）、勧誘表現の let's（574 例）であった（表 4）。

　もっとも使用例が多かったのは二人称代名詞 you で、聞き手である学生に直接呼びかけたり、聞き手を主語に立てることで講義の内容を疑似的に理解させたりするような用例がみられた。たとえば引用 14 は、果実の成熟を促進するエチレンというホルモンの働きを説明した生物工学の講義からの一節である。ここでは学生に代名詞 you で語りかけて、彼らが家庭菜園で果実を育てた経験を想起させながらエチレンが果実の完熟や腐敗を促すことを印象づけている。

表4 (engagement markers)の粗頻度と10,000語あたりの頻度

MDMs	Freq.	Freq. /10,000	MDMs	Freq.	Freq. /10,000
you	13,425	208.56 † † †	let us	9	0.14
your	1,345	20.90 † † †	ought	9	0.14
see	829	12.88 † † †	prepare	9	0.14
let's	574	8.92 † †	analyse (ze)	8	0.12
go	331	5.14 † †	integrate	8	0.12
have to	317	4.92 †	note	8	0.12
remember	297	4.61 †	review	8	0.12
look at	243	3.78 †	define	7	0.11
use	182	2.83	increase	7	0.11
think about	132	2.05	refer	6	0.09
need to	121	1.88	allow	5	0.08
should	104	1.62	develop	5	0.08
notice	88	1.37	mark	5	0.08
think of	83	1.29	assess	4	0.06
by the way	54	0.84	connect	4	0.06
turn	53	0.82	one's	4	0.06
measure	51	0.79	regard	4	0.06
imagine	50	0.78	contrast	3	0.05
suppose	47	0.73	evaluate	2	0.03
assume	40	0.62	incidentally	2	0.03
take a look	32	0.50	state	2	0.03
choose	29	0.45	reader's	1	0.02
compare	26	0.40	arrange	1	0.02
select	24	0.37	classify	1	0.02
consider	21	0.33	picture	1	0.02
add	19	0.30	remove	1	0.02
do not	19	0.30	consult	0	0.00
set	19	0.30	employ	0	0.00
estimate	17	0.26	ensure	0	0.00

pay	17	0.26	input	0	0.00
determine	16	0.25	insert	0	0.00
follow	16	0.25	key	0	0.00
recall	16	0.25	mount	0	0.00
calculate	13	0.20	order	0	0.00
observe	11	0.17	recover	0	0.00
apply	10	0.16			

††† : Freq./10,000 > 10.00、†† : Freq./10,000 > 5.00、† : Freq./10,000 > 3.00

　興味深いのは、本研究の英語講義コーパスにおける代名詞の頻度を比較した場合、学生に命題について語りかけたり疑似体験させる二人称 you（13,425例）の方が、教授者が講義の展開を俯瞰的に言明したり話者自身を焦点化する一人称 I（9,701例）よりも出現頻度が高かったことである。講義は教授者による一方向的な独話（monologue）を基本とするにもかかわらず、話者自身への言及よりも聞き手に呼びかける対話（dialogue）のための表現の方が頻用されているという傾向は、学生が当該分野に関する知識や技術を習得するために学術的知見を教授するという講義ジャンルの本質を反映していると言えるだろう。

(14) well that problem is if any of you ever, have grown stuff in your, garden you know that ripened fruit, gets soft, and it's really easily damaged when you harvest it. (LES405JG078)

(15) there will be some, times when, people feel uncomfortable with, the density of a particular species. and, this is, you know something that's occurring with plants, insects, you know, mammals, it also has occurred, with birds. (LES175SU028)

　また you は、you know というフィラー（filler）としても 1,840 例使用されていた。フィラーとは「発話の隙間を埋めるのに用いられる音声要素で、それ自体は発話の意味内容・メッセージ内容に関わらないもの」（横森・遠藤ほか 2014: 90）を指す。講義サブコーパスでは、たとえば鳥の生態学に関する講義からの引用 15 で人間が特定の生物種の個体数を調整したり保護しようとし

たりするメカニズムを説明する際に、you know を 2 度用いて発話のすきまを埋めていた。先述の定義ではフィラーは命題の内容自体には関わらないとされているが、you know の場合はあなたが知っている（ように）と聞き手の記憶を喚起したり理解を期待したりする働きをもち、講義の命題に聞き手の関心を集中させるためにしばしば用いられると言える。

　つぎに関与表現の動詞としては、聞き手に特定の行動を指示する see（829 例）、go（331 例）、have to（317 例）、remember（297 例）の出現頻度が高かった。もっとも用例数の多かった see は、教科書や図表などの資料を見るという具体的な動作を示す用法のみならず、引用 16 のように説明の意味がわかるという抽象的な概念を表す用法もしばしば観察された。例 16 では、アメリカ文学の講義でヘンリー・ジェームズの小説 *The American* について説明する際に、偉大な文学作品は家族の話から生まれるという教授者の主張を動詞 see でご了解のようにと聞き手に提示している。なお、基本動詞の think がブースターとして重用されていたのと同様に（本章 3.2 参照）、関与表現 see についても類義語の observe（11 例）より出現頻度が高かったことは特筆に値する。産業工学の講義からの引用 17 では、順序統計量（order statistic）について説明する場面で標本の数値の見方を動詞 observe で紹介している。音節数の多い具体的な表現（例 observe）よりも音節数の少ない基本表現（例 see）が好まれるのが講義ジャンルにおける MDMs の傾向だと言えよう。

(16) James...would have been perfectly able...to have made a novel out of, nothing more than their forcing Claire to break off the engagement, see, uh, you can get great literature out of, families, getting in the way of love you know Romeo and Juliet all that sort of thing, (LES300SU103)

(17) so randomly sample, end points, from a uniform zero-B and they're independent. observe the results and rank them, such that, Y parentheses one now that's called an order statistic (LES330JG052)

(18) now how do we know that cell populations vary, that they're not all the same? let's go back and think about this experiment again. (LEL175SU106)

勧誘表現の let's については、講義を円滑に運営するために学習者になんらかの行動を指示する機能が一般的であった。肺がんと健康科学の講義からの引用 18 では、がん細胞の個数数のばらつきを確認する方法について補足するために、let's で以前あつかった実験についてふり返るよう聞き手に語りかけている。くわえて、この引用 18 では関与動詞で 2 番目に用例の多かった go が go back のまとまりで let's に後続しているが、ここでの go back は特定の場所に物理的に戻るのではなく、当該講義ですでにあつかわれた話題に概念的に戻ることを表している。このように講義ジャンルにおける関与の MDMs は、聞き手に働きかけて講義であつかわれる概念や流れの理解を促す役割を果たしていた。

3.5　ヘッジ(hedges)

　さいごの小カテゴリーであるヘッジ（hedges）は、命題に関する自説以外の見解への認識を示し、断定を避けるような助動詞や程度の副詞、確信度の低い動詞や限定表現を指す。表 5 にまとめるように、講義サブコーパスでは助動詞の would（1,617 例）、could（896 例）、might（439 例）、may（386 例）、副詞の maybe（362 例）、probably（342 例）、quite（239 例）、often（239 例）の出現頻度が高かった。Hyland（2005）ではほかにも確信度の低い動詞や連語の限定表現などがリスト化されているが、実際の講義ではあまり使用されていないことがわかった。

　ヘッジの MDMs としては上位 4 つとも助動詞が占めていた。特徴的なのはそのうち 3 つが would、could、might と過去形をとっていたことである。引用 19 は生物学の授業からの一節で、クローニングは生殖の一種であるという考えを助動詞 would で提示し、さらに根拠としてそのメカニズムを説明する際にも would や could を併用している。この例文について、1 つ目の節 cloning would be reproducing を、cloning is reproducing と助動詞なしの be 動詞の現在形で表した場合、「クローニングが生殖である」ことは例外なしの不変の真理という強い文意となってしまう。そこで推量の助動詞 will を付加しその時制を 1 つ過去にずらして would be とすることで語調をゆるめ、全体的にバランスのとれた説明を展開している。一方、現在形の助動詞 may は過去形の

表5 ヘッジ（hedges）の粗頻度と10,000語あたりの頻度

MDMs	Freq.	Freq./10,000		MDMs	Freq.	Freq./10,000
would	1,617	25.12 † † †		claim	15	0.23
could	896	13.92 † † †		feels	14	0.22
might	439	6.82 † †		indicate	12	0.19
may	386	6.00 † †		argues	11	0.17
maybe	362	5.62 † †		suspect	9	0.14
probably	342	5.31 † †		claimed	8	0.12
quite	239	3.71 †		probable	8	0.12
often	205	3.18 †		unlikely	8	0.12
about	192	2.98		appeared	7	0.11
usually	175	2.72		claims	7	0.11
sometimes	169	2.63		estimated	7	0.11
almost	155	2.41		apparent	6	0.09
feel	140	2.17		broadly	6	0.09
likely	140	2.17		doubt	6	0.09
guess	134	2.08		largely	6	0.09
wouldn't	134	2.08		tended to	6	0.09
possible	130	2.02		indicates	5	0.08
seems	112	1.74		certain extent	4	0.06
supposed	97	1.51		indicated	4	0.06
mostly	74	1.15		in my opinion	3	0.05
tend to	73	1.13		in my view	3	0.05
couldn't	72	1.12		postulated	3	0.05
perhaps	72	1.12		postulates	3	0.05
fairly	64	0.99		to my knowledge	3	0.05
generally	63	0.98		uncertain	3	0.05
typically	52	0.81		certain level	2	0.03
somewhat	41	0.64		in most cases	2	0.03
felt	40	0.62		doubtful	1	0.02
typical	39	0.61		from my perspective	1	0.02

argue	38	0.59	in our view	1	0.02
suggest	34	0.53	plausible	1	0.02
presumably	31	0.48	unclear	1	0.02
frequently	27	0.42	from our perspective	0	0.00
apparently	25	0.39	from this perspective	0	0.00
tends to	25	0.39	in general	0	0.00
appears	24	0.37	in most instances	0	0.00
suggests	24	0.37	in this view	0	0.00
possibly	23	0.36	in our opinion	0	0.00
assumed	22	0.34	plausibly	0	0.00
around	21	0.33	postulate	0	0.00
appear	20	0.31	presumable	0	0.00
argued	20	0.31	relatively	0	0.00
certain amount	17	0.26	supposes	0	0.00
mainly	17	0.26	suspects	0	0.00
roughly	17	0.26	uncertainly	0	0.00
suggested	16	0.25	unclearly	0	0.00
approximately	15	0.23			

††† : Freq./10,000 > 10.00、†† : Freq./10,000 > 5.00、† : Freq./10,000 > 3.00

would や could、might ほどではないものの、1つの講義につき平均 6 回程度は使用されていた。引用 20 では、精神病理学の講義で認知テストの構成概念妥当性を論じる際に、アメリカの大学入学希望者向けの SAT 試験が学力を正に測定できておらず多肢選択の忍耐力だめしになっている可能性を、断言はしないまでも助動詞 may をくり返して聞き手に印象づけている。

(19) cloning would be reproducing, I- in a sense it's asexual reproduction, but, even cloning would not work if the cell could not carry out metabolism, to make the proteins that that second cell or that second organism needs, (LEL175MU014)

(20) a high S-A-T score may not be, you know that this person is somehow brilliant, it may be that they're really really patient, they're able to make good

choices on multiple choice exams, and a low S-A-T score <u>may</u> not reflect poor school ability it <u>may</u> reflect that this person is impatient or impulsive, (LES500SU102)

(21) for example you change one hydrophilic amino acid for another hydrophilic amino acid of similar size you <u>probably</u> or <u>maybe</u>, <u>maybe</u> won't get any change in function of the protein. and this occurs all the time too. (LEL175JU154)

　つぎにヘッジの副詞のうちもっとも用例が多かったのは、さきほど議論した助動詞 may と be 動詞から派生した maybe であった。進化論の講義からの引用 21 では、親水性アミノ酸が入れ替わってもタンパク質の働きは変性しないというメカニズムを説明する際に、maybe が程度の副詞 probably のあとに 2 度つづいている。このように講義サブコーパスでは副詞 maybe は発話のすきまを埋めるフィラーとして挿入される事例が多く、引用 21 のように命題の確信度を調整する場面や文頭でよく出現していた。
　ここまで議論した助動詞と副詞にくらべて、動詞のヘッジ表現は英語講義ではあまり頻繁に観察されなかった。件数が最大であったのは feel（140 例）で、命題に対する話者の主観的な態度や感情について述べる働きを担っていた。ファンタジー文学をテーマとした講義からの引用 22 では、メキシコ人作家ラウラ・エスキベルの小説 *Como agua para chocolate* の書評をする際、自己の個人的経験にからめた所感を feel で表している。ここで注目したいのは、本章の 3.2 節で議論したブースターの think と同様に、ヘッジの動詞でも音節数の少ない基本動詞 feel の方が、音節数が多く学術的な動詞の argue（38 例）や suggest（34 例）よりも多く出現していたことである。引用 22 と同じ文学講義のべつの箇所からの例 23 では、教授者が先ほどの小説の魅力を suggest でゆるやかに主張している。話者の主張を示す argue や suggest は報告動詞（reporting verb）と呼ばれ、EAP 授業では命題に対する話者の評価の手がかりとなる表現としてしばしば指導されている。しかしながら、実際の英語講義においては、話者の考えを断定することを避けて論じる表現は使用例が少なく、平易な基本動詞の think がその多くを占めているという本研究の結果は特筆に値する。

（22）so maybe this is one of those ones that that you keep coming back to. I also <u>feel</u> kind of a, a special relationship to this book because of my grandma Mahler,〈LEL300SU076〉

（23）in fact, I would <u>suggest</u> to you that, one of the great things about this novel is that it works with an enormous set of oppositions. Mexican versus Anglo. um, male versus female.〈LEL300SU076〉

（24）as a result <u>in my opinion</u> of the Three Mile Island, accident, you had, um, greater emphasis on operations, compliance, the Nuclear Regulatory C- Commission rode in in white hats and said we're now the good guys ha ha ha〈LES445SU067〉

　さいごに、連語からなる限定表現のヘッジも certain amount（17例）、in my opinion（3例）、in our view（1例）とあまり出現していなかった。引用24はその希少な使用例で、放射線と健康工学の講義において、スリーマイル島原発事故がアメリカの原子力規制委員会の規範方針に影響を与えたという話者の見解を in my opinion という成句で意識づけている。このように長めの限定表現があまり観察されない点も、英語講義ジャンルの基本的で簡潔な表現を好むという特徴を反映していると考えられる。

4. 講義ジャンルにおける話者態度の表現

　本研究では MICASE 所収の英語講義で使用される話者態度の表現（Interactional metadiscourse markers）についてコーパス分析を行った。その結果、内容語に関しては基本的で簡潔な表現を好むこと、聞き手との関わりや話者自身に言及する代名詞が多用されること、助動詞では過去形のヘッジが現在形のブースターよりも頻出することが明らかとなった。

4.1 基本的で簡潔な内容語の選択

　まず、話者態度に関する MDMs の5つの小カテゴリーに共通して出現頻度の高い内容語は、基本的で簡潔な表現であった。内容語（content words）と

は、事物や動作、様態など、実質的な意味内容を表す語のことで、一般的に名詞、動詞、形容詞、副詞を指す。ブースターを例にとると、動詞の上位3位は音節数が少なく簡潔な think（1,627例）、know（1,121例）、find（387例）で、音節数が多く具体的または学術的な概念を示す believe（100例）や demonstrate（3例）は件数が比較的少なかった。ヘッジでも基本動詞 feel（140例）が argue（38例）や suggest（34例）にくらべて出現頻度が高かった。また評価・態度の MDMs については、副詞では even（507例）、形容詞では important（327例）と interesting（201例）に使用例が集中していた。

　これらの頻出表現に共通しているのは、各品詞における意味素性が基礎的かつ根源的であることである。ブースターとヘッジでもっとも重用されていた動詞は、人間の認知（think）と情動（feel）を根源的に意味するものである。評価・態度の形容詞の上位2つも人間の動機づけの二大側面である重要性（important）と関心（interesting）に直結する表現であることは、先に議論した通りである。さらに動詞や形容詞の様態を修飾する副詞に着目すると、もっとも活用されていた評価・態度の副詞は even で、単にものごとの程度を強調するという基礎的な意味を有していた。

　EAP の教育実践では Coxhead（2000）の学術語彙リスト（Academic Word List）の570語などを代表例として、学術論文や講義などの学術的なテキストに特徴的に出現する語彙を焦点化した指導がしばしば行われている。これは日常生活での使用頻度が高い一般語彙リスト（General Service List: West 1953）の2,000語を知っていることを前提とし、高等教育では EAP 語彙のみを新たに学習することで当該ジャンルに対応することを目指すというアプローチである。

　しかしながら本研究からは、実際の講義では話者はむしろ単純な基本表現を用いて命題や聞き手に対する自己の態度を伝達しているという傾向が明らかとなった。そこで今後の EAP リスニング教育においては、基本語彙の汎用性に立ち返って、話者が自己の主張を強調したり命題に対する聞き手の注意を引き込んだりするような談話の傾向を、先述した頻出表現とともに指導することが肝要であろう。

4.2 聞き手や話者自身に言及する代名詞

つぎに、英語講義においては教授者や学生に言及する代名詞の使用が顕著であることがわかった。自己言及と関与表現の小カテゴリーに属する代名詞の主格を頻度順に列挙すると、you（13,425 例）、I（9,701 例）、we（5,827 例）であった。ひと講義あたり 208.56 回、150.71 回、90.52 回出現する計算となる。興味深いことには、一人称 I を用いて語り手である教授者自身に言及する場面よりも、二人称 you を用いて学生に語りかける事例の方がよく観察された。

EAP の多様なジャンルにおける語彙を品詞ごとにコーパス分析した Biber (2006) でも、書き言葉にくらべて話し言葉では一人称や二人称の代名詞が好まれることが報告されている。Biber は、とりわけ講義などの教室場面 (classroom teaching) において二人称より一人称の割合が高くなるという分析結果を示しているものの、個別の表現の多寡までは議論していない。したがって、MICASE の講義サブコーパスにおける個別の表現を頻度順にくらべ、聞き手に呼びかける二人称の you が重用されることを明らかとした本研究の成果には一定の価値があると言えよう。

MICASE の英語講義では、聞き手である学生に直接呼びかけたり、聞き手を主語に立てることで講義の内容を疑似的に理解させたりするような二人称 you の用法がみられた。これはまさに聞き手との相互交渉により談話を構築しようとする、話者態度の MDMs (Interactional metadiscourse markers) の本質を反映している。一般に講義とは、教授者が学生に口頭で学術的知見を伝授することと定義され (Flowerdew 1994)、教授者による一方向的な発話行為として認識されている。しかしながら実際の講義では、学生に you と呼びかけ談話に引き込み、彼らが当該分野の知識や技術を体得的に学ぶことに談話の主眼が置かれていることを実証できた。

今後のリスニング教育への実践的示唆としては、たとえば you know のフィラーなど教授者が学生へ注意喚起する二人称代名詞を手がかりに、話者がより強調したりていねいに説明したりすることを意図している命題に注意を払う意識を涵養することが有効であろう。

4.3 ブースターとヘッジの助動詞

話者態度の MDMs の象徴とも言える、命題に対する確信度を表す助動詞はヘッジの would（1,617 例）、could（896 例）、might（439 例）、may（386 例）が、ブースターの must（106 例）より英語講義では選択的に使用されることがコーパス分析から明らかとなった。ヘッジは命題に対する話者の確信度の低さを含意するが、上位3つの would、could、might はいずれも過去形をとっていた。時制を過去に1つずらすことで命題と話者との心理的距離が離れていることを示す働きがあるとされる（Swales 1990）。一方、講義コーパスで用いられていたブースターの must は現在形をとっており、命題と話者の心理的距離が近いこと、すなわち話者が陳述する主張に確信をもっていることを示す。

先行研究に目を向けると、先述した Biber（2006）の EAP コーパス分析でも、話し言葉では予測（prediction）の will や would がとくに好まれ、可能性（possibility）の could や might、may も比較的用いられるが、義務（obligation）の must はあまり多くふくまれないという結果が示されている。助動詞の分類名は異なるものの、各表現の頻度データは英語講義を対象とした本研究の結果と概ね一致していると言えよう。

したがって EAP リスニング教育においては、話し言葉に共通の傾向として話者は自己の見解について言明する際に、ヘッジの助動詞を過去形で用いながらその命題と自身との距離をある程度離すことで、「多くの解釈が考えられることをわきまえたうえで、自らの見解についてバランスを保って提示していますよ」という意識を聞き手に印象づける傾向があることを明示的に指導することが肝要であろう。ブースターとヘッジはスタンス表現（stance markers）とも呼ばれるが（Gray & Biber 2014）、このような助動詞の働きを学習することで、話者が単なる事実を説明するのではなく、それに対する自己の見解を述べているという談話の働きに意識的になるだろう。

5. まとめ

本章の目的は、英語講義における話者の態度を表明する Interactional metadiscourse markers の特徴を MICASE 所収の 62 の講義をコーパス分析する

ことを通して議論することであった。本研究の成果として、基本的で簡潔な動詞や形容詞、副詞を好むこと、話者自身や聞き手に言及する一人称や二人称の代名詞が多用されること、ブースターよりもヘッジの助動詞が頻出することが明らかとなった。

　学術英語教育の実践では、教科書や参考文献を読解する力や学術論文を執筆する力の育成に比重が置かれるため、アカデミックな英語に関する規範も書き言葉を基盤とするものが多い。たとえば、書き言葉の大規模なコーパス分析の成果にもとづき、基本語よりも学術的な語彙の比重が高いことや、一人称や二人称の代名詞を避けることが一般的に指導されている。しかしながら、話し言葉の講義ジャンルにおける英語の実態に迫った本研究のコーパス分析からは、EAP リスニングのためには、話者の談話を標識する基本語彙への目配りや、教授者や学生に言及する表現を手がかりに談話の展開を捕捉する力を育成することが同様に重要であることが示された。

　そこで見出しのインプット足場かけを開発する際には、think、know、find、feel、even、important、interesting などの基本的で根源的な内容語に着目して話者の主観的態度を意識化させる教材が好ましいと提起できる。また教授者が学生に呼びかける you といった話し言葉ジャンル特有の用法や、学術英語の文体に象徴的な would、could、might、may などのヘッジの助動詞に着目することも、インプット教材を理解する足場かけとして有効であろう。

　以上のように第 IV 部　教育応用編では、見出しに関するインプット足場かけを教育実践において導入するために、講義ジャンルに特徴的な談話表現のコーパス分析を行った。論理展開を標識する MDMs の分析からは、平易で短い接続詞や接続動詞の活用、動詞的叙述の選択的使用、間テキスト性を示す直接引用表現の少なさといった講義の修辞的特徴が示された。話者態度を標識する MDMs の調査からは、基本的で簡潔な内容語の選択、話者自身や聞き手に言及する代名詞の顕著な使用、ヘッジの助動詞の多用といった傾向が明らかとなった。以上のコーパス分析で得られた実証データから、簡潔で基本的な表現を好むという学術英語の話し言葉ジャンルの文体的特徴に着目したインプット足場かけを開発することの重要性を提起した。

終　章　まとめと今後の展望

1. まとめ

　本章ではまず本書の全体を概括し、本研究からの示唆をまとめるとともに今後の展望を述べる。本書の目的は、日本の学術英語教育の充実に向けた四技能統合型のタスクモデルの開発について論じることであった。教材の真正性や専門性は保持したうえで字幕や事前学習などのインプット足場かけを活用し、音声知覚、内容理解、長期的な英語力育成といった観点から教育効果を実証した。さらにインプット足場かけを開発するため、英語講義ジャンルのコーパス分析を行い、典型的な修辞展開や話者態度を示すメタ談話標識の傾向について議論した。

　序論では、実践的コミュニケーション能力を育成するために技能統合型の指導が重要視されているという国内外の外国語教育の動向を確認した。とりわけ大学レベルにおいては、専門的な探究を支える包括的な学術英語運用能力の涵養が主要な目標となっていることを指摘した。そのための有効な指導実践として、インプットの理解活動とアウトプットの産出活動によって構成される学習タスクの可能性を提起した。一方、日本の大学生の英語運用能力はCEFRのA1〜A2という基礎段階にあり、聞くことを中心とする口頭コミュニケーションに困難を抱えている現状を確認した。学術英語はC1の熟達した言語使用者のレベルに相当することを考えると、多くの大学生は高度な

英語を学習するレディネスに達していないという課題が浮かび上がる。そこで従来の技能統合型タスクにインプット学習を支援する足場かけをくわえた新たなモデルを提唱し、その効果検証を行うという本書の目的を述べた。

第Ⅰ部　理論編では、本書の理論的背景を概説した。まず第1章では、英語教育全体における学術英語の位置づけを確認し、学習者の習熟度にかかわらず学術場面での学びに対応できる英語力を志向する目標主導型の性格を指摘した。つぎに学術テキストの特徴として語彙密度の高さ、名詞的文体の選択、無生物構文の使用といった言語的特性や、Academic Word List に代表される学術語彙の傾向についてコーパス研究の成果にもとづき詳述した。さらに日本の大学生が困難を抱えるリスニング技能に着目し、音声知覚、言語分析、活用からなる認知プロセスモデルを参照した。そのうえでアカデミックリスニングでは、音声知覚や言語分析などのボトムアップ型の処理にもとづくインプット音声の文字通りの理解のみならず、話者の真の意図を把握し全体的な理解を形成するためにトップダウン型の処理を行う活用の段階が重要になることを考察した。

第2章では、本書の教育観の礎をなす、タスク重視の言語教育の理念を確認した。すなわち、文脈化された場面設定、言語使用の機会の確保、意味重視のやり取り、非言語的な目標志向型、パフォーマンスによる評価といった、適切性や真正性を重視する立場を考察した。日本における動向として、中学校および高等学校の学習指導要領で複数の言語技能・領域の統合的な学習が標榜されていること、大学レベルでは全国的に統一された教育指針がないため、大学生を対象とした技能統合型タスクの実践やその長期的な効果の検証は発展の途上にあることを指摘した。さいごにタスクの実例としてディクトグロス、口頭再生、再話、要約、そして統合といった活動のねらいや効用を概観した。

第3章では、発達心理学に端を発する足場かけの定義を参照したうえで、本書が提起するインプット足場かけの概念について説明した。学習者が独力では取り組めない課題に外的な補助を与えることで発達を促進しようとする足場かけは、事前に一定の学習補助を準備するハードな足場かけと、学習の状況に応じて臨機応変に補助するソフトな足場かけに大別される。そこで、大

学の教室場面での一斉教授を想定し、複数名の学びを総体として最適化することを目指して、ハードな足場かけとして技能統合型タスクにおけるインプット活動を支援するあり方を検討する本書の立場を言明した。これまでのインプット足場かけに関する研究動向を詳述し、学習にともなう足場かけである日本語・英語字幕については、内容理解にくらべて聴解過程への影響をあつかった研究が不足していること、学習に先だつ足場かけである事前学習については、見出しや重要語など複数の学習形式の教育効果を比較した研究が進んでいないことを議論した。

　第Ⅱ部　基礎研究編では、インプット足場かけの形式を比較した実証研究について詳述した。第4章では、講義聴解タスクにおける字幕（英語、日本語、字幕なし）のインプット足場かけが聴解過程に与える影響を分析した。114名の大学生を対象に異なる字幕条件下で講義映像教材を視聴させ、11のリスニング方略の使用度を問う質問紙調査を実施した。その結果、日本語字幕がインプット情報をイメージとして思い描く映像化と、それを把握しやすいようにまとめなおす要約の方略を活性化したことから、同形式が限られた聴解時間でインプット情報の文法的な特徴を分析し話者の意図を解釈する練習に有効であることを議論した。一方で英語字幕は、先行研究で「よい言語の聞き手」の特徴とされてきた複合的な方略使用を促進していたことから、同形式が本物らしい状況を反映した聴解学習に有益であることを示唆した。

　第5章では、講義聴解と口頭再生からなる技能統合型タスクにおける字幕（英語、日本語、字幕なし）の音声知覚への効果を比較した。17名の大学生を対象に、講義映像を視聴したのちに教材から抜粋した例文を口頭で再生するタスクを実施し、品詞ごとの口頭再生率を分析した。英語字幕条件で副詞と縮約語以外の品詞の再生率がもっともよかったことから、目標言語の音声に同言語の文字を同期した二重インプットが音韻認識を強化できることを考察した。また先行研究では、オランダ語の母語字幕は英語の音声知覚を阻害すると報告されていたが、本調査では日本語（母語）字幕条件でも、名詞、動詞、形容詞、代名詞、前置詞、接続詞の再生率が字幕なし条件より有意に高かった。文字が意味情報を直接示す表意文字の一種である漢字を有する日本語特有の書記体系のおかげで、日本語字幕も英語音声の音韻処理を阻害せずに意味的

な側面を補強する効用がある可能性を論証した。

　第6章では、講義聴解と筆記再生で構成される技能統合型タスクにおける事前学習の形式（見出し、重要語、低頻度語）が内容理解に与える影響を検討した。66名の大学生を2つの習熟度群に分けて、まとまった長さの講義を聴解しその内容を筆記再生するというタスクを課し、最終成果物である要約の質を比較した。講義の見出しの事前学習群で産出された要約がもっとも長く、質的分析からも講義の重要な概念を関連する詳細情報とともに再構成できていた傾向が示されたことから、トップダウン型のインプット足場かけの有効性を議論した。重要語の事前学習群は、主情報は把握できていたものの補助情報が適切に復元できておらず、見出しと低頻度語の中間的な働きを有すると分析した。低頻度語の事前学習群では再生率がもっとも低く、下位群では全体的な論旨の誤解も多くみられたことから、未知語の意味に着目したボトムアップ型のインプット足場かけは下位層に対してはあまり有効でない可能性を考察した。

　第III部　効果検証編では、基礎研究編での成果をふまえて、インプット足場かけを活用した独自の技能統合型タスクモデルを開発し、長期的に実践したうえで効果検証を行った。第7章では、講義聴解、資料読解、要約作成（筆記または口頭）で構成される四技能統合型のタスクモデルを開発した。61名の大学生が受講した半年間の学術英語科目で同タスクを計4回実施し、毎回、字幕や事前学習によるインプット足場かけをあわせて提供した。学習者の学びの様相を探究するため、受講生を3つの習熟度群に分けて、技能統合型タスクの構成要素（情報の掘り出し、選択、統合、言い換え、構成、引用）を参照しながら学習上の成果や困難点を詳述した。その結果、とくにタスク前半の講義映像の視聴や関連資料の読解といったインプット処理の過程は比較的よく遂行できていた一方、ディスコースマーカーの使用や文体にまつわる規範の遵守といったタスク後半の要約作成（筆記または口頭）に関わるアウトプット処理に困難を抱えていた傾向が明らかとなった。とはいえ、インプット足場かけによる理解活動の促進という点では一定の効果を確認できたと言える。

　第8章では、前章で議論した教育実践の成果をTOEFL形式の標準化された聴解テストにより検証した。学習者を3つの習熟度群に分けて、初回に実

施した事前テストと第15週に実施した事後テストのデータの変化を分析した。クラス全体では短い会話、短い講義および総得点の各スコアが有意に向上したことから、開発した技能統合型タスクモデルが学術英語の運用能力の長期的な育成に有益であることを結論づけた。とくに上位層では短い講義の成績が向上しており英語講義に代表されるEAPのリスニング能力が涵養できたこと、下位層では短い会話の成績が改善しており日常会話のようなEGPのリスニング能力の向上を促進できたことを詳述した。一方、中位層では長めの会話の成績が低下したことから、本教育実践では講義という単一の話者による独話をあつかったが、将来的には複数の話者による対話の談話展開を捕捉する力にも応用できるような工夫が必要であることが課題として残った。

　第IV部　教育応用編では、第II部　基礎研究編でインプット教材の概要を示す見出しの事前学習の有効性が示唆されたことをふまえ、ミシガン米口語コーパス所収の62の講義を事例に講義ジャンルの修辞的特徴を分析した。第9章では、テキストの修辞構造を示す談話標識の出現傾向を、連結、文構造、内部照応、引用、例示・言い換えの小カテゴリーごとにコーパス分析した。話し言葉の学術英語では、so、but、then、now、because、also、first、well、I mean、againといった平易で短い接続詞や接続副詞が頻用されることが明らかとなった。またEAPの書き言葉とは異なり、名詞的叙述よりも動詞的叙述が頻出していた。一方、間テキスト性を示す直接引用表現はあまりみられず、教授者が自分の言葉でまとめなおす間接引用は散見された。以上の知見から、見出しのインプット足場かけを準備する際には、話し言葉に特有の短い接続表現を手がかりに意味のまとまりを素早くつかみ、前後の関係性を整理できる教材が有効であることを論証した。

　第10章では、前章のコーパス分析の手法を踏襲し、命題や聞き手に対する話者の態度を示すメタ談話標識の使用傾向を、評価・態度、ブースター、自己言及、関与表現、ヘッジという小カテゴリーごとに調査した。前章の論理展開の表現と同様に、話者態度の表現としてはthink、know、find、feel、even、important、interestingなどの基本的で根源的な内容語が頻出していた。EAPの書き言葉では忌避されることも多い、話者自身を指す一人称代名詞Iや聞き手に言及する二人称代名詞youも顕著に使用されていた。ヘッジの助動詞

wouldやcouldもブースターにくらべて多用されており、断定を避けてバランスのとれた議論を目指す講義ジャンルのスタンスが示された。これまでのEAPの規範は書き言葉を基盤とするものが多かったが、講義を中心とする話し言葉へのインプット足場かけを設計する際には、話者の談話を標識する基本語彙への目配りや、教授者や学生に言及する表現を手がかりにすることで、話者が提起する命題の文字通りの理解だけでなく、それらの命題を通した話者の主観的な意図までをもくみ取る力をねらいとすべきことを議論した。

2. 本研究からの示唆

本書で議論した一連の研究の成果として、学習者および教授者の視座から以下に大きく3つの理論的および教育的示唆を提案する。

第一に、学習者の視点に関しては、本書が開発した技能統合型タスクの新たなモデルは彼らの言語学習に対する動機づけを喚起するのに有効である。なぜなら、学習者の苦手な側面に対応するインプット足場かけを設けることで、英語圏の大学における実際の講義映像など真正性の高い教材を日本の学術英語教育でも活用できるからである。Ryan and Deci (2000) は自己決定理論 (Self-Determination Theory) に関する論文において "people will be intrinsically motivated only for activities that hold intrinsic interest for them, activities that have the appeal of novelty, challenge, or aesthetic value" (Ryan & Deci 2000: 72)、すなわち、人は自らが本質的に興味を持つ活動、たとえば新奇性や挑戦性、または美的価値を有する活動に対してのみ内発的に動機づけられると論じている。発話速度や言語的特徴をまったく調整していない本物の講義は、日本の大学生にとっては挑戦的なものであるかもしれないが、同時にさまざまな専門分野の目新しい知見をふくむ内容は必ずや彼らの知的好奇心を刺激するであろう。本研究の成果からは映像・音声教材で使用される発音や語彙、文法などの言語的特徴を改変せずとも、学習にともなう字幕や学習に先だつ先行オーガナイザーを補うことで元教材の難易度を調整できることが実証できた。

つぎに授業運営という教授者からの視点に立つと、本研究が検討した技能統合型タスクモデルは、さまざまな英語習熟度にある学習者に対応可能であ

ることが立証された。たとえば第6章で議論した講義聴解と筆記再生からなるタスクにおける事前学習で提示する先行オーガナイザーの比較研究からは、上位層は音声教材中の低頻度語の意味を事前学習することでインプット教材における既知語のカバー率を向上させ、結果として質の高い要約を産出できていたことが分かった。一方で下位層にとっては、低頻度語の事前学習は全体的な論旨の誤解につながる場合が多く、このような学習者には音声教材の話題の全体的な流れを見出しとして先行学習させるのが有益であることが明らかとなった。日本の大学英語教育の実態に目を向けると、習熟度別のクラスを編成することは時間割上の制約などから現実的でない場合も多い。本調査が事例とした英語科目のように、さまざまな習熟度の学習者が1つの教室に一同に会す状況もよくみられる。それでも教授者はシラバスに規定された統一教材に準拠しながら、教室内における学習者間の個人差に対処することが期待されるのである。そこで、学習者のレベルに応じたインプット足場かけが有用であろう。先述した第6章の基礎研究からは、文法知識の乏しい学習者に対しては、まず重要語の足場かけを参照してインプット音声の概要を把握し、2回目に低頻度語の足場かけで詳細にわたる情報を理解し、最終的に見出しの足場かけで自己の理解を見直し整理するといった学習の流れが構想できよう。本調査では学習支援システムを利用しオンラインでインプット足場かけを学習者に個別配布したが、ハンドアウトなどで共有することももちろん可能である。統一教材による大人数の一斉学習でも、インプット足場かけを複数準備することで、個々の学習者が有する最近接発達領域での学びを最適化できるだろう。

　さいごにタスク重視の言語教育に対する理論的示唆として、技能統合型タスクが聞くことを中心とする受容技能の育成に資することを検証できた。これまでの理論研究や授業実践においては、同タスクの意義は書くことや話すことなどの産出技能をよりどころに議論されてきた。技能統合型タスクは受容技能と産出技能の両方で構成されるにもかかわらず、主要な英語能力試験であるTOEFL iBTなどでは、ライティングとスピーキングのセクションに配置されている（ETS Japan 2024）。統合型の言語指導をあつかった先行研究でも探究の中心はアウトプット活動にあり、インプット活動はそのための補助

的な役割にとどまる傾向があった（Hirvela 2016; Plakans & Gebril 2013）。本研究が解明した、聞くことを中心とする受容技能を強化できるという技能統合型タスクモデルの意義は、アウトプット仮説（Output Hypothesis, Swain 1985）で説明できるだろう。この仮説では、話したり書いたりといった強制的なアウトプット（pushed output）の機会が与えられることで、目標言語に関する深い処理が促され、より正確な言語規則の習得につながると考えられている。本研究では、後続する話したり書いたりといった産出活動に生かせるよう、前半の聞いたり読んだりする理解活動で多くの情報を収集しようという意識が学習者に芽生えたと考えられる。このように、本書が開発した新たな技能統合型タスクモデルは、四技能を等価にあつかう総合英語科目のみならず、理解技能に重点をおいた学術英語科目においても有用であろう。

3. 今後の展望

　本書の総括として、本研究の改善点をふり返ることから今後の展望を示す。まず第Ⅱ部　基礎研究編で検討したインプット足場かけのうち、字幕の音声知覚への効果（第5章）に関しては、調査の参加者が少数であったために、設定した3群間の習熟度を統制できなかったという課題が残る。またこの研究では、母語字幕が音声知覚を促進した理由として、日本語が表意文字である漢字を有するという書記体系の特徴について論証した。しかしながら、日本語の書記体系にはひらがなとカタカナという表音文字も存在するため、これらの文字情報を音韻符号化する過程が英語音声の音韻処理に影響を与えるかどうかについてさらなる検討が必要であろう。たとえば日本語字幕として提示する文字情報における漢字、ひらがな、カタカナの割合を変えて、インプット足場かけとしての効果を比較するなどの分析が考えられる。

　同じく第Ⅱ部の第6章では、見出し語、重要語、低頻度語という3種類の事前学習の形式を比較した。この研究では先行研究での課題に対処すべく、先行オーガナイザーの情報を関連文献にもとづいて注意深く選定し、客観的な比較が可能となるよう各実験群の習熟度を標準化テストにより統制し、タスクの成果物を妥当に評価できるよう経験のある複数の英語教員を分析者と

して設定した。だがスケジュール上の制約から、1度のみの技能統合型タスクの実施による横断型の調査しか実現しなかった。そこで今後は同調査のタスク形式を踏襲しつつ新たなトピックでの実践を蓄積することで、本研究の確からしさを高めていけるだろう。

さらに第Ⅲ部　効果検証編では、開発した技能統合型タスクモデルを1学期間の教育実践において検証した。毎回の最終成果物である要約の質を分析した第7章からは、同タスクにおける学びの様相を観察できた。しかし、インプット活動で理解しながらも、自信がないなどの理由でアウトプットとして産出することを回避された情報については、要約のデータからはうかがい知ることができないという課題があった。そこで学習の過程についての口頭インタビューや質問紙調査などを補うことで、学習者の主観的な反応についても探究できるであろう。また第8章では、長期的に英語運用能力が向上したかについてリスニング能力をあつかう英語能力試験により判定した。これまでの研究で光の当たってこなかった受容技能に着目した本研究には一定の価値があると言ってよいだろう。今後は残りの三技能についても効果検証を進めることで、開発した技能統合型タスクモデルの意義をより包括的に議論できると思われる。

そして第Ⅳ部　教育応用編では、基礎研究編からもっとも教育効果の高いインプット足場かけとして示唆された見出しの事前学習に着目し、講義ジャンルに典型的な論理展開や話者態度を示すメタ談話標識の傾向をコーパス分析した。その結果、英語講義においては平易な接続表現や基本的な内容語が談話の標識として多用されることを解明できた。今後は、これらの修辞的特徴が、講義というEAPの話し言葉に特有のものなのか、日常会話やスピーチをふくむ話し言葉ジャンルに共通するものなのかを、ほかの話し言葉ジャンルのコーパスにおけるメタ談話標識を分析することで追究したい。

さいごに教育実践に向けた展望としては、第Ⅳ部のジャンル分析により明らかになった学術講義に頻用される表現を手がかりに、任意のリスニング教材のスクリプトを入力すると、談話の流れや話者が強調したいことの手がかりとなる表現が見出しとして色分けされる、自動インプット足場かけのアプリを開発することを構想している（図1）。同アプリから出力された足場か

けの情報は、本研究と同様に、技能統合型タスクにおける事前学習のための先行オーガナイザーや学習中の字幕として活用できるだろう。さらに、学習後にインプット教材の要旨を確認するふり返り活動の一助にもなるかもしれない。今後は、映像教材と同期表示する機能を実装するなどしたうえで、本書の成果として同学習アプリを一般向けにひろく公開したい。

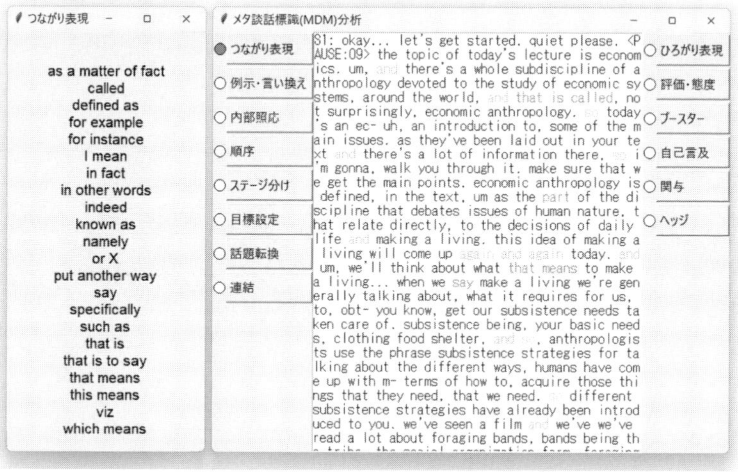

図1 見出しの自動インプット足場かけのプロトタイプ

　以上のように本書では、日本の大学生を対象とした学術英語教育の充実および改善に向けて、これまで研究の進んでこなかった技能統合型タスクの新たなモデルを開発し、その効果的な活用法について議論した。従来の大学英語教育では、CEFRでA1からA2レベルという大学生の習熟度に合わせて、発音や語彙、文法などの言語的特徴や内容面の複雑さを易化した教材を使用することが多かった。しかしながら本書では、適切性や真正性を重視するというタスク重視の言語教育の教育観に則り、英語圏の大学における実際の講義といったインプット教材をそのまま活用することを目指し、学習に先だつ先行オーガナイザーや学習にともなう字幕などのインプット足場かけをくわえた、新たな技能統合型タスクモデルを提唱した。一連の研究では、教材の新奇性に知的好奇心を刺激され、複合的な活動に能動的に取り組み、最終的

に自らの英語運用能力を向上させた学習者の姿が観察された。このような本
物らしい教材と学習活動による学術英語の高度な学びを実現しながら、多様
な足場かけで学習者を支援し英語力を育成する新たな指導観がますます普及
することを願っている。

あとがき

　本書は、学習者の興味関心に応じた専門的な探究を支える高度な英語力を包括的に育成するために、学術英語教育において四技能を統合した真正性の高いタスクを活用することを推進するものです。筆者が大学英語教育に関心を抱いたのは、学部時代の1年間にわたる米国カリフォルニア大学への交換留学に遡ります。幼少期から英語が好きで学生時代も英語の授業には積極的に参加し、日本の英語教育を存分に享受してきたという自負があったものの、留学先では満足に英語を使いこなせない自分に驚き、歯がゆさを感じました。その個人的経験から、中高までの基礎を生かして、実際のコミュニケーションの場でも応用できるような英語力を涵養したいと大学英語教員を志望し、現在にいたります。

　この間、中等教育においても技能統合型の英語指導が推進され、コロナ禍によりICTが教育現場に浸透したこともあと押しとなり、大学教育においても映像教材や遠隔授業を活用した包括的な四技能育成の試みが進展しています。本書では、大学生の限られた英語習熟度を下支えするものとして字幕や事前学習を活用することを提案していますが、教育のDX化により、本物らしい教材と学習活動による発展的な外国語学習への機運が一層高まることを期待しています。

　本書は2017年に京都大学より学位を授与された博士論文および2011年から2024年までに刊行した拙論に新たな知見をくわえ再構成し、大幅な加筆修正を行ったものです。第4章はHosogoshi (2016)、第5章は細越 (2011)、第6章はHosogoshi, Kanamaru, and Takahashi (2016)、第7章はHosogoshi and Takahashi (2015)、第8章はHosogoshi and Takahashi (2019)、第9章は細越 (2023)、第10章は細越 (2024) をもとにしています。

　本書の執筆にあたっては多くの方々に大変お世話になりました。まず、指導教員である京都大学名誉教授の田地野彰先生には、長年にわたり人間すべ

てを育てていただいているようなあたたかいご指導を頂戴しました。木を見て森を見ず、表面的な整合性を求めてしまいがちな筆者に、Why this now? と So what?―本質を忘れずに学ぶことを楽しむという教育研究者としての範をつねに示してくださいました。田地野先生から頂戴したご指導の数々に心より感謝申し上げます。

また、元京都大学准教授の髙橋幸先生には Teaching Assistant として多くの実践研究の機会を与えてくださり、その構想段階から建設的なご助言をいただきました。本当に感謝しております。論文審査にあたっていただいた、京都大学名誉教授の桂山康司先生、同准教授の金丸敏幸先生、元大手前大学教授の植松茂男先生には、問題の所在や方法論、今後の展望についての貴重なご指摘を賜りました。ことに 2025 年 1 月に急逝されました植松先生に、本書をお届けできなかったことは残念でなりません。京都大学大学院外国語教育論講座の諸先生方には、教育政策から教育心理学、異文化理解論まで多岐にわたる学術的知見の基盤を授けていただきました。本書で論じた実践研究に協力してくださった学生の皆さまにも深く感謝いたします。

現在の所属である、京都府立大学の教職員の方々にも御礼申し上げます。とくに副学長の山口美知代先生には、研究書発刊のいろはを詳らかにご教示いただきました。そのおかげで本書の上梓にいたることができました。またデータ分析補助で大変お世話になりました、同大学院生の加藤満幸さん、古川未波さん、古府友葉さんにも感謝しております。

最後に、本書の刊行にあたりご尽力くださったひつじ書房の松本功社長、森脇尊志氏、長野幹氏に厚く御礼申し上げます。

2025 年 2 月

細越響子

＜付記＞

本書は令和 6 年度京都府立大学研究成果公表（出版図書）支援事業の助成を受けて刊行されたものです。

資料1 第4章　リスニング方略の質問紙

以下のアンケートは、あなたがどのようにリスニング教材を聞いたかを調査するものです。下記のそれぞれの記述について、以下の5段階からあなたに最もあてはまるものを1つ選んで下さい。

全くあてはまらない	あまりあてはまらない	どちらともいえない	ややあてはまる	とてもあてはまる
1	2	3	4	5

質問には正解や不正解はありませんので、あまり考えすぎず率直に回答して下さい．但し、似たような質問がいくつかふくまれており、それぞれ微妙に異なるので、読み落としがないようによく注意して下さい．

方略	項目番号	質問文
認知方略		
1. 推測		
言語的推測	2	聞こえた語句をもとに、わからない語句の意味を推測した．
	24	聞こえた語句をもとに、話の展開を推測した．
	41*	聞こえた語句をもとに、次に何が言われるかを考えることはなかった．
語調の推測	31	話し手の口調に注目した．
	19*	話し手の話し方は意識しなかった．
	10	話し手の、手の動きに気をつけた．
	40	話し手の身ぶりに注目した．
言語外的推測	9	聴解テストの問題や形式から、わからない語句の意味を推測した．
	34	聴解テストの問題や形式から、話の展開を推測した．
部分間の推測	4	理解した話の概要をもとに、話の展開を推測した．
	37	理解した話の概要をもとに、わからない語句の意味を推測した．
	3*	文脈から、次に何が言われるかを考えることはなかった．
	16	文脈から、わからない語句の意味を推測した．

2. 精緻化			
個人的精緻化	1	話の内容を、自分の経験や知識に結びつけて考えた.
	29*	自分の経験や知識を使って、わからない語句の意味を解釈しようとした.
	20	自分の経験や知識を使って、聞こえたことを理解しようとした.
世界的精緻化	35*	話の内容を、常識に結びつけて考えることはなかった.
	17	常識的に考えて、わからない語句の意味を解釈しようとした.
	8	常識から判断して、聞こえたことを理解しようとした.
学術的精緻化	11	話の内容を、これまで学校で勉強したことに結びつけて考えた.
	25	これまで学校で勉強したことを使って、わからない語句の意味を解釈しようとした.
	7	これまで学校で勉強したことを使って、聞こえたことを理解しようとした.
質問的精緻化	30	話の内容を、論理的に理解するために何度も自分で考えた.
	5*	わからない語句の意味を解釈するために、何度も自分で考えることはなかった.
	21	聞こえたことを理解するために、何度も自分で考えた.
創造的精緻化	14	話の内容を、自由な発想で理解しようとした.
	23*	自由な発想で、わからない語句の意味を解釈しようとすることはなかった.
	38	自由な発想で、聞こえたことを理解しようとした.
3. 映像化	26	聞こえた内容を、映像化しながら聞いた.
	18	説明された状況を思いうかべながら聞いた.
	46*	話題にのぼった場面や状況を、頭のなかでイメージすることはなかった.
4. 要約	45	聞こえた内容の要点をまとめながら聞いた.
	32	メモをとりながら聞いた.
	15*	聞こえた情報を整理しながら聞くことはなかった.
5. 翻訳	22	意味を日本語に言語に訳しながら聞いた.
	6	話し手の言ったことを、頭のなかで日本語に直しながら聞いた.
	33	一字一句、訳しながら聞いた.
	28*	日本語を介さずに英文を聞いた.

	39	英語の音を日本語に関連づけて聞いた．（例：カタカナ語など）
6. 転移	13	日本語の知識を使って聞いた．
	44	日本語や他の言語（例：フランス語など）の知識を使わずに聞いた．
	36	自分のなかで聞こえた語句や文の音をくりかえしながら聞いた．
	43	英語の音声をシャドウイングした．
7. くり返し	27*	聞こえた語句や文の音を、心のなかで言いながら聞くことはなかった．
	12	英語の文を音として覚えようとして聞いた．
	42	話の流れを理解するために、聞こえた語句や文を記憶しようとした．

メタ認知方略

A. 計画

	47	教材を聞く前に、頭のなかでどのように聞くかを考えた．
事前構造化	66*	聴解をうまく進めるにはどうすればよいかは意識しなかった．
	51	教材を聞く前に、聴解の目的は何かを考えた．
	64	頭のなかに聴解の目標を思いうかべながら聞いた．
	57	内容の理解が難しいとき、英文に一生懸命集中した．
注意の集中	53	気が散ったとき、すぐに集中を取り戻そうとした．
	74	集中できなくなったとき、再び調子を取り戻そうとした．
	69*	聞き取った内容を理解するのが難しいとき、あきらめて聞くのをやめた．
	70*	内容の理解の助けとなる情報を選択的に聞こうと意識しなかった．
選択的注意	58	キーワードに注目して聞いた．
	55	話の内容の大まかな意味を理解しようとして聞いた．
	72	話の内容の細かいところまで理解しようとして聞いた．
	63*	英語を聞くことに集中しようと意識しなかった．
自己管理	62	心を落ち着かせて聞こうとした．
	48	リラックスするよう心がけた．

B. モニタリング

	61	自分の理解があっているかどうかを考えながら聞いた．
	67	自分が思いこみをしていないかを確認しながら聞いた．
理解モニタリング	49	自分が理解した話の内容の筋が通っているかを確認しながら聞いた．
	56*	自分が内容を正しく理解できているかを確認しながら聞くことはなかった．

再確認モニタリング	60	不明瞭な語句の意味が後からわかった場合、ふりかえって自分の理解を修正した.
	75	教材を聞きながら、ときどき自分の理解の程度を自問自答した.
	52	自分の解釈が間違っているとわかった場合、ただちにそれを修正した.
	65*	自分の解釈を再検討することはなかった.
C. 評価	68	教材を聞き終わってから、自分の理解の程度をふりかえった.
	54*	教材を聞き終わってから、どの程度理解できたかを考えることはなかった.
	50	教材を聞き終わってから、自分がどのように聞いたかをふりかえった.
D. 問題把握	71	自分の解釈を考えなおすことが必要な点はないかを確認しながら聞いた.
	73	理解がスムーズにいかないとき、その原因をつきとめようとした.
	59	内容の理解につまずいたとき、理解を妨げている要素は何かを考えた.

*は反転項目。調査では質問文を番号順に整序し、Web CTを介してオンラインで実施したため、フォーマットは一部異なる。

資料 2　第4章　リスニング内容理解テスト

Q1. What is the main theme of this speech?

　　A. The pros and cons of globalization

　　B. The importance of integration

　　C. The significance of higher education

　　D. The characteristics of a successful person

Q2. According to the speaker, the following countries were the agent of Globalization 1.0, **EXCEPT**:

　　A. The United States　　B. Britain　　C. Portugal　　D. Spain

Q3. According to the speaker what was the size of the earth in Globalization 2.0?

　　A. Large　　B. Medium　　C. Small　　D. Tiny

Q4. What can **NOT** be said about Globalization 3.0?

　　A. It is achieved by individuals.

　　B. International arbitrage has increased.

　　C. The world has become more accessible.

　　D. Individuals can go abroad easily.

Q5. What is the speaker's opinion about education?

　　A. Math and science should be considered as more important.

　　B. Liberal arts should be considered as more important.

　　C. College students should combine different areas of study.

　　D. Individuals should be able to choose their own majors according to their interests.

Q6. What does it mean to "mash up"?

　　A. To imagine　B. To educate　C. To specialize　D. To connect

Q7. Of the following professions, which one did the speaker **NOT** use to describe Leaonard da Vinci?

　　A. Artist　　B. Scientist　　C. Engineer　　D. Inventor

Q8. By referring to Steve Job's graduation speech, what did the speaker want to imply?

　　A. College students should take a course in calligraphy.

　　B. Mac computing products are the most innovative.

　　C. Imagination should come from having more than one specialty.

　　D. College students should drop out from school to become successful.

Q9. According to the speaker, which of the following people did **NOT** drop out of school?

　　A. Leonardo da Vinci　　B. Steve Jobs　　C. Bill Gates　　D. Michael Dell

Q10. In the latter part, how did the speaker explain the importance of "mush up"?

　　A. By listing examples of it

　　B. By contrasting examples of it

　　C. By showing examples of it in time order

　　D. By explaining its causes

資料3　第4章　リスニング方略の相関係数

(1) 字幕なし群

	認知	1	2	3	4	5	6	7	メタ認知	A	B	C	D
認知方略	-												
1. 推測	.866**	-											
2. 精緻化	.857**	.652**	-											
3. 映像化	.712**	.732**	.593**	-									
4. 要約	.507**	.366*	.299	.460**	-								
5. 翻訳	.181	-.146	.048	-.332*	.113	-							
6. 転移	.359*	.158	.298	.009	.065	.348*	-						
7. くり返し	.750**	.562**	.600**	.479**	.298	.194	.125	-					
メタ認知方略	.778**	.616**	.657**	.621**	.502**	.068	.271	.722**	-				
A. 計画	.750**	.567**	.644**	.478**	.401**	.215	.284	.715**	.922**	-			
B. モニタリング	.732**	.596**	.621**	.736**	.519**	-.081	.238	.655**	.902**	.721**	-		
C. 評価	.606**	.530**	.499**	.494**	.521**	-.038	.120	.515**	.810**	.659**	.689**	-	
D. 問題把握	.380*	.274	.297	.272	.201	.073	.234	.423**	.682**	.572**	.533**	.458**	-

*p < .05、**p < .01

(2) 英語字幕群

	認知	1	2	3	4	5	6	7	メタ認知	A	B	C	D
認知方略	-												
1. 推測	.796**	-											
2. 精緻化	.785**	.463**	-										
3. 映像化	.603**	.545**	.299	-									
4. 要約	.596**	.431**	.513**	.447**	-								
5. 翻訳	.205	-.089	.019	-.153	-.216	-							
6. 転移	.370*	.143	.297	.040	-.117	.488**	-						
7. くり返し	.541**	.273	.241	.387*	.304	.207	.004	-					
メタ認知方略	.643**	.306	.526**	.429**	.488**	.171	.098	.688**	-				
A. 計画	.550**	.232	.456**	.356*	.390*	.172	.181	.589**	.925**	-			
B. モニタリング	.573**	.299	.442**	.502**	.522**	.008	-.083	.699**	.855**	.645**	-		
C. 評価	.485**	.155	.422**	.243	.363*	.243	.117	.556**	.831**	.791**	.558**	-	
D. 問題把握	.635**	.396*	.528**	.308	.406*	.262	.106	.495**	.802**	.598**	.722**	.622**	-

*$p < .05$、**$p < .01$

(3) 日本語字幕群

	認知	1	2	3	4	5	6	7	メタ認知	A	B	C	D
認知方略	-												
1. 推測	.812**	-											
2. 精緻化	.850**	.581**	-										
3. 映像化	.548**	.665**	.202	-									
4. 要約	.320	.205	.229	.173	-								
5. 翻訳	.058	-.369*	-.027	-.137	-.089	-							
6. 転移	.311	-.059	.159	.065	.064	.579**	-						
7. くり返し	.184	.214	.052	-.023	-.376*	-.144	-.034	-					
メタ認知方略	.382*	.261	.336*	.304	.197	.039	.125	-.029	-				
A. 計画	.098	.021	.129	-.004	.175	-.025	.227	-.144	.544**	-			
B. モニタリング	.515**	.404**	.475**	.359*	.143	.040	.024	.036	.818**	.088	-		
C. 評価	.006	.014	-.089	.188	.072	-.004	-.108	.099	.496**	-.006	.278	-	
D. 問題把握	.208	.096	.130	.277	.087	.132	.142	-.020	.793**	.145	.687**	.522**	-

*p < .05、**p < .01

資料4　第5章　口頭再生テスト問題

タスク1. 言語学（Linguistics）

1. One is that languages all share some deep and intricate universals.
2. There's no language in the world that you just cannot talk about abstract things with.
3. If you know one language, you don't necessarily know another.
4. This is the puzzle faced by the psychology and cognitive science of language.
5. Not everything comes natural to us but Darwin suggests that language does.
6. Well, we know that this probably is not true with regard to language.
7. The standard example is people involved in the slave trade.
8. And this pidgin was how they would talk.
9. The question is what happens to the children who are raised in this society.
10. It doesn't require an extensive cultural history.

タスク2. プレゼンテーション（Presentation skill）

1. Essentially, a presentation is a form of communication between the speaker and the audience.
2. Actually, as long as you master the key points, you can be a good presenter.
3. Meanwhile, you can make some aids to make your presentation more clear and vivid.
4. If you are doing a PowerPoint presentation, you should avoid reading exactly what is on the screen.
5. If you need to emphasize the point, restate the information a second time.
6. The talk should be sequential in nature.
7. And the atmosphere that they carry comes from the thoughts they think.
8. The second really important thing is to learn how to read an audience.
9. Before you make a presentation, take a deep breath.
10. Making an effective presentation is a piece of cake as long as you keep practicing.

タスク 3. 食糧経済学（Food economics）
1. It's very important if we're thinking about food to take a global view.
2. We have to know what other people are doing and what's affecting us.
3. We export economics of food and a number of things that affect the world.
4. You see these headlines from scientific journals, and this is just a small sample.
5. Here's a slide that shows the projected increase in diabetes in the next 25 years.
6. Type I Diabetes which is a genetic abnormality that usually shows up in childhood or adolescents.
7. This is more alarming than you could ever imagine.
8. Some of them will be blind by the time they're 30.
9. But in China the numbers look like this.
10. Here's what we're expecting in the next 25 years.

タスク 4. 人口統計学（Demographic statistics）
1. What's the word we describe for this era of the 60s?
2. Here is a somewhat fanciful recreation of history.
3. The number of people added every year grows, because the base grows.
4. We are now at about 6.7 billions.
5. The whole issue of population growth is very politicized.
6. Some people think it's too politically sensitive to say anything about it.
7. The world's population has been growing for a long time.
8. As the population has grown, people have gotten richer.
9. We've coped with this in the past, we can cope with it in the future.
10. And this is absolutely and just unknown territory.

| 資料 5 | 第8章　習熟度テストの素点 |

(1) クラス全体の結果 (*N* = 56)

	事前テスト		事後テスト	
	平均	標準偏差	平均	標準偏差
パートA	16.36	4.70	17.39	3.06
パートB	4.16	1.50	2.86	1.39
パートC	5.91	2.10	7.43	2.69
総計	26.42	6.46	27.68	5.00

(2) 上位群の結果 (*n* = 16)

	事前テスト		事後テスト	
	平均	標準偏差	平均	標準偏差
パートA	21.44	2.87	20.25	2.74
パートB	5.31	1.49	3.75	1.48
パートC	7.75	1.84	10.06	1.73
総計	34.50	4.44	34.06	4.57

(3) 中位群の結果 (*n* = 24)

	事前テスト		事後テスト	
	平均	標準偏差	平均	標準偏差
パートA	16.42	2.32	17.38	1.71
パートB	3.71	1.20	2.50	1.10
パートC	5.58	1.53	6.92	2.39
総計	25.71	1.94	26.79	3.43

(4) 下位群の結果 ($n = 16$)

	事前テスト		事後テスト	
	平均	標準偏差	平均	標準偏差
パートA	11.19	2.90	14.56	2.22
パートB	3.69	1.35	2.50	1.37
パートC	4.56	1.86	5.56	1.79
総計	19.44	2.19	22.63	3.74

資料6 第9・10章　MICASE講義サブコーパスの概要

大規模講義 (Lecture Large)

ID	講義タイトル	長さ	総語数
LEL115SU005	Medical Anthropology Lecture	69分	11,941語
LEL175MU014	Intro Biology First Day Lecture	47分	6,995語
LEL300SU020	Literature and Social Change Lecture	84分	10,207語
LEL500JU034	Intro Psychology Lecture	47分	7,845語
LEL295JU035	Intro Engineering Lecture	52分	6,651語
LEL280JG051	Graduate Macroeconomics Lecture	76分	8,736語
LEL565SU064	Principles in Sociology Lecture	80分	12,371語
LEL185SU066	Behavior Theory Management Lecture	80分	14,385語
LEL220JU071	Intro Communication Lecture	76分	9,805語
LEL220SU073	Media Impact in Communication Lecture	72分	9,900語
LEL140SU074	Japanese Literature Lecture	44分	8,676語
LEL300SU076	Fantasy in Literature Lecture	83分	13,545語
LEL175JU086	Practical Botany Lecture	48分	6,178語
LEL500SU088	Drugs of Abuse Lecture	68分	11,115語
LEL115JU090	Intro Anthropology Lecture	74分	11,653語
LEL305JU092	Intro Oceanography Lecture	63分	8,600語
LEL542SU096	Perspectives on the Holocaust Lecture	100分	9,258語
LEL485JU097	Intro to Physics Lecture	49分	7,880語
LEL175SU098	Intro to Biochemistry Lecture	82分	11,788語
LEL200JU105	Inorganic Chemistry Lecture	50分	6,918語
LEL175SU106	Biology of Cancer Lecture	70分	11,647語
LEL115SU107	Race and Human Evolution Lecture	77分	11,366語
LEL200MU110	Structure and Reactivity II Lecture	45分	4,622語
LEL175JU112	General Ecology Lecture	51分	6,932語
LEL105SU113	History of the American Family Lecture	81分	11,102語

ID	講義タイトル	長さ	総語数
LEL195SU120	Separation Processes	48分	5,438語
LEL320JU143	Renaissance to Modern Art History Lecture	50分	8,332語
LEL320JU147	Twentieth Century Arts Lecture	41分	6,246語
LEL215SU150	Sports and Daily Life in Ancient Rome Lecture	71分	12,958語
LEL175JU154	Intro to Evolution Lecture	98分	12,427語

小規模講義 (Lecture Small)

ID	講義タイトル	長さ	総語数
LES485MG006	Graduate Physics Lecture	105分	14,611語
LES385SU007	Number Theory Math Lecture	36分	4,144語
LES355SU009	Historical Linguistics Lecture	69分	12,841語
LES175SU025	Biology and Ecology of Fishes Lecture	70分	9,719語
LES175SU028	Biology of Birds Lecture	84分	12,253語
LES365JG029	Professional Mechanical Engineering Seminar	90分	13,180語
LES175SU031	Biology of Fishes Group Activity	19分	2,866語
LES330JG052	Graduate Industrial Operations Engineering Lecture	81分	11,098語
LES215MU056	Intro Latin Lecture	50分	5,883語
LES495JU063	Political Science Lecture	96分	15,359語
LES335JG065	Graduate Online Search and Database Lecture	147分	20,012語
LES445SU067	Radiological Health Engineering Lecture	98分	13,658語
LES425JG077	Graduate Population Ecology Lecture	44分	5,369語
LES405JG078	Graduate Cellular Biotechnology Lecture	83分	13,409語
LES175SU079	Microbial Genetics Lecture	85分	13,994語
LES605SU080	Women in the Bible Lecture	75分	10,387語
LES320SU085	Visual Sources Lecture	69分	12,526語
LES425SU093	Spring Ecosystems Lecture	74分	11,651語
LES235SU099	Intro Programming Lecture	50分	8,094語
LES500SU102	Intro to Psychopathology Lecture	52分	8,375語
LES300SU103	American Literature Lecture	99分	16,104語
LES305MU108	Dynamic Earth Lecture	51分	7,011語

LES165JG121	Rehabilitation Engineering and Technology	49分	7,374語
LES205JG124	Intro to Groundwater Hydrology Lecture	82分	14,151語
LES315SU129	African History Lecture	68分	9,290語
LES420MG134	Beethoven Lecture	75分	7,821語
LES500JU136	Honors Intro Psychology Lecture	49分	5,843語
LES565SU137	Sex, Gender, and the Body Lecture	73分	14,629語
LES280JG138	Labor Economics Lecture	77分	12,560語
LES220SU140	Ethics Issues in Journalism Lecture	83分	16,291語
LES115MU151	Archeology of Modern American Life Lecture	73分	10,924語
LES565MX152	Statistics in Social Sciences Lecture	109分	16,748語

参 考 文 献

英語文献

Aguilar, M. (2008). *Metadiscourse in academic speech: A relevance-theoretic approach.* Berlin: Peter Lang.

Alexander, O., Argent, S., & Spencer, J. (2008). *EAP essentials: A teacher's guide to principles and practice.* UK: Garnet publishing.

Anderson, J. R. (1985). *Cognitive psychology and its implications* (2nd ed.). New York: Freeman.

Anghileri, J. (2006). Scaffolding practices that enhance Mathematics learning. *Journal of Mathematics Teacher Education, 9,* 33–52.

Anthony, L. (2014). AntConc (Ver. 3.4.4). https://www.laurenceanthony.net/software/antconc/

Ausubel, D. P. (1960). The use of advance organizers in the learning and retention of meaningful verbal material. *Journal of Educational Psychology, 51* (5), 267–272.

Azevedo, R., Cromley, J. G., & Seibert, D. (2004). Does adaptive scaffolding facilitate students' ability to regulate their learning with hypermedia? *Contemporary Educational Psychology, 29,* 344–370.

Bachman, L. F. (2004). *Statistical analyses for language assessment.* Cambridge: Cambridge University Press.

Berk, L. E., & Winsler, A. (1995). *Scaffolding children's learning: Vigotsky and early childhood education.* Washington DC: National Association for the Education of Young Children.

Berne, J. E. (2004). Listening comprehension strategies: A review of the literature. *Foreign Language Annals, 37* (4), 521–531.

Biber, D. (2006). *University language: A corpus-based study of spoken and written registers.* Amsterdam: John Benjamins Publishing.

Biber, D., Conrad, S., & Leech, G. (2002). *Longman student grammar of spoken and written English.* Harlow: Pearson Education.

Biesta, G. (2009). What kind of citizenship for European higher education? Beyond the competent active citizen. *European Educational Research Journal, 8* (2), 146–158.

Bird, S. A., & Williams, J. M. (2002). The effect of bimodal input on implicit and explicit memory: An investigation into the benefits of within-language subtitling. *Applied Psycholinguistics, 23* (4), 509–533.

Bonk, W. J. (2000). Second language lexical knowledge and listening comprehension. *International Journal of Listening, 14* (1), 14–31.

Borras, I., & Lafayette, R. C. (1994). Effects of multimedia courseware subtitling on the speaking performance of college students of French. *The Modern Language Journal, 78* (1), 61–75.

Browne, C., Culligan, B., & Phillips, J. (2013). The New Academic Word List. http://www.newgeneralservicelist.org

Bruner, J. (1983). *Child's talk*. New York: Norton.

Brush, T. A., & Saye, J. W. (2002). A summary of research exploring hard and soft scaffolding for teachers and students using a multimedia supported learning environment. *The Journal of Interactive Online Learning, 1* (2), 1–12.

Bygate, M., Skehan, P., & Swain, M. (2001). Introduction. In M. Bygate, P. Skehan, & M. Swain (Eds.), *Researching pedagogic tasks: Second language learning, teaching and testing* (pp. 1–22). Harlow: Pearson Education.

Carrió-Pastor, M. L. (2020). *Corpus analysis on different genres: Academic discourse and learner corpora*. New York: Routledge.

Chamot, A. U. (2004). Issues in language learning strategy research and teaching. *Electronic Journal of Foreign Language Teaching, 1* (1), 14–26.

Chang, A. C-S. (2007). The impact of vocabulary preparation on L2 listening comprehension, confidence and strategy use. *System, 35*, 534–550.

Chang, A. C-S., & Read, J. (2006). The effects of listening support on the listening performance of EFL learners. *TESOL Quarterly, 40* (2), 375–397.

Chang, A. C-S., & Read, J. (2008). Reducing listening test anxiety through various forms of listening support. *TESL-EJ, 12* (1), 1–25.

Charles, M., & Pecorari, D. (2016). *Introducing English for academic purposes*. Oxon: Routledge.

Cheng, S. (2012). "That's it for today": Academic lecture closings and the impact of class size. *English for Specific Purposes, 31*, 234–248.

Chiswick, B. R., & Miller, P. W. (2004). Lingustic distance: A quantitative measure of the distance between English and other languages. *IZA Discussion Paper No. 1246*. https://docs.iza.org/dp1246.pdf

Chung, J. M. (1999). The effects of using video texts supported with advance organizers and captions on Chinese college students' listening comprehension: An empirical study. *Foreign Language Annals, 32* (3), 295–308.

Chung, J. M. (2002). The effects of using two advance organizers with video texts for the teaching of listening in English. *Foreign Language Annals, 35* (2), 251–241.

Chung, J. M., & Huang, S. C. (1998). The effects of three aural advance organizers for video viewing in a foreign language classroom. *System, 26*, 553–565.

Cobb, T. (2008). Web Vocabprofile. http://www.lextutor.ca/vp

Coulmas, F. (2003). *Writing systems: An introduction to their linguistic analysis*. Cambridge: Cambridge University Press.

Counsil of Europe. (2014). Common European Framework of Reference for Languages: Learning, teaching, assessment. http://www.coe.int/t/dg4/linguistic/Source/Framework_EN.pdf

Coxhead, A. (2000). A new academic word list. *TESOL Quarterly, 34* (2), 213–238.

Coxhead, A. (2019). Academic Word List sublist families. https://www.wgtn.ac.nz/lals/resources/

academicwordlist/publications/awlsublists1.pdf

Crismore, A., Markkanen, R., & Steffensen, M. (1993). Metadiscourse in persuasive writing: A study of texts written by American and Finnish students. *Written Communication, 10,* 37–71.

Cumming, A. (2013). Assessing integrated writing tasks for academic purposes: Promises and perils. *Language Assessment Quarterly, 10* (1), 1–8.

Cumming, A., Kantor, R., Baba, K., Erdosy, U., Eouanzoui, K., & James, M. (2005). Differences in written discourse in independent and integrated prototype tasks for next generation TOEFL. *Assessing Writing, 10* (1), 5–43.

Danan, M. (1992). Reversed subtitling and dual coding theory: New directions for foreign language instruction. *Language Learning, 42* (4), 497–527.

Danan, M. (2004). Captioning and subtitling: Undervalued language learning strategies. *Meta: Translators' Journal, 49* (1), 67–77.

Deborah, P. (2013). *Longman preparation course for the TOEFL test* (2nd ed.). New York: Pearson Education.

Deroey, K., & Taverniers, M. (2011). A corpus-based study of lecture functions. *Moderna språk, 105*(2), 1–22.

Donato, R. (1994). Collective scaffolding in second language learning. In J. P. Lantolf, & G. Appel (Eds.) *Vygotskian approaches to second language research* (pp. 33–56), Norwood: Ablex Publishing.

Dörnyei, Z. (2003). *Questionnaires in second language research: Construction, administration, and processing*. Mahwah, NJ: Lawrence Erlbaum.

Dörnyei, Z., & Scott, M. L. (1997). Communication strategies in a second language: Definitions and taxonomies. *Language Learning, 47* (1), 173–210.

Dunkel, P. A., & Lim, P. L. (2014). *Listening & notetaking skills: Level 1* (4th Ed.). Boston: National Geographic Learning.

Educational Testing Service. (1997). *TOEFL practice tests vol. 2*. Princeton: Educational Testing Service.

Educational Testing Service. (2014). CEFR mapping study. https://www.ets.org/toefl_itp/research

Elkhafaifi, H. (2005). The effect of prelistening activities on listening comprehension in Arabic learners. *Foreign Language Annals, 38* (4), 505–513.

Ellis, R. (2003). *Task-based language learning and teaching*. Oxford: Oxford Universty Press.

Ferris, D., & Tagg, T. (1996a). Academic oral communication needs of EAP learners: What subject-matter instructors actually require. *TESOL Quarterly, 30* (1), 31–58.

Ferris, D., & Tagg, T. (1996b). Academic listening/speaking tasks for ESL students: Problems, suggestions, and implication. *TESOL Quarterly, 30* (2), 297–317.

Feyten, C. M. (1991). The power of listening ability: An overlooked dimention in language acquisition. *The Modern Language Journal, 75* (2), 173–180.

Flowerdew, J. (1994). *Academic listening: Research perspectives*. Cambirdge: Cambridge University Press.

Flowerdew, J., & Miller, L. (2005). *Second language listening*. New York: Cambridge University Press.

Flowerdew, J., & Peacock, M. (2001). Issues in EAP: A preliminary perspective. In J. Flowerdew & M. Peacock (Eds.), *Research perspectives on English for academic purposes* (pp. 8–24). Cambridge: Cambridge University Press.

Field, J. (2008). *Listening in the language classroom*. Cambridge: Cambridge University Press.

Foster, P., Tonkyn, A., & Wigglesworth, G. (2000). Measuring spoken language: A unit for all reasons. *Applied Linguistics, 21* (3), 354–375.

Gambier, Y., Caimi, A., & Mariotti, C. (2015). *Subtitles and language learning: Principles, strategies and practical experiences*. Bern: Peter Lang.

Gardner, R. C., & Lambert, W. E. (1972). *Attitudes and motivation in second language learning*. Rowley: Newbury House.

Garza, T. J. (1991). Evaluating the use of captioned video materials in advanced foreign language learning. *Foreign Language Annals, 24* (3), 239–258.

Gibbons, P. (2015). *Scaffolding language scaffolding learning: Teaching English language learners in the mainstream classroom*. Portsmouth: Heinemann.

Goh, C. C. M. (2000). A cognitive perspective on language learners' listening comprehension problems. *System, 28*, 55–75.

Graham, S. (2011). Self-efficacy and academic listening. *Journal of English for Academic Purposes, 10*, 113–117.

Gray, B., & Biber, D. (2014). Stance markers. *Corpus pragmatics: A handbook*. Cambridge: Cambridge University Press.

Guichon, N., & McLornan, S. (2008). The effects of multimodality on L2 learners: Implications for CALL resource design. *System, 36*, 85–93.

Guillory, H. G. (1998). The effects of keyword captions to authentic French video on learner comprehension. *CALICO Journal, 15* (1–3), 89–108.

Halliday, M. A. K. (1989). *Spoken and written language*. Oxford: Oxford University Press.

Halliday, M. A. K. (2002). Spoken and written modes of meaning. In J. Webster (Ed.), *On grammar: Volume 1 in the collected works of M. A. K. Halliday* (pp. 323-351). London: Continuum. (Reprinted from Comprehending oral and written language, pp. 55-82, by R. Horowitz & S.J. Samuels, Eds., 1987, Academic Press)

Han, J-A. (2005). Retelling as an effective reading comprehension strategy for young ESL learners. *Retrospective Theses and Dissertations,* Paper 16269. http://lib.dr.iastate.edu/cgi/viewcontent.cgi?article=17268&context=rtd

Hart-Gonzalez, L., & Lindemann, S. (1993). *Expected achievement in speaking proficiency, 1993*. School of Language Studies, Foreign Services Institute, Department of State.

Herron, C. (1994). An investigation of the effectiveness of using an advance organizer to introduce video in the foreign language classroom. *The Modern Language Journal, 78* (2), 190–198.

Herron, C., Cole, S. P., York, H., & Linden, P. (1998). A comparison study of student retention of foreign language video: Declarative versus interrogative advance organizer. *The Modern Language Journal, 82*(2), 237–247.

Hinds, J. (1987). Reader versus writer responsibility: A new typology. In U. Connor & R. B. Kaplan (Eds.), *Writing across languages: Analysis of L2 text* (pp. 141–152). Reading, MA: Addison-Wesley.

Hirai, A., & Koizumi, R. (2013). Validation of empirically-derived rating scales for a story retelling speaking test. *Language Assessment Quarterly, 10*, 398–422.

Hirvela, A. (2016). *Connecting reading and writing in second language writing instruction* (2nd ed.). Ann Arbor: The University of Michigan Press.

Hogan, K. (1997). Introduction. In K. Hogan, & M. Pressley (Eds.), *Scaffolding student learning: Instrcutional approaches & issues* (pp. 1–5). Cambridge: Brookline Books.

Hosogoshi, K. (2016), Effects of captions and subtitles on the listening process : Insights from EFL learners' listening strategies, *The JALT CALL Journal, 12*(3), 153–178.

Hosogoshi, K., Kanamaru, T., & Takahashi, S. (2016). Scaffolding skill-integrated tasks for academic English: With special reference to students' proficiency. *Kyoto Univeristy Researches in Higher Education, 22*, 21–30.

Hosogoshi, K., & Takahashi, S. (2015). The use of integrated listenig, reading, speaking and writing tasks on students' productive skills in a university EAP course. *Professional and Academic English, 45*, 22–30.

Hosogoshi, K., & Takahashi, S. (2019). A "softer" instructional systems design for langauge pedagogy. In A. Tajino (Ed.), *A systems approach to language pedagogy* (pp. 83–98). Singapore : Springer Nature.

Hu, M., & Nation, P. (2000). Unknown vocabulary density and reading comprehension. *Reading in a Foreign Language, 13*(1), 403–430.

Huang, H. C., & Eskey, D. E. (1999–2000). The effects of closed-captioned television on the listening comprehension of intermediate English as a second language (ESL) students. *Journal of Educational Technology Systems, 28*(1), 75–96.

Hyland, K. (2005). *Metadiscourse: Exploring interaction in writing*. London: Continuum International Publishing.

Hyland, K. (2006). *English for academic purposes: An advanced resource book*. New York: Routledge.

Hyland, K. (2009). *Academic discourse*. London: Continuum International Publishing.

Hyland, K. (2015). Metadiscourse. In T. Karen (Ed.), *The international encyclopedia of language and social interaction* (pp. 997-1007). Chichester: Wiley-Blackwell.

Jafari, K., & Hashim, F. (2012). The effects of using advance organizers on improving EFL learners' listening comprehension: A mixed method study. *System, 40*, 270–281.

Jordan, R. R. (1997). *English for academic purposes: A guide and resource book for teachers*. Cambridge: Cambridge University Press.

Keck, C. (2006). The use of paraphrase in summary writing: A comparison of L1 and L2 writers. *Journal of Second Language Writing, 15*, 261–278.

Knoch, U., & Sitajalabhorn, W. (2013). A closer look at integrated tasks: Towards a more focused definition for assessment purposes. *Assessing Writing, 18*, 300–308.

Koolstra, C. M., & Beentjes, J. W. J. (1999). Children's vocabulary acquisition in a foreign language through watching subtitled television programs at home. *Educational Technology Research & Development, 47* (1), 51–60.

Krashen, S. D. (1985). *The input hypothesis: Issues and implications.* New York: Longman.

Lee, J. J. (2009). Size matters: An exploratory comparison of small- and large-class university lecture introductions. *English for Specific Purposes, 28*, 42–57.

Lee, J. J., & Subtirelu, N. C. (2015). Metadiscourse in the classroom: A comparative analysis of EAP lessons and university lectures. *English for Specific Purposes, 37*, 52–62.

Leki, I., & Carson, J. (1994). Students' perceptions of EAP writing instruction and writing needs across the disciplines. *TESOL Quarterly, 28*, 81–101.

Leki, I., & Carson, J. (1997). "Completely different worlds": EAP and the writing experiences of ESL students in university courses. *TESOL Quarterly, 31* (1), 39–69.

Levelt, W. J. M. (1989). *Speaking : From intention to articulation.* Cambridge : MIT Press.

Li, J. (2014). The role of reading and writing in summarization as an integrated task. *Language Testing, in Asia, 4* (3).

Long, M. (2015). *Second language acquisition and task-based language teaching.* West Sussex: John Wiley and Sons.

Long, M., & Norris, J. (2009). Task-based teaching and assessment. In K. Van den Branden, M. Bygate, & J. M. Norris (Eds.) *Task-based language teaching: A reader* (pp. 135–142). Amsterdam: John Benjamins.

Luiten, J., Ames, W., & Ackerson, G. (1980). A meta-analysis of the effects of advance organizers on learning and retention. *American Educational Research Journal, 17* (2), 211–218.

Lund, R. J. (1991). A comparison of second language listening and reading comprehension. *The Modern Language Journal, 75* (2), 196–204.

Lynch, T. (2011). Academic listening in the 21st century: Reviewing a decade of research. *Journal of English for Academic Purposes, 10*, 79–88.

Lyovin, A. V. (1997). *An introduction to the language of the world.* New York: Oxford University Press.

Markham, P. (1999). Captioned videotapes and second-language listening word recognition. *Foreign Language Annals, 32* (3), 321–328.

Markham, P. L., Peter, L. A., & McCarthy, T. J. (2001). The effects of native language vs. target language captions on foreign language students' DVD video comprehension. *Foreign Language Annals, 34* (5), 439–445.

Marks, J. (2007). *English pronunciation in use: Elementary.* Cambridge: Cambridge University Press.

McDonough, K., Crawford, W. J., & Vleeschauwer, J. D. (2014). Summary writing in a Thai EFL university context. *Journal of Second Language Writing, 24*, 20–32.

Mehrpour, S., & Rahimi, M. (2010). The impact of general and specific vocabulary knowledge on reading and listening comprehension: A case of Iranian EFL learners. *System, 38* (2), 292–300.

Mergler, N. L., Faust, M., & Goldstein, M. D. (1985). Storytelling as an age-dependent skill: Oral recall of orally presented stories. *The International Journal of Aging and Human Development, 20* (3), 205–228.

Meyer, D. E., Schvaneveldt, R. W., & Ruddy, M. G. (1974). Functions of graphemic and phonemic codes in vidual word-recognition. *Memory & Cognition, 2* (2), 309–321.

Mitterer, H., & McQueen, J. M. (2009). Foreign subtitles help but native-language subtitles harm foreign speech perception. *PLoS ONE, 4* (11), e7785.

Morrow, L. M. (1985). Retelling stories: A strategy for improving young childresn's comprehension, concept of story structure, and oral language compexity. *The Elementary School Journal, 85* (5), 646–661.

Murray, D. E., & Christison, M. (2011). *What English language teachers need to know volume II*. New York: Routledge.

Nabei, T. (1996). Doctogloss: Is it an effective language learning task? *University of Pennsylvania Working Papers in Educational Linguistics, 12* (1), 59–74.

Nakatani, Y. (2006). Developing an oral communication strategy inventory. *The Modern Language Journal, 90* (2), 151–168.

Nation, I. S. P. (2013). *Learning vocabulary in another language* (2nd ed.). Cambridge: Cambridge University Press.

Nesi, H. (2001). A corpus-based analysis of academic lectures across disciplines. In J. Cotterill & A. Ife (Eds.), *Language across boundaries: Selected papers from the annual meeting of the British association for applied linguistics* (pp. 201–218). London: BAAL in association with Continuum Press.

Neuman, S. B., & Koskinen, P. (1992). Captioned television as comprehensible input: Effects of incidental word learning from context for language minority students. *Reading Research Quarterly, 27* (1), 95–106.

Norris, J. M., Brown, J. D., Hudson, T., & Yoshioka, J. (1998). *Designing second language performance assessments*. Honolulu: University of Hawaii Press.

Nunan, D. (1989). *Designing tasks for the communicative classroom*. Cambridge: Cambridge University Press.

O'Malley, J. M., Chamot, A. U., & Kupper, L. (1989). Listening comprehension strategies in second language acquisition. *Applied Linguistics, 10* (4), 418–437.

Onoda, S. (2013). Effects of the four-skills integrated teahing approach on L2 speaking fliency. *Media, English and Communication, 3*, 95–115.

Oxford, R. (2001). Integrated skills in the ESL/EFL classroom. *ESL Magazine, 6* (1). Reprinted in ERIC/CLL Digest, EDO-FL-01-05.

Oxford University Press. (2017). The academic word list from the Oxford advanced learner's dictionary.

http://www.oxfordlearnersdictionaries.com/wordlist/english/academic/

Pavio, A. (1986). *Mental representations: A dual coding approach*. New York: Oxford University Press.

Pecorari, D. (2016). Intertextuality and plagiarism. In K. Hyland & P. Shaw (Eds.), *The Routledge handbook of English for academic purposes* (pp. 230–242). New York: Routledge.

Pennycook, A. (1996). Borrowing others' words: Ownership, memory, and plagiarism. *TESOL Quarterly, 30* (2), 201–230.

Perez, M. M., Noortgate, W. V. D., & Desmet, P. (2013). Captioned video for L2 listening and vocabulary learning: A meta-analysis. *System, 41* (3), 720–739.

Perez, M. M., Peters, E., & Desmet, P. (2014). Is less more? Effectiveness and perceived usefulness of keyword and full captioned video for L2 listening comprehension. *ReCALL, 26* (1), 21–43.

Plakans, L., & Gebril, A. (2013). Using multiple texts in an integrated writing assessment: Source text use as a predictor of score. *Journal of Second Language Writing, 22*, 217–230.

Price, K. (1983). Closed-captioned TV: An untapped resource. *MATESOL Newsletter, 12*, 1–8.

Richards, J, (1983). Listening comprehension: Approach, design, procedure. *TESOL Quarterly, 17* (2), 219–240.

Rosenshine, B., & Meister, C. (1992). The use of scaffolds for teaching higher-level cognitive strategies. *Educational Leadership, 49* (7), 26–33.

Rost, M. (2011). *Teaching and researching listening (2nd ed.)*. Harlow: Pearson Education.

Rost, M., & Ross, S. (1991). Learner use of strategies in interaction : Typology and teachability. *Language Leraning, 41* (2), 235–273.

Rost, M., & Wilson, J. J. (2013). *Active listening: Research and resources for langauge teaching*. London: Routledge.

Rumelhart, D. E. (1975). Notes on a schema for stories. In D. G. Bobrow & A. Collins (Eds.), *Representation and understanding: Studies in cognitive science* (pp. 185–210). New York: Academic Press.

Ryan, R. M., & Deci, E. L. (2000). Self-determination theory and the facilitation of intrinsic motivation, social development, and well-being. *American Psychologist, 55* (1), 68–78.

Saida, C. (2008). The use of the Common European Framework of Reference levels for measuring Japanese university students' English ability. *JACET Journal, 47*, 127–140.

Samraj, B. (2002). Disciplinary variation in abstracts: The case of Wildlife Behavior and Conservation Biology. In J. Flowerdew (Ed.), *Academic discourse* (pp. 40–56). London: Pearson Education.

Sanabria, K. (2004). *Academic listening encounters: Life in society*. Cambridge: Cambridge University Press.

Sarandi, H. (2010). Content related support and listening comprehension: Some limitations. *Procedia Social and Behavioral Sciences, 2*, 5605–5611.

Saye, J. M., & Brush, T. (2002). Scaffolding critical reasoning about history and social issues in multimedia-supported learning enviroments. *Educational Technology Research and Development, 50*

(3), 77–96.

Scanlon, J. (2015). *Q skills for success listening and speaking level 1*. Oxford: Oxford University Press.

Sharpe, T. (2001). Scaffolding in action: Snapshots from the classroom. In J. Hammond (Ed.) *Scaffolding: Teaching and learning in language and literacy education* (pp. 31–48). Marrickville: Primary English Teaching Association.

Siegel, J. (2015). *Exploring listening strategy instruction through action research*. UK: Palgrave Macmillan.

Simpson-Vlach, R. C., & Leicher, S. (2006). *The MICASE handbook: Resource for users of the Michigan Corpus of Academic Spoken English*. Ann Arbor: University of Michigan Press.

Stewart, M. A., & Pertusa, I. (2004). Gains to language learners from viewing target language closed-captioned films. *Foreign Language Annals, 37* (3), 438–442.

Storch, N. (2001). Comparing ESL learners' attention to grammar on three different classroom tasks. *RELC Journal, 32* (2), 104–124.

Su, Y. (2007). Students' changing views and the integrated-skills approach in Taiwan's EFL college classes. *Asia Pacific Education Review, 8* (1), 27–40.

Swain, M. (1985). Communicative competence: Some roles of comprehensible input and comprehensible output in its development. In S. Gass & C. Madden (Eds.) *Input in second language acquisition* (pp. 235–253). Rowley, MA: Newbury House.

Swain, M., & Lapkin, S. (2001). Focus on form through collaborative dialogue: Exploring task effects. In M. Bygate, P. Skehan & M. Swain (Eds.), *Researching pedagogic tasks: Second language learning, teaching and testing* (pp. 99–118). Harlow: Pearson Education.

Swales, J. M. (1990). *Genre analysis: English in academic and research setting*. Cambridge: Cambridge University Press.

Swales, J. M., & Feak, C. B. (2004). *Academic writing for graduate students: Essential tasks and skills* (2nd ed.). Ann Arbor: University of Michigan Press.

Takač, V. P., Kružić, B., & Ivezić, S, V. (2020). A corpus-driven exploration of discourse markers in L2 academic texts. In M. L. Carrió-Pastor (Ed.), *Corpus analysis on different genres: Academic discourse and learner corpora* (pp. 169–190). New York: Routledge.

Tauroza, S., & Allison, D. (1990). Speech rates in British English. *Applied Linguistics, 11* (1), 90–105.

Taylor, G. (2005). Perceived processing strategies of students watching captioned video. *Foreign Language Annals, 38* (3), 422–427.

Taylor, L., & Geranpayeh, A. (2011). Assessing listening for academic purposes: Defining and operationalizing the test construct. *Journal of English for Academic Purposes, 10*, 89–101.

Thompson, S. (1994). Frameworks and contexts: A genre-based approach to analysing lecture introduction. *English for Specific Purposes, 13* (2), 171–186.

Thompson, S. (2003). Text-structuring metadiscourse, intonation and the signalling of organization in academic lectures. *Journal of English for Academic Purposes, 2*, 5–20.

Tsui, A. B. M., & Fullilove, J. (1998). Bottom-up or top-down processing as a discriminator of L2 listening performance. *Applied Linguistics, 19* (4), 432–451.

Ueda, M. (2015). *Towards effective teaching methods in EFL listening for intermediate learners.* Hiroshima: Keisuisha.

University of Michigan English Language Institute. (2019). Michigan Corpus of Academic Spoken English. https://quod.lib.umich.edu/cgi/c/corpus/corpus?page=home;c=micase;cc=micase

Van den Branden, K. (2006). *Task-based language education: From theory to practice.* Cambridge: Cambridge University Press.

Vandergrift, L. (2003). Orchestrating strategy use: Toward a model of the skilled second language listener. *Language Learning, 53* (3), 463–496.

Vandergrift, L. (2004). Listening to learn or learning to listen? *Annual Review of Applied Linguistics, 24,* 3–25.

Vandergrift, L. (2006). Second language listening: Listening ability or language proficiency? *Modern Language Journal, 90,* 6–18.

Vandergrift, L., & Goh, C. C. M. (2012). *Teaching and learning second language listening: Metacognition in action.* New York: Routledge.

Vandergrift, L., Goh, C. C. M., Mareschal, C. J., & Tafaghodtari, M. H. (2006). The metacognitive awareness listening questionnaire: Development and validation. *Language Learning, 56* (4), 431–462.

Vanderplank, R. (1988). The value of teletext sub-titles in language learning. *ELT Journal, 42* (4), 272–281.

Vanderplank, R. (2010). Déjà vu? A decade of research on language laboratories, television and video in language learning. *Language Teaching, 43* (1), 1–37.

Vygotsky, L. S. (1978). *Mind in society.* Cambridge: Harvard University Press.

Wajnryb, R. (1990). *Grammar dictation.* Oxford: Oxford University Press.

Walqui, A. (2006). Scaffolding instruction for English language learners: A conceptual framework. *The International Journal of Bilingual Education and Bilingualism, 9* (2), 159–180.

West, M. (1953). *A general service list of English words.* London: Longman.

Wilberschied, L., & Berman, P. M. (2004). Effect of using photos from authentic video as advance organizers on listening comprehension in an FLES Chinese class. *Foreign Language Annals, 37* (4), 534–540.

Willis, J. (1996). *A framework for task-based learning.* London: Longman.

Wilson, M. (2003). Discovery listening: Improving perceptual processing. *ELT Journal, 57* (4), 335–343.

Winke, P., Gass, S., & Sydorenko, T. (2010). The effects of captioning videos used for foreign language listening activities. *Language Learning & Technology, 14* (1), 65–86.

Winke, P., Gass, S., & Sydorenko, T. (2013). Factors influencing the use of captions by foreign language learners: An eye-tracking study. *The Modern Language Journal, 97* (1), 254–275.

Yang, H-C., & Plakans, L.(2012). Second language writers' strategy use and performance on an integrated reading-listening-writing task. *TESOL Quarterly, 46*(1), 80–103.

Yu. G.(2009). The shifting sands in the effects of source text summarizability on summary writing. *Assessing Writing, 14*, 116–137.

Zeeland, H. V., & Schmitt, N.(2013). Lexical coverage in L1 and L2 listening comprehension: The same or different from reading comprehension? *Applied Linguistics, 34*(4), 457–479.

Zhang, D., & Goh, C. C. M.(2006). Strategy knowledge and perceived strategy use: Singaporean students' awareness of listening and speaking strategies. *Language Awareness, 15*(3), 199–219.

日本語文献

石川有香(2022)「読み手と書き手のインテラクションを促す談話標識―工学系博士論文要旨における Interactional Metadiscourse Marker の使用―」『言語文化学会論集』58　111–137

ETS Japan(2024)「特徴・構成・料金」『TOEFL®テスト日本事務局』https://www.toefl-ibt.jp/test_takers/toefl_ibt/advantages.html

小島ますみ(2017)「ディベートやアカデミック・ライティング指導をとおしたメタディスコース指導効果の検証」『中部地区英語教育学会紀要』46　293–303

小林雄一郎・田中省作・冨浦洋一(2011)「ランダムフォレストを用いた英語科学論文の分類と評価」『研究報告人文科学とコンピュータ(CH)』6　1–8

笹島茂・大橋理枝(ほか編)(2014)『外国語教育Ⅱ＜追補版＞―外国語の学習、教授、評価のためのヨーロッパ共通参照枠』東京：朝日出版社

鈴木寿一・門田修平(2018)『英語リスニング指導ハンドブック』東京：大修館書店

鈴木正紀・原田康也(2011)「大学新入生の英語リスニング・スピーキング熟達度の定点観測」『信学技報』111(320)　37–42

大学IRコンソーシアム(2024)「「一年生調査2023年度」「上級生調査2023年度」全大学基礎集計結果」『大学IRコンソーシアム』https://irnw.jp/images/%E5%9F%BA%E7%A4%8E%E9%9B%86%E8%A8%882023_%E5%AD%A6%E8%AA%BF_%E5%85%A8%E5%A4%A7%E5%AD%A620240717%E6%94%B9%E8%A8%82HP%E7%94%A8.pdf

田地野彰・水光雅則(2005)「大学英語教育への提言―カリキュラム開発へのシステムアプローチ」竹蓋幸生・水光雅則(編)『これからの大学英語―CALLを活かした指導システムの構築』東京：岩波書店

中森誉之(2018)『技能を統合した英語学習のすすめ―小学校・中学校・高等学校での工夫と留意』東京：ひつじ書房

日本英語検定協会(2020)『アイエルツ　日本版受験者向け情報』https://www.eiken.or.jp/ielts/test/pdf/information_for_candidates_jp.pdf

日本英語検定協会(2024)「問題構成・見本問題」『TEAP』https://www.eiken.or.jp/teap/construct/

萩原明子・福池深月・小林薫(2018)「論文アブストラクトにおける interactional metadiscourse の使用―英語話者と日本語話者の違い―」『東京薬科大学研究紀要』21　19–24

平井明代（2015）「授業を活かすストーリーリテリング・テストの活用」『大塚フォーラム』33　49–69

細越響子（2011）「字幕付き視聴覚教材の使用による聴解力育成効果―音声知覚に焦点をあてて」『第51回外国語教育メディア学会全国大会発表要項』40–41

細越響子（2023）「英語講義におけるメタ談話標識の使用―Interactive Metadiscourseを中心に」『京都府立大学学術報告　人文』75　75–93

細越響子（2024）「学術講義ジャンルで使用される話者態度のメタ談話標識―Interactional Metadiscourseを手がかりに」『京都府立大学学術報告　人文』76　67–87

前田昌寛（2021）『新学習指導要領対応「ディクトグロス」を取り入れた英語力を伸ばす学習法・指導法』東京：開拓社

松村昌紀（編）（2017）『タスク・ベースの英語指導―TBLTの理解と実践』東京：大修館書店

溝上慎一（2014）『アクティブラーニングと教授学習パラダイムの転換』東京：東信堂

望月明彦・深澤真・印南洋・小泉理恵（編）（2015）『英語4技能評価の理論と実践―CAN-DO・観点別評価から技能統合的活動の評価まで』東京：大修館書店

文部科学省（2017a）「中学校学習指導要領（平成29年告示）」『文部科学省』https://www.mext.go.jp/content/20230120-mxt_kyoiku02-100002604_02.pdf

文部科学省（2017b）「中学校学習指導要領（平成29年告示）解説　総則編」『文部科学省』https://www.mext.go.jp/component/a_menu/education/micro_detail/__icsFiles/afieldfile/2019/03/18/1387018_001.pdf

文部科学省（2018）「高等学校学習指導要領（平成30年告示）」『文部科学省』https://www.mext.go.jp/content/20230120-mxt_kyoiku02-100002604_03.pdf

横川綾子（2016）「TOEIC® Speakingのタスクを活用した4技能統合型スピーキング活動」『グローバル人材育成教育研究』3（1）50–57

横森大輔・遠藤智子・河村まゆみ・鈴木正紀・原田康也（2014）「日本語を第一言語とする英語学習者の比較的自発的な発話におけるフィラーに見られるいくつかの特徴」『日本語教育学会第43回年次研究集会論文集』　89–96

教材として使用した映像資料

Bloom, P.（2007）. *How do we communicate?: Language in the brain, mouth and the hands* [Video]. Open Yale Courses. http://oyc.yale.edu/psychology/psyc-110/lecture-6

Brownell, K. D.（2008）. *Introduction: What we eat, why we eat, and the key role of food in modern life* [Video]. Open Yale Courses. http://oyc.yale.edu/psychology/psyc-123/lecture-1

Education First, China.（2008）. *Presentation skills* [Video]. YouTube. http://www.youtube.com/watch?v=EumXWYSCbE4

Friedman, T.（2007）. *The world is flat 3.0* [Video]. MIT OpenCourseWare. https://www.youtube.com/watch?v=EcE2ufqtzyk

Hertz, N. (2010). *How to use experts: And when not to* [Video]. TED Talks. http://www.ted.com/talks/noreena_hertz_how_to_use_experts_and_when_not_to

Lomborg, B. (2005). *Global priorities bigger than climate change* [Video]. TED Talks. https://www.ted.com/talks/bjorn_lomborg_sets_global_priorities

Paul. A. M. (2011). *What we learn before we're born* [Video]. TED Talks. http://www.ted.com/talks/annie_murphy_paul_what_we_learn_before_we_re_born

Wyman, R. (2009). *Human and environmental impacts* [Video]. Open Yale Courses. http://oyc.yale.edu/molecular-cellular-and-developmental-biology/mcdb-150/lecture-12

索引

A
Academic Word List（AWL）……18, 19, 166, 226
AS-unit……112

C
Common European Framework of Reference: CEFR……4, 5, 115, 151, 177, 231
Create a Research Space（CARS）モデル……17

E
English as a foreign language: EFL……4
English for Academic Purposes: EAP……1, 13, 14, 15, 16, 24, 41, 80, 163, 178, 191, 202, 224
English for General Purposes: EGP……7, 14, 178
English for Specific Purposes: ESP……13, 14

G
General Service List（GSL）……18, 19, 226

I
Interactional metadiscourse……185, 207, 208, 225, 227
Interactive metadiscourse……183, 185, 189, 201

M
Metadiscourse markers: MDMs……183, 185, 187, 207
Michigan Corpus of Academic Spoken Corpus: MICASE……183, 186, 187, 188, 207

O
Open Course Ware……66, 84, 141

S
Spoken and Written Academic Language（TSK-SWAL）……19, 20

T
Task-Based Language Teaching: TBLT……31
TED Talks……108, 141
TOEFL……34, 42, 66, 111, 115, 140, 148, 151, 170, 237

あ

アイデアユニット······ 112
アウトプット仮説······ 238
アカデミックリスニング······ 20, 24, 43, 184, 186
アクティブ・ラーニング······ 3, 32
足場かけ······ 45, 46, 47

い

言い換え······ 41, 43, 157, 159, 160, 164, 165
一般目的の英語······ 7, 14
インプット足場かけ······ 7, 8, 45, 47, 48, 80, 162, 204, 229, 233, 237, 239
インプット仮説······ 52
引用······ 198, 203, 204

お

音韻的符号化仮説······ 51, 54
音韻符号化処理······ 54, 103, 104
音声知覚······ 22, 23, 26, 27, 53, 54, 67, 74, 77, 78, 83, 95, 100, 102, 104, 184

か

回避······ 163, 239
学習指導要領······ 3, 5, 34, 35
学術英語······ 1, 4, 5, 17, 166, 203, 204, 229, 235, 240
学術目的の英語······ 13
活用······ 22, 23, 26, 27, 28, 67, 74, 77, 78, 79, 131, 184
間テキスト性······ 165, 199, 202, 203, 204, 235
関与表現······ 217, 227

き

聞き手／読み手責任······ 164
機能語······ 15, 90, 92, 93, 98
技能統合型タスク······ 2, 7, 8, 31, 34, 37, 38, 48, 167, 178, 234, 236
強制的なアウトプット······ 238

く

クローズドキャプション······ 49

け

言語使用域······ 15, 20, 25
言語的距離······ 54
言語分析······ 22, 23, 26, 27, 49, 67, 74, 77, 78, 135, 184

こ

口頭再生······ 37, 39, 40, 50, 53, 83, 87, 88, 91
コーパス······ 18, 188, 208, 227, 229
コミュニケーション方略······ 33

さ

最近接発達領域　46, 135, 237

再話　2, 40, 41

し

自己決定理論　236

自己言及　215, 227

自己効力感　147

字幕　8, 40, 48, 49, 65, 80, 83, 238

ジャンル　16, 24, 184, 198, 202, 217, 239

ジャンル分析　17, 185, 186, 188

縮約語　92, 94, 102

主情報　24, 28, 40, 43, 60, 61, 112, 117, 120, 132, 154, 163

主題　24, 25, 28, 56, 86, 109, 125, 128, 131, 144, 146, 192, 195

書記体系　52, 54, 103, 104, 238

真正性　49, 143, 167, 177, 187, 232, 236, 240

す

スタンス表現　228

せ

世界共通語　7

先行オーガナイザー　8, 47, 48, 55, 107, 109, 131, 238

そ

総括的評価　168

相互交流モデル　22

た

題述　56, 109, 121, 125, 128, 133, 144, 146

第二言語　1, 32, 49, 211

対話　173, 174, 177, 178, 219

タスク　31, 32, 46

タスク重視の言語教育　31, 237, 240

て

ディクトグロス　38, 39

ディスコースコミュニティー　16

ディスコースマーカー　25, 26, 158, 159, 161, 164

テキストの所有権　165, 166

と

同意バイアス　69

動機づけ　57, 211, 226, 236

道具的動機づけ　211

統合　8, 42, 43, 139, 155, 163, 167

統合的動機づけ　211

特定目的の英語　13

独話　173, 177, 178, 219

索引　277

トップダウン型　21, 23, 26, 56, 58, 59, 61, 131, 144, 183, 184, 232, 234

な
内部照応　197
内容語　15, 89, 92, 93, 95, 103, 203, 225, 235

に
二重インプット　50, 52, 53, 79, 233
二重符号化理論　51
認知プロセスの外化　3, 39
認知プロセスモデル　22, 26, 77, 184

の
ノートテイキング　148

は
発話速度　25, 28, 85, 86, 87, 108, 141, 177
発話プロセス　160
話し手／書き手責任　164, 165, 166

ひ
評価・態度　208, 226

剽窃　15, 41, 153, 157, 164, 165

ふ
不安　41, 50, 58, 59, 147
フィラー　219, 224, 227
ブースター　212, 220, 224, 226, 228, 229
付加情報　112, 128
文構造　191

へ
ヘッジ　221, 226, 228, 229

ほ
報告動詞　156, 204, 224
母語　7
補助情報　112, 120, 122, 132, 154
ボトムアップ型　21, 23, 27, 39, 56, 57, 58, 59, 60, 61, 135, 144

み
ミシガン米口語コーパス　183, 207

む
ムーブ　17, 186
ムーブ分析　186

め
メタ談話標識　183, 185, 207, 239

よ

よい言語の聞き手 ······ 71, 78, 79, 233

要約 ······ 2, 8, 33, 35, 41, 42, 107, 139, 151, 239

ヨーロッパ言語共通参照枠 ······ 4, 66, 108, 140, 170

り

理解可能なインプット ······ 52, 78

リスニング方略 ······ 48, 53, 58, 65, 67, 69, 73, 80

れ

例示・言い換え ······ 199

レディネス ······ 6, 232

連結 ······ 189

ろ

論理展開 ······ 148, 158

....
著者
....

細越響子 ほそごし・きょうこ

略歴

岩手県宮古市出身。東北大学文学部文化人類学専修卒業。京都大学大学院人間・環境学研究科修士課程修了。同博士後期課程研究指導認定退学。2017年京都大学博士（人間・環境学）取得。日本学術振興会特別研究員（PD）、京都府立大学文学部専任講師を経て、現在、同准教授。

主な著書・論文

The Use of Integrated Listening, Reading, Speaking and Writing Tasks on Students' Productive Skills in a University EAP Course. In *Professional and Academic English*, 45（2015年、共著）、*A New Approach to English Pedagogical Grammer*（Routledge、2018年、分担執筆）、*A Systems Approach to Language Pedagogy*（Springer Nature、2019年、分担執筆）など。

....

シリーズ言語学と言語教育　第49巻

学術英語教育のための技能統合型タスク
字幕と事前学習を中心に

Skill-Integrated Tasks for EAP Education: Effects of Captions, Subtitles, and Advance Organizers
HOSOGOSHI Kyoko

発行	2025年3月14日　初版1刷
定価	7200円+税
著者	Ⓒ 細越響子
発行者	松本功
ブックデザイン	三好誠（ジャンボスペシャル）
印刷・製本所	日之出印刷株式会社
発行所	株式会社 ひつじ書房
	〒112-0011 東京都文京区千石2-1-2 大和ビル2F
	Tel 03-5319-4916　Fax 03-5319-4917
	郵便振替 00120-8-142852
	toiawase@hituzi.co.jp　https://www.hituzi.co.jp/

造本には充分注意しておりますが、落丁・乱丁などがございましたら、小社かお買上げ書店にておとりかえいたします。
ご意見、ご感想など、小社までお寄せ下されば幸いです。

ISBN978-4-8234-1282-0　C3080
Printed in Japan